Ⓣ 坦赞铁路坦桑尼亚起点达累斯萨拉姆车站

Ⓣ 坦赞铁路赞比亚终点新卡比里姆博希车站

坦赞铁路全线概图示意

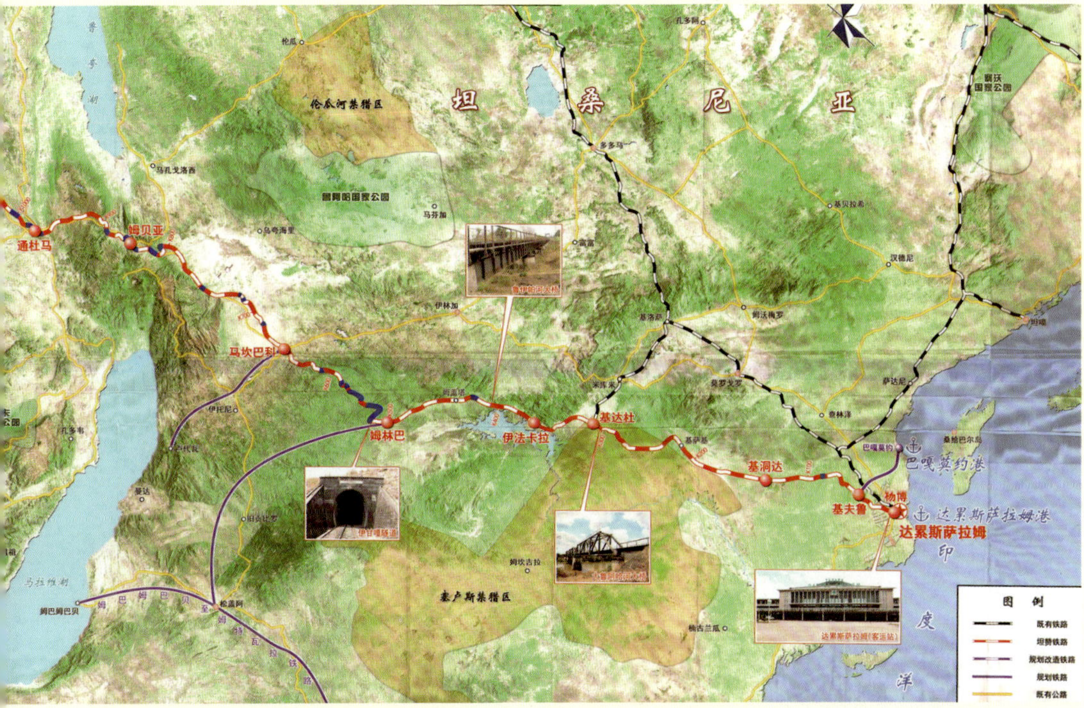

坦
桑
尼
亚
伦佐河禁猎区
鲁阿哈国家公园
塞卢斯禁猎区
通杜马
姆贝亚
马坎巴科
姆林巴
伊法卡拉
基达杜
基洞达
基夫鲁
物博
达累斯萨拉姆
巴嘎莫约港
达累斯萨拉姆港
印
度
洋
马拉维湖
姆巴姆巴贝
姆巴姆巴贝至
姆特瓦拉铁路
多多马
伊林加
桑给巴尔岛
图例
既有铁路
坦赞铁路
规划改造铁路
规划铁路
既有公路

1968 年 5 月坦赞铁路的勘测设计工作正式开始

中国先后派遣两个铁路考察小组分别对坦、赞两国境内现场进行考察

姆马段中非工人在平胸深的淤积黏土层中战“三烂”

隧道出现冒顶危险，三国工人不顾个人安危，奋力排除险情

在雨季争分夺秒施工

搬开“拦路石”

中坦赞人员奋战沼泽地，修筑路基

离达累斯萨拉姆市 37 公里的瓦加马隧道，是最早开工的隧道

全线最高的 190 号桥

妇女参加筑路

同修一条路

坦赞铁路姆皮卡工地医院

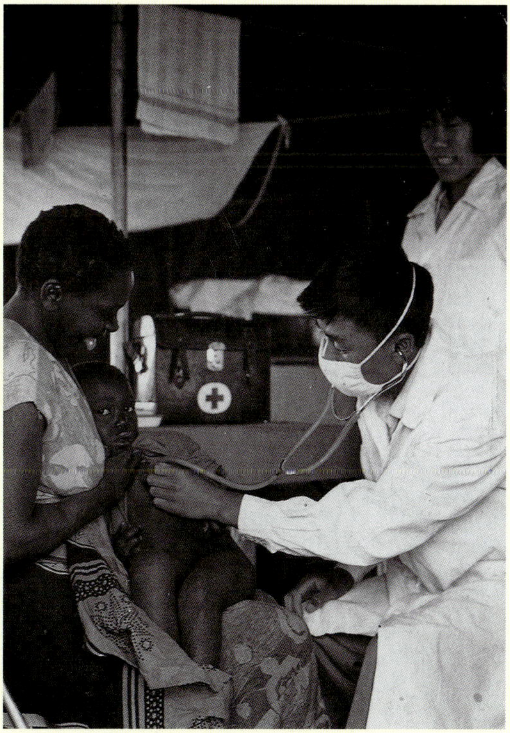

赞比亚勘测总队医疗室医生为当地儿童看病

自己种植，蔬菜

自己动手，丰衣足食，副业养猪

星期天休息日大家围坐在一起集体包饺子

自己动手，鸡鸭成群

儿童们向运行中的列车招手

1976 年 7 月 14 日，坦赞铁路正式移交

我与坦赞铁路

——陆大同文集

中国土木工程集团有限公司　编

中国铁道出版社有限公司

2021年·北　京

图书在版编目(CIP)数据

我与坦赞铁路：陆大同文集 / 中国土木工程集团有限公司编. — 北京：中国铁道出版社有限公司，2021. 12
ISBN 978-7-113-27854-0

Ⅰ. ①我… Ⅱ. ①中… Ⅲ. ①铁路工程-建设-坦桑尼亚-文集 ②铁路工程-建设-赞比亚-文集 ③铁路工程 -建设-对外援助-中国-文集 Ⅳ. ① F534.25-53 ② F534.73-53

中国版本图书馆 CIP 数据核字（2021）第 056102 号

书　　名：我与坦赞铁路——陆大同文集
作　　者：中国土木工程集团有限公司

策　　划：高　楠　王　淳
责任编辑：高　楠　王　淳　　**编辑部电话：**（010）51873347　　**电子信箱：**370307871@qq.com
封面设计：郑春鹏
责任校对：孙　玫
责任印制：高春晓

出版发行：中国铁道出版社有限公司（100054，北京市西城区右安门西街 8 号）
网　　址：http://www.tdpress.com
印　　刷：北京柏力行彩印有限公司
版　　次：2021 年 12 月第 1 版　2021 年 12 月第 1 次印刷
开　　本：710 mm × 1000 mm　1/16　印张：21.5　插页：10　字数：220 千
书　　号：ISBN 978-7-113-27854-0
定　　价：78.00 元

编 委 会

序

高瞻远瞩，55 年前，从战略高度出发，毛泽东主席、周恩来总理等老一代领导人做出援建坦赞铁路的重大决策。为了履行中国政府对坦、赞两国人民的庄严承诺，先后有 5 万多名中华儿女肩负着祖国的嘱托，远涉重洋，在茫茫非洲大地上克服千难万险，用汗水和鲜血乃至生命筑成了这条举世闻名的铁路，彰显出中国援建者国际主义精神和艰苦奋斗的奉献精神。

2013 年，国家主席习近平访问坦桑尼亚，专程到援坦中国专家公墓凭吊。习近平主席表示，我们要弘扬坦赞铁路精神，精心珍惜和呵护中非传统友谊这份宝贵财富。

陆大同同志作为当年坦赞铁路援外建设大军中一名杰出的专业人员，在坦赞铁路勘测设计、施工建设和技术合作等几个重要阶段担任技术领导工作。可以说，作为技术领军者，他参与和见证了坦赞铁路建设和运营的全过程。如今，已经退休多年的陆大同同志依然为坦赞铁路发展建设献计献策，并向国内有关部委和领导提出自己对坦赞铁路技术合作工作的建议和意见。

坦赞铁路被誉为“自由之路、友谊之路”，是迄今为止我国最大的援外成套项目，工程艰巨、浩繁。当年在 1 860.5 km 的铁路沿线上，激情燃烧的援建者们用汗水甚至生命编织出一幅幅波澜壮阔的画面，这些画面，铭刻在陆大同同志心里。陆大同同志曾多次表示：“在我有生之年，在自己身体健康允许的情况下，一定把我所知道的坦赞铁路全部讲出来，把它留存下来，让后人了解和知道这段艰苦奋斗的历史，让年轻人知道是用什么样的精神修建完成的坦赞铁路，让前人的坦赞铁路精神发扬光大，一代一代传承下去。”

在《我与坦赞铁路——陆大同文集》中，作为亲历者，陆大同同志记录了坦赞铁路修建的起因、决策、勘测、施工、移交等重要时刻，也深情追忆当年的援建者在非洲大地艰苦环境下的工作、生活、学习等方方面面，这是陆大同同志的珍贵记忆，也是坦赞铁路研究中弥足珍贵的史料。

穿越高山、峡谷、河流、森林，坦赞铁路连通了非洲的交通，也连接了中非人民的心。今天，虽然当年坦赞铁路援建者的背影逐渐远去，但随着“一带一路”倡议的实施，越来越多的中国人正走向非洲，走向海外。在新的时代、新的起点、新的愿景中，弘扬坦赞铁路精神，新一代必将创造新的历史和新的辉煌。

没有坦赞铁路，就没有中土公司。在铁道部援外办公室的基础上，中土公司经国务院批准于 1979 年 6 月 1 日成立。在中土公司成立 40 周年之际，本书的编纂出版既是对历史的寻迹，更是对未来的激励。

中国土木工程集团有限公司

原党委书记、董事长

袁立

2019年6月

前　言

“异国青山埋忠骨，往昔峥嵘今犹酣。”2013 年 3 月，习近平主席在访问坦桑尼亚期间，冒着蒙蒙细雨专程来到位于达累斯萨拉姆以西 24 km 的中国专家公墓，凭吊长眠在异国他乡的 60 多位中国援坦专家、技术人员和工人，他们无私地为坦赞铁路建设和发展而牺牲殉职。习近平主席在纪念簿上题词：“烈士精神永励后人，中坦友谊世代传承。”

我认真地聆听了习近平主席在墓地凭吊后发表的富有深情的悼念感言，以此缅怀逝者，激励后人，号召我们大家要继承和弘扬坦赞铁路精神。对于我这位坦赞铁路建设的亲历者，深受鼓舞和启发，并对从速收集整理坦赞铁路建设文献史料工作的重要性、必要性和紧迫性有了更进一步的认识和感受。

中国土木工程集团有限公司党委高度重视坦赞铁路相关历史资料的发掘和整理，成立了专项机构，并安排专人与我进行了畅谈。

我作为被采访者，将所知道的坦赞铁路建设的全过程，利用一周的时间全部口述给了来访者。我也曾多次表示：“在我身体条件允许的情况下，我会将参加坦赞铁路建设的经历全部叙述给你们，作为一段不可磨灭的历史留给后人。”

我通过此次访谈比较系统地回顾了参加坦赞铁路勘测设计、施工建设、技术合作等不同时期的工作经历，尽我所为，尽我所知，本着认真负责的精神，尽可能通过自己的记忆，实事叙述还原当年历史实际。本应自己做笔形成文稿，只因年岁已高，视力太弱，只能由所在单位同事帮助撰稿，经我核稿后形成此书。

我参加援建工作的时间较长，所叙内容较为广泛，叙事量相对较大，其原因有如下几点：

一、我从参加援建坦赞铁路勘测设计工作开始，经历施工建设全过程和后期的技术合作，直至我退休，而铁路勘测设计包含了该铁路工程技术全部内容。

二、在坦赞铁路建设时期，我是铁道部援外办公室分管工程技术的业务领导，工作职责中有承上（各级领导部门）启下（勘测设计和工程施工等单位）、国内外（国内领导部门和国外施工一线）工程技术问题的研究和衔接，以及有关文件上传下达等。

三、我参加坦赞铁路一线建设工作八年，一直延续下来从未间断，在此期间曾担任分管技术业务的领导，直至坦赞铁路全面建成，并主持完成向坦、赞两国办理检查验收移交的工作。

四、在坦赞铁路建设时期，我曾参加了中、坦、赞三国政府有关坦赞铁路建设的诸多重大会议和外事活动，如参加了中、坦、赞三国政府关于坦赞铁路建设八次会谈中的六次会谈（第三次至第八次会谈）和技术合作工作期间的多次会谈、调研，以及若干坦赞铁路重大庆典和外事活动。

五、坦赞铁路开通运营后，我参加了由陈慕华同志组织，李轩、吕学俭、布克等同志主持，张铁珊同志主笔编写的报告文学《友谊之路——援建坦赞铁路纪实》的有关工作。

六、坦赞铁路建成移交后，我回到国内所在单位，继续主管坦赞铁路运营期间的技术合作工作。

本书是我在坦赞铁路建设时期亲历、亲见、亲闻的方方面面。在我有生之年，能够比较全面地叙述所载的内容，既是组织上的要求，同时也了却了我长期想记叙而未能实现的心愿。

我要感谢各级领导和组织上给予的安排，也要感谢为此书提供帮助并进行撰稿的寇鲁林、马宛根、黄传赞同志。

陆大同

2019年6月

目　录

亲历、亲见、亲闻：我与坦赞铁路

口述／陆大同　编整撰文／寇鲁林、黄传贽、马宛根

编者按： 本口述实录是根据访谈陆大同同志的录音编撰整理成文。为了使文章更准确和翔实，部分素材采用和参考了陆大同同志提供的他以往的文章和资料。

口述人： 原援建坦赞铁路工作组副总工程师、原中国土木工程公司总经理、总工程师　陆大同

访谈人： 寇鲁林

时　间： 2013 年 10 月 14 日 ~10 月 22 日

地　点： 中国土木工程集团有限公司 203 会议室

▶▷ 结缘坦赞铁路数十载

坦赞铁路是中华人民共和国成立以来对外成套援助项目中较大的工程项目。中国大的援外成套项目真正能与坦赞铁路等量齐观的，好像并不多见。当然这是我所了解到的情况，不一定准确。

今天说起坦赞铁路，我仍然记忆犹新，它伴随我走过工作的大半时光，付出了我人生最美好的青春年华。我见证了坦赞铁路建设和运营时期的许多往事，在我一生中挥之不去。

我与坦赞铁路结缘是从赴坦桑尼亚担任援建坦赞铁路勘测设计队领导兼总工程师起，后来又担任援建坦赞铁路工作组副总工程师，在国外连续工作 8 年，直到坦赞铁路建成并移交给坦桑尼亚、赞比亚两国，我才回国。回国后，继续在铁道部援外办公室（现中国土木工程集团有限公司前身）工作，除从事行政、技术业务的领导工作外，还一直主管坦赞铁路技术合作事宜直到退休，前后历时 25 年。退休后，出于工作需要，我还曾赴坦桑尼亚和赞比亚参与过坦赞铁路的回访和技术合作方面的考察。

我与坦赞铁路结缘与我所学的专业和工作经历有关。学生时代，我就读的是土木工程的“路工”专业，主要包括铁路、公路和机场等，俗称“铁公机”。毕业后被分配到铁道部第四勘测设计总队，也就是“铁道部第三勘测设计院”的前身工作，我从一名实习生开始，经技术员，工程师，到主任工程师，经历了多年的工作实践和锻炼，深化了对铁路建设理论的认识，提高了我在铁路建设方面的专业技术水平。20 世纪 50 年代中期，我有幸在组织安排下，作为一名苏联专家的学生，又一次系统地学习了铁道专业知识，在工作中学习见证了他们倡导建立的科学的总体设计负责制的实施。铁路不是简单地铺设两条钢轨，它不仅包括线路、桥梁、隧道等等工程建设，还包括车站、机车、车辆、通信、信号、房屋、给排水、行车组织、施工组织及预算等诸多方面，是一项多工种的系统工程，需要建立科学的总体设计负责制。该负责制是在总体设计负责人的领导下开展勘测设计工作，总体设计负责人实际就是该铁路的总工程师或称总设计师。我在苏联专家卡莫洛夫那里学习后，就担任了总体设计负责人。我参加了多条铁路的勘测设计工作，有集二线、宝成线、京包线、滨绥线、牙林线、嫩林线等等。其中京包线和滨绥线是双线（即复线），情况更复杂，需要考虑既有铁路线的位置及旧线改造等问题，使我的专业技术得以不断提高。20 世纪 60 年代，我曾受命担任嫩林线即嫩江—漠河铁路总体设计负责人，该铁路线全长 660 余公里，国家对这条铁路极其重视，组织了嫩林铁路建设大会战，动员了近千人的一个勘测设计总队进入林区，我是副总队长兼总工程师。参加这条线工作的人员都要经过三个条件的选拔，我们习惯将其概括为“三过硬”：第一是政治条件过硬；第二是技术条件过硬；第三是身体条件过硬。这个“三过硬”要求也是我国政府选拔援建坦赞铁路工程出国技术人员的标准。20 世纪 50 年代后期，我还曾作为中国铁路专家组的一员被派到越南，援助越南的铁路建设。以上这些经历是我能参加援建坦赞铁路的重要因素。

另外，我和主管坦赞铁路建设的铁道部援外办公室主任李轩同志较长时间的熟识和相知则是我从事坦赞铁路建设工作的偶然中的必然因素。早在李轩同志担任铁道部第四勘测设计院党委书记兼院长时，曾向铁道部提出了应该将铁路勘测设计工作系统化、程序化、规范化并编制流程和样本的建议，当时恰巧我在铁道部第三设计院也同时在负责分管复线含旧线改造的勘测设计流程样本的工作。李轩同志了解到有关情况，并且知道是我在主持这项的工作，一来二去，我们便互有知悉。1965年初，李轩同志从铁道部第四勘测设计院调到铁道部任基建总局副局长后约半年，我也从嫩林线调到了铁道部基建总局工作，在总局勘测设计处任工程师，直接在李轩同志领导下工作。参加了铁道部吕正操部长亲自领导的铁路十大干线建设的方案研究，如青藏线、湘渝线、焦枝线、川汉线等，时常在一起商讨研究有关技术方面的问题，这样，我和李轩同志就更加熟识了。

以上两个因素，终使我结缘坦赞铁路数十载。

▶▷ 坦赞铁路的历史背景

早在19世纪60年代，英国等殖民主义国家在它的殖民规划里就有修建一条贯通坦桑尼亚和赞比亚铁路的规划，是南非开普敦到北非埃及亚历山大港的非洲南北铁路通道规划的一部分。当时，包括坦桑尼亚、赞比亚在内的绝大多数非洲国家都处于被殖民的状态之下。

英国为什么要在非洲修铁路？我认为有以下几方面原因。经济上而言，英国等殖民主义国家是为了掠夺非洲的各种资源。众所周知，非洲的矿产资源十分丰富，例如南非的黄金与钻石，赞比亚的铜，西非、北非的石油等。从政治上来讲，非洲大陆处在东西方交界的位置上，它东接印度洋，西临大西洋，北隔地中海与欧洲相望，政治、军事战略地位十分重要。从农业上来讲，非洲气候炎热，日照时间长，农产品长势快，盛产多种农产品。比如腰果、咖啡、木瓜、香蕉等等，东非的坦桑尼亚和肯尼亚是主要的生产地。有的农产品需要再次加工，例如我们常吃的腰果，它的外壳有毒，采摘下来后需要进行加工，当时非洲本地大都解决不了这个问题，殖民主义国家就用当地劳动力采摘并以低价收购后运到国内去进行加工，再以高价运往国际市场销售。再如，剑麻是坦桑尼亚的主要农产品之一，它长得又高又大，中间开花，是一种做麻绳的原料，有防碱、防水、耐腐蚀的功能，强度又大，可制作成远洋轮船上必不可少的缆绳，它也是由殖民者所控制的。出于掠夺的需要，殖民者自然需要借助火车等交通工具来运输这些产品。

进入 20 世纪后，特别是在 20 世纪中叶，非洲许多国家的领导人纷纷起来斗争，他们通过各种手段来反对殖民主义统治。其中，比较有代表性的人物有马里总统凯塔、加纳总统恩格鲁玛、坦桑尼亚总统尼雷尔、赞比亚总统卡翁达等。非洲的民族独立运动风起云涌，形成了一股革命浪潮，许多非洲国家相继获得独立。在这种形势下，计划中的非洲南北铁路大通道，除南北两段已修筑完，中段铁路就搁置起来了，这就是规划中的坦赞铁路。政治上的独立是一个国家独立的基础，并不是独立的全部。真正独立还要靠独立自主地发展民族经济，在此基础上提高本国人民的文化、生活水平。

坦桑尼亚东沿印度洋，有较长的海岸线，而赞比亚是内陆国家没有出海口。坦桑尼亚、赞比亚两国独立后，两国领导人决定将殖民时期未能建成的坦赞铁路修建起来以发展经济。坦噶尼喀和桑给巴尔岛分别于1961年和1963年宣告独立，后于1964年组成坦桑尼亚联合共和国。与其他国家的政体不同，该共和国有两位总统，坦桑尼亚大陆与岛国桑给巴尔各设一位总统，但是对外则统一在联合共和国总统的领导下，直到今天仍是如此。

20世纪60年代初期，赞比亚获得独立后，它的传统出海通道受到了控制和威胁。赞比亚是内陆国家，它的经济支柱主要是铜。为了出口，它有两个传统的出海通道，南部通道和北部通道，以南部通道为主，也就是我们过去常说的南罗得西亚的通道。英国控制这些国家时，以罗得西亚来命名，现在的津巴布韦叫南罗得西亚，赞比亚叫北罗得西亚，赞比亚的物资进出口主要通过南部通道，即经过津巴布韦、博茨瓦纳、纳米比亚到南非出海。第二个通道就是走北部刚果民主共和国的通道，这两个是传统的通道。赞比亚国家独立后，西方肯定对它要有制约，限制它的经济发展，其中就包括运输通道，这两个通道基本上中断了，被封锁住了。它的铜锭只能寻求另外的通道运输，即其东北部邻国坦桑尼亚的公路通道。由于公路运输不能保证运量，安全上也没有保证，一两千公里公路的长途运输经常发生车祸，翻车、抢劫也是常事，很不安全。后来发展到用飞机运输铜产品，成本大大提高，在国际市场上竞争力随之降低，使它的发展受到很大的影响，因此它需要一个更好的、更有保证的运输通道，就是需要修建坦赞铁路。

以上就是为什么要修建坦赞铁路的原因。但要修一条比较安全可靠的铁路通道，他们本身没有经济实力，也没有技术能力，这就需要外国的帮助。他们比较传统的关系是西方。于是开始寻求西方国家来帮助他们修铁路，其中包括向苏联、美国、日本、英国等国家求助。很明显，对西方来讲，从他们自身的经济利益考虑是不会同意的，因为这对西方没好处。修建完铁路，你们有了自己的自主权，西方对非洲资源的占有就少了，所以每寻求到一个西方国家的门下，都被以各种理由谢绝。回绝的手段是多种多样的，比如英国，认为你有一条公路就完全可以解决了，对英国来说修建坦赞铁路，一个是不经济，另一个是得不到更多的利益；找到美国，美国不是这种说法，美国说，我可以帮助你修，但是有一个条件，坦赞铁路的起点要在桑给巴尔。桑给巴尔是印度洋里的一个岛，就是说铁路要跨洋过海，跨过印度洋是一个不短的距离，实际上在当时是不可能的，它用这样的口吻来阻止修建这条铁路；找到日本，日本当时正处在一个经济复兴的时代，对非洲还不是太感兴趣；此后又找到苏联，因为当时苏联正帮助埃及修建一个尼罗河上的阿斯旺水坝，已没有能力再修建坦赞铁路了，所以也未同意。他们把目标转移到世界银行寻求贷款，世界银行的情况和美国、英国都不太一样，世界银行的观点是坦赞铁路不是不可以修，但是修建起来后有多大的运量？而且经过的地区是东非大裂谷，线路条件非常复杂，工程巨大，资金投入相当大。世界银行要出资也是一种贷款的方式，要产生利息，对他们两个国家来说是极不经济的，因此世界银行认为修这段铁路没有经济价值，没有必要，也不同意。坦桑尼亚、赞比亚两国政府通过各种渠道寻求帮助都遭到了拒绝。

1964 年 1 月，周恩来总理访问非洲期间，在加纳公开发布了《中国政府对外经济技术援助的八项原则》，进一步表明了中国政府严格尊重受援国的主权，以帮助受援国逐步走上自力更生、独立发展经济的道路。“八项原则”公布以后迅速在全世界传播开来，尼雷尔、卡翁达等非洲各国的首脑都清楚地知道了有关情况，对他们多少有些触动，他们的眼光逐步转向了东方的中国。

▶▷ 援建坦赞铁路决策过程

一、尼雷尔总统访华前透露修建坦赞铁路愿望

1965 年 2 月，坦桑尼亚尼雷尔总统首次访华。访华前，尼雷尔总统曾把自己的访华意图告诉了他信任的商业合作部长巴布，因为他知道巴布和中国驻坦桑尼亚大使何英的关系甚好，想把他的想法通过巴布转达给何英大使，再由何英大使传给中国政府，实际上就是想请中国帮助修建坦赞铁路。作为尼雷尔的商业合作部长，知道坦桑尼亚政府包括尼雷尔总统，寻求西方国家帮助都碰了钉子。在约见何英大使时，他向何英大使转达了尼雷尔总统访华的愿望，又把修建铁路的事情有意识地提了出来，附带地又进一步说明，总统曾寻求多方面的帮助都没有得到承诺，对总统

的心理是一种打击，所以在总统访华时，作为中国来讲，如果不可能帮助修建坦赞铁路，希望中国政府不要马上回绝修建坦赞铁路这个事情。巴布说："我们的总统已经再也经不起这种打击了，是不是可以用一种婉转的语气来拒绝。"这话是比较实在的，尼雷尔总统抱着试探的心理，想通过巴布让中国得到这个信息。何英大使马上通过外交联络方式，及时地把这件事报告了外交部，并转报周总理，时间是 1965 年底。

二、毛主席、周总理决策援建坦赞铁路

周恩来总理听了外交部的汇报，知道了这件事情后，高度重视坦方的要求。马上召集了有关部门，专题研究援建坦、赞两国修建铁路的事情，参加会议的有外交部部长陈毅，对外经济联络委员会主任方毅，铁道部部长吕正操以及其他相关一些部委领导。会议上征询对援建坦赞铁路坦桑尼亚境内线路及整条坦赞铁路的意见，大家提出了一些不同的想法和意见。经过讨论，大家认为：

第一，修建坦赞铁路确为坦、赞两国的迫切需要。这涉及他们本国经济发展和广大百姓的切身利益，也涉及南部非洲的解放运动，尼雷尔总统亲来求援，应该满足其要求。

第二，在财力和技术上我国可以承担。援建费用可能要几个亿，一次拿出当然困难，但勘测、设计、施工整个过程将需八九年，每年所需要费用不过几千万，我国经济每年都会有发展，这笔费用承担得起。卡翁达总统尚未下决心要求援建，如只援建坦

境路段，更不成问题。

第三，集中力量援建这样一个大工程，将是我国对外经济技术合作的一个突破和一个创举。

第四，远隔重洋在热带地区建设这样宏大的跨国工程，必然会遇到许多新问题、新困难，不能掉以轻心，而需要事先派出精干的专家组考察，查明情况，提出对策，妥善安排。

第五，我国同意援建坦赞铁路，势必引起西方一些国家的恐慌。它们为了维护传统利益和影响，有可能被迫同意援建。尼雷尔总统可以用中国同意援建做王牌，反对它们可能提出的苛刻条件。

毛主席、党中央也同意这些意见。就这样，以毛泽东、刘少奇、周恩来为代表的老一辈国家领导人，把援建坦赞铁路的事情决定了下来。中国向这两个非洲新独立的国家伸出了援助之手。

援建坦赞铁路这件事，作为我们内部的决定实际上是在 1965 年初，在尼雷尔总统访华之前。

三、尼雷尔总统访华得知中国愿意援建坦赞铁路欣喜若狂

1965 年 2 月，坦桑尼亚总统尼雷尔来到中国访问，与我国领导人刘少奇主席、周恩来总理进行了会谈。中坦双方领导人有关坦赞铁路的初次会谈颇富戏剧性。双方会谈时，尼雷尔总统并没有主动提出修建坦赞铁路的请求，只提到一些设想，并非不需要中国政府的援助，只因他当时感觉中国的国民经济水平并不高，

提出后不一定能得到应允。但中国领导人已经知道坦桑尼亚和赞比亚有修建坦赞铁路的意愿，到处求援，到处碰壁。得知中国愿意帮助其修建坦赞铁路的时候，心情十分激动，尼雷尔总统的“心在急速地跳动，兴奋得都快要跳出来了”（这是事后多年我们在采访他时他说的话）。尼雷尔总统随即坦言，他们十分渴望修建坦赞铁路，如果中国能够帮助我们修建坦赞铁路，这条铁路修建起来，相当于爆炸一颗原子弹。他的话充分阐明修建这条铁路的重要性。会上周恩来总理告诉尼雷尔总统，我们帮助修建坦赞铁路也考虑到了赞比亚，坦赞铁路是一个整体，它包括坦桑尼亚，同时也包括了赞比亚，请总统把中国愿意帮助修建坦赞铁路的意愿转达给赞比亚卡翁达总统。

尼雷尔总统回到国内，高兴地将中国同意帮助修建坦赞铁路的事转告了赞比亚总统卡翁达。

四、派出坦赞铁路坦桑尼亚境内段综合考察组

1965 年 6 月，周恩来总理回访了坦桑尼亚。访问期间，周恩来总理又向尼雷尔总统表示，坦赞铁路的工作可以先从坦桑尼亚开始，但不是马上就施工修建铁路，而是先进行考察。

周总理在坦桑尼亚访问期间，考察了坦桑尼亚的既有铁路。回国后，作出了坦赞铁路的建设标准要略高于其既有铁路标准的明确指示。

赴坦桑尼亚铁路考察组的单位选拔及名单拟定是颇下了一

番功夫的。20 世纪 60 年代，铁道部没有设立专门的对外援助机构，经铁道部基建总局勘测设计处商定由位于成都的铁道部第二勘测设计院承担。考察单位及人员确定后，考察组本身的名称却一直未定。周恩来总理亲自过问了此事，最终确定以“综合考察组”而非“铁路考察组”的名义赴坦桑尼亚进行考察。综合考察组以铁路考察为主，包含矿山、水利、农业、社会等其他方面的考察。

1965 年 8 月，中国正式向坦桑尼亚派出了综合考察组。综合考察组主要对坦赞铁路坦桑尼亚境内的部分线路做了基础性的考察，写出了《坦赞铁路考察报告（坦桑尼亚段）》，内容包括线路走向、主要经由点、技术条件等。基建总局基本肯定了报告，并在此基础上安排了下一步的工作。

五、援建坦赞铁路签约过程

1965 年 2 月份尼雷尔总统访华回国后，及时把中国愿意帮助坦、赞两国修建坦赞铁路的消息转达给了赞比亚总统卡翁达。卡翁达总统听了后，心里当然很高兴，但是作为卡翁达本人是有顾虑的。这种顾虑也是很自然，他与坦桑尼亚尼雷尔总统初期的思路和想法一样，尼雷尔总统在访华之前也带有一定顾虑，这种顾虑对于卡翁达来讲可能是更多一些，考虑的问题更复杂一些。为什么？赞比亚人传统习惯是追随西方，国家又是被殖民主义统治的国家包围着，可以讲当时的赞比亚基本上是倾向西方的，在经济上也比较多地依附于西方。我们在赞比亚工作的时候，就感觉到坦桑尼亚人民的状态，跟赞比亚不一样，尤其是经济条件、生活方式、城市基础建设，两国差异比较大。赞比亚人民的总体生活水平要比坦桑尼亚高。因为赞比亚的经济条件要比坦桑尼亚好，受到西方国家的影响也要比坦桑尼亚更大一些。在尼雷尔总统把中国同意援建坦赞铁路的事情转达以后，卡翁达总统就产生了不少顾虑，首先考虑到，如果同意中国人修建坦赞铁路，西方国家会有什么看法，会不会给赞比亚施加种种压力。这是卡翁达总统最大的顾虑。

赞比亚是个内陆国家，经济结构比较单一，中华人民共和国成立之初受西方国家制约较大，它担心接受中国的铁路援助会失去西方人的信赖，经济上会造成损失，得不偿失。如前文所述，赞比亚其实比坦桑尼亚更需要修建坦赞铁路。尼雷尔总统虽然转达了中国政府的好意，但是赞比亚政府的特殊国情以及长期依附于西方国家的惯性，使得他十分为难，赞比亚领导人心里还没有底。

另外，当时赞比亚政府对中国还不甚了解，对中国政府是否真心帮助赞比亚也并不放心，毕竟双方国家领导人没有直接面对面的对话。为了探听虚实以及检验西方国家对赞比亚接近中国后会做何反应，卡翁达总统做出了一个分步走的安排，自己没有先来访问中国，而是派出副总统卡曼加先期来华访问。

1966 年 8 月 19 日，赞比亚副总统卡曼加率政府代表团来华访问；8 月 20 日，周恩来总理在人民大会堂亲切地接见了赞比亚政府代表团全体成员，并进行了友好的交谈。会谈中，周恩来总理明确表示中国政府愿意帮助坦、赞两国修建坦赞铁路，“……如果他们愿意承担修建，可以让他们修……，如果他们愿意承担，但怠工，我们愿意修。”[1] 卡曼加副总统非常感动。他把周恩来总理的话，把中国政府的意图，把中国政府的真心诚意报告了卡翁达总统。卡翁达总统感觉到比起尼雷尔转达给他的听起来更深刻、更感动。但是他还是不太放心，直到 1967 年 6 月，卡翁达总统亲自访华。与周恩来总理举行了友好会谈。接着毛泽东主席在中南海接见了他，谈到修建坦赞铁路时，毛泽东主席爽快地说：“你们修建这条铁路只有一千七百公里，投资也只有一亿英镑，没有什么了不起嘛。”[2] 卡翁达总统与周总理、毛主席的亲切交谈，解除了他的顾虑，接受了中国的援建。

在尼雷尔总统与卡翁达总统相继访华的过程中，西方国家很快知道了这些他们始料未及的动向，于是给尼雷尔总统和卡翁达总统分别施加政治影响，特别是对卡翁达总统，某种程度上给他施加了极大的经济压力。坦赞铁路通车 10 多年之后，我们在撰写一本坦赞铁路纪实文学《友谊之路——援建坦赞铁路纪实》的过程中，采访了尼雷尔总统和卡翁达总统，两位总统兴致勃勃地回顾了坦赞铁路建设期间的一些情况，其中比较有

[1] 外交部政策规划司编：《中非关系史上的丰碑——援建坦赞铁路亲历者的讲述》，世界知识出版社，2015 年版，第 10 页。

[2] 外交部政策规划司编：《中非关系史上的丰碑——援建坦赞铁路亲历者的讲述》，世界知识出版社，2015 年版，第 17 页。

代表性的就是西方国家做了一些动作，还很强硬地表示，我们愿意帮助你们修建这条铁路，你们原来不是求我们，希望我们来帮助建铁路吗？现在我们经过研究，感觉可以来帮助你们修铁路了。但是要有一个前提，就是要把中国人赶走，由我们来帮你们修建这条铁路。我们不仅可以帮助，而且你们要相信我们修建出来的铁路肯定要比中国修建的好。说到这里，尼雷尔总统面对我们前去采访的同志哈哈地笑了起来，他又讲："如果我们真的听从了西方国家这些话，接受了他们的所谓援助，那么到今天我们将肯定是一事无成，这条铁路至今也不会修起来，假如西方国家帮助我们修建这条铁路，我们也会意识到，这是他们的一种诱惑，妄想排斥中国，抵制中国来帮助修建坦赞铁路。"这是尼雷尔总统采访时对我们讲的原话。西方国家对坦桑尼亚、赞比亚两国请中国人帮助修建坦赞铁路这件事情，采取阻止、破坏、施压等动作。从我们进入坦桑尼亚、赞比亚国土勘测时期开始，直到修建铁路过程中间，始终就没有停止过，如向我们的队伍和营地派出探视人员等，动作有很多很多。但从另外一个方面来说，他们的这些动作也使坦桑尼亚、赞比亚两国领导人认清了西方国家的真实动机，特别是使卡翁达总统看清了形势，看清了西方国家的真实面目，完全解除了压在他心里的顾虑，奠定了卡翁达总统坚决依靠中国帮助修建坦赞铁路的基础和信心。

1967 年 9 月，坦桑尼亚、赞比亚分别组成了政府代表团来到北京，与中国政府代表团举行了关于援建坦赞铁路第一次会谈。

这就是援建坦赞铁路的“三国第一次会谈”，签订了“修建坦赞铁路的协定”。中国政府代表团团长李先念副总理在协议上签字，周恩来总理、陈毅副总理等参加了三国签字仪式，以协议的方式确定了中国帮助坦桑尼亚、赞比亚修建坦赞铁路。协议中明确由中国提供无息的、不附带任何条件的贷款及由中国先行派出专业人员进行实地考察。

▶▷ 援建坦赞铁路的前期动员和中、坦、赞三国第二次会谈

1967 年 9 月，援建坦赞铁路的三国协议签订后，铁道部接受了党中央、国务院交予的国家首次对外援助成套大型工程项目——援建坦赞铁路的光荣使命。铁道部决定将其作为全路的首要工作，部署基建总局立即着手两方面的工作：一是选拔与组建赴坦、赞两国的勘测设计队伍和人选；二是组织赴赞比亚的铁路考察组。

由于一些原因，原定考察组成员无法出发，改由天津的铁道部第三设计院选派人员，组成新的考察组，由基建总局勘测设计处副处长刘继福为组长，于 1967 年 12 月飞赴赞比亚开展考察工作。

1968 年 2 月，赞比亚境内的考察还在进行中，坦桑尼亚境内在考察后线路的走向已经有了一个大致的轮廓，已经具备了开展勘测设计工作的条件。1968 年 4 月，中、坦、赞三国政府在坦桑

尼亚达累斯萨拉姆举行关于坦赞铁路建设工作的第二次会谈，此即通称的坦赞铁路“第二次会谈”。第二次会谈主要是确定坦赞铁路的线路走向和主要技术原则等问题。在此之前必须要赶快把我们铁道部负责坦赞铁路工作的主管领导定下来，组织上全面考虑后，最终选定了李轩同志负责分管坦赞铁路的工作，并要他抓紧做好参加在坦桑尼亚举行的第二次会谈的准备。原因在于他原来既搞过铁路的建设，又长时期分管全国铁路的勘测设计工作，而坦赞铁路一开始又是进行勘测设计。我和李轩同志平时接触比较多，他在接受任务的过程中与我多次就坦赞铁路勘测设计和建设进行过沟通，我把所了解的坦赞铁路的大概情况向他做了汇报，让他对坦赞铁路和局里工作多一些了解，同时他也向我谈了主持坦赞铁路工作后的想法和思路。

1968 年 3 月 21 日，李轩出国了，他作为中国政府代表团副团长参加会谈，中、坦、赞三国政府第二次会谈的中国政府代表团团长是驻坦桑尼亚大使馆临时代办周伯萍，代表团中还有吕学俭同志等。

李轩和吕学俭除了去坦桑尼亚参加第二次会谈，更多的是在会谈之前对坦桑尼亚和赞比亚做了一次粗线条的勘查，了解一下铁路的大致走向情况。勘查后提出了比较重要的问题，就是 1965 年考察后所定的坦桑尼亚境内铁路的起点并不是现在的起点达累斯萨拉姆，而是叫基达杜的地方。基达杜这个地方是坦桑尼亚东非铁路系统里面一条铁路支线的终点，原定从那个地方开始作为坦赞铁路的起点，然后再往里面延伸。他们勘查后感觉起点这个问题需要解决，比较明确地提出要把起点从基达杜改到达累斯萨拉姆。将起点设在基达杜有一个比较大的问题，因为坦赞铁路要自成一个体系，标准跟坦桑尼亚既有的铁路不一样。坦桑尼亚既有的铁路是东非铁路系统，它的铁路轨距是 1 m，而坦赞铁路的轨距是 1 067 mm，与赞比亚既有铁路相同。由于标准不同，就出现了坦赞铁路不能独自成为完整的出海通道，来自达累斯萨拉姆港口的人员、货物经东非铁路到坦赞铁路前必须在基达杜换车换装，给客货运带来许多问题。

根据所发现的问题，他们立即向中央写了报告，建议把起点从基达杜改到达累斯萨拉姆，中央很快批准了。其实，这个方案并不是李轩他们首先提出来的。早在 1967 年 9 月，三国代表团第一次会谈的时候，坦桑尼亚、赞比亚两国就提出过这个要求，希望中国考虑从达累斯萨拉姆至基达杜这一段铁路线路也把它修建起来。因为坦赞铁路线路很长，需要投入很大。当时我们向对方表示这个事情可以把它记录在案，到一定的时间可以再加以考虑，把前面这一段铁路线路稍微放一放。这段线路有多长呢？约有三百二十公里。李轩等同志向中央的报告被批准后，等于我们要修建的铁路延长了三百多公里，这不是一个小数字，这是在三国第二次会谈期间中，涉及的比较主要的事。因第二次会谈要等赞比亚那边的考察工作结束后再一起研究有关问题，因之这次会谈的时间比较长，它是历次会谈中时间最长的一次。

1968 年 5~6 月，李轩同志在参加三国第二次会谈结束之后，回到国内。李轩同志回来后同我谈到一些细节，使我了解了更多的情况，包括遇到的一些问题、还需要进一步研究的问题，比如坦赞铁路的主要技术条件中的某些问题等。李轩所谈到的这些问题，因为当时大家有个概念，认为已经通过三国会谈确定下来的事情就不能再随便改动了。因此，就没有更多地去考虑这些问题中还有什么不完善的地方，我也没有更多地去加以思考。

1968 年 7 月，因为坦赞铁路肯定要上马了，需要建立一个机构来负责组织、管理等有关工作，机构名称定为铁道部援外办公室，由李轩同志负责筹建。1968 年 10 月，经国务院批准，铁道部成立了援外办公室，并任命李轩同志为主任，下设 4 个部门：办事组、政工组、生产组和后勤组。

铁道部援外办公室成立的时候，人员多是从基建总局和铁道部有关单位抽调的，我是从基建总局勘测设计处被调到援外办公室唯一的人员。

▶▷ 援坦赞铁路勘测设计队分赴坦、赞开展勘测工作

1968 年第 1 季度，铁道部第三设计院按出国人员条件（即“三过硬”）审选了各类人员共 680 人，组成了坦桑尼亚、赞比亚两个勘测设计总队，每个总队各 340 人，分别下设三个分队。坦桑尼亚勘测设计总队于 1968 年 4~5 月派出，赞比亚勘测设计总队于同年 11 月派出。总队在国外受我驻所在国使馆领导，日常工作受铁道部援外办公室管理。

1968 年 4 月 12 日，中国政府派出的第一批援助坦赞铁路的

勘测队——坦桑尼亚总队的大部分人员从广州黄埔港乘坐“耀华”远洋客轮赴坦（“耀华”远洋客轮是法国生产制造的大型游轮，是中国政府因援建坦赞铁路需要而购进的客轮，后又陆续购入“建华”“明华”等客轮），当年11月，赞比亚总队也启程经达累斯萨拉姆港赴赞比亚，分别在两国开始了坦赞铁路勘测设计的工作。

国外铁路勘测设计工作基本上和国内是一样的，我们称为三个勘测设计阶段，第一个阶段是草测，出来一个报告为草测报告；第二个阶段为初测，形成的文件叫初步设计文件；第三个阶段为定测，形成文件为技术设计文件。第三个阶段工作完了后就把所有的图纸资料交给施工单位进行施工。1968年第4季度，坦桑尼亚总队的第二个阶段初测工作已经结束，向国内报回了勘测设计工作的进度报告，并提出了定测完成后队伍即回国进行技术设计工作。国内见到报告之后，李轩等同志感觉到他们在国外所做的工作还不够。主要存在问题为：将原起点基达杜改到达累斯萨拉姆后增加的三百多公里的线路勘测工作尚需完成，尤其是工程最复杂、最集中的地段姆林巴至马坎巴科段（简称姆马段）所做的工作还很不够。这个地段处在世界最著名的三大裂谷带之一的东非大裂谷带里面。东非裂谷带是三大裂谷带中最大的一个裂谷带，其走向自非洲东北延伸至西南有数千公里，坦赞铁路是东西走向，必须穿越此裂谷带无法绕避。线路所经基本上是一个原始地带。地形、地质等自然条件极度复杂，它又处在沿海平原至内陆高原的过渡地带，气候多变。我们一般的概念认为非洲是非常炎热的，其实并非如此。这个地段的气温高时可达 40℃ ~50℃，低时达到 0℃，可以见到冰。其间山体岩石风化坍塌严重，堰塞湖到处可见，山体和水流没有规律。我将它描述为“山不成脉，水不成系”。

在上述这种复杂的自然环境地带，坦桑尼亚勘测设计总队尽了很大的努力，做了很多工作。同时远涉万里之遥的非洲，面对恶劣的自然环境、复杂的地理条件、多变的气候，使他们极不适应，加之还有野兽、毒蜂、毒蛇侵袭和伤人。1967 年 10 月我国援外水文考察专家张敏才，就是在野外考察期间被毒蜂蜇死的，他是我国援坦人员中最早牺牲的工程技术人员，除此还有经常发生的车祸。以上种种对出国人员都是一种威胁，在异国他乡，工作和生活、周围的环境等碰到许多问题，而且这些问题往往是具有突发性和危险性的。碰到过野兽袭击，使我们的同志受伤，大家都提心吊胆。国内的家属也害怕亲人在国外出事情，为使国内家人放心，勘测设计队有的同志外出的时候，拍一张照片寄回家，有的拍的是侧面照片，看不到另一侧的手臂，家里人看到后胡乱猜想，误认为手在工作中断掉了，实际上并非如此。这些说明不论在国外的技术人员，还是在国内的家人，心里不免都产生了恐惧感和害怕，都希望能早一点回国，心情是可以理解的。面对这样一种情况下怎么办？李轩同志一直在思考此事。

▶▷ 受命赴坦主持坦赞铁路勘测设计技术工作

1969 年初，我已经介入坦赞铁路的工作。李轩同志找到我商量国外情况时，给我的感觉是需要我帮助去做某些工作。在久久未见国外勘测设计队任何反馈意见的情况下。李轩同志让我赶快做出国准备，不是调我去国外勘测设计总队任职，而是要我去进行解释并帮助勘测设计队进一步做好选线工作。我当时感到去是必须的，但工作难度很大，尤其是要先做好国外勘测设计队上下人员的思想工作，接受国内的指令搞好选线工作。

1968 年底至 1969 年初，我全面介入到坦赞铁路项目工作中。从那时起，我便开始专心研究坦赞铁路建设方面的事，关注研究最多的是技术方面的问题，尤其是工程施工最为困难的姆马段。

尼雷尔总统访华后，我们派出综合考察组对坦桑尼亚境内坦赞铁路进行了考察。西方国家知道后，就联合起来，以英国、加拿大为主组成了一个考察组，专门对坦赞铁路可行性进行了考察。他们对考察结果写出了一个报告，就是“英加考察报告”。在中、坦、赞三国第一次会谈的时候这本“英加考察报告”就被带到了北京，由坦桑尼亚代表团团长亲自送给了周恩来总理，周恩来总理随后将其转到铁道部，铁道部又转到了援外办公室。我在赴坦桑尼亚前认真研看了“英加考察报告”，做好了各项准备工作。

记得在我即将赴坦赞铁路工作前的约半年时间里，上级领导就曾多次给我比较明确的指示，让我负责做好坦赞铁路有关的几项具体工作：

第一项重点工作是协助坦桑尼亚勘测设计总队做好选线工作。选线工作是铁路建设最基本的一个条件，包含着广泛的内容，并不是单一的选一条从东到西或是从西到北的线路那么简单。坦赞铁路建设和国内其他铁路建设相比，有很多不一样的情况和条件，如自然条件、社会情况、铁路标准等，铁路建设又是一项综合性很强的工程，包括20多个门类专业。铁路选线基本上都要把这些专业的特点和条件考虑进去。比如铁路要经过某一个站点，这个站点既要解决当地客货运的需要，又要在站点中做好保证铁路运输所需要的各个方面的技术条件，如运输站点必须具备机车车辆维修保养和上油加水等各方面的条件。同时选线过程中还要考虑到工程实施的要求，如线路遇到河流需要修建一座大桥，因为桥梁施工往往是整条线路施工的关键节点工程之一，我们在选择线路时就要较多地考虑桥位，其他因素要迁就桥位的需要。一条铁路线路的选择，还要考虑资源条件、社会条件和人文条件等多方面的因素，是一个综合性很强的工作。这也是我本身的专业。

第二项重点工作是由我负责主抓编制《坦赞铁路勘测设计报告》和《坦赞铁路工程施工技术文件》。《坦赞铁路勘测设计报告》和《坦赞铁路工程施工技术文件》这两部技术文件作为坦赞铁路建设整体工作的重要环节，不能把它简简单单地看成编辑撰写一份勘测设计报告和工程施工技术文件，而是一项不可缺少的重要工作。《坦赞铁路工程施工技术文件》必须在工程竣工之后完成，是完全符合工程实际情况的一套工程技术文件。

第三项重点工作是由我组织技术人员精确确定坦赞铁路实际线路长度。这大概是考虑到我过去的工作阅历，认为我做这项工作最为合适，因此授予我全权负责确定坦赞铁路线路的长度。精确确定坦赞铁路线路的长度，并不是个很简单的事情。坦赞铁路总距离约为 1 860 km，实际上是 1 860.543 69 km，为什么后边还多了这些小数？因为铁路工程是分段施工，每一线段都有它每一线段的长度，你必须要把线路长度计算准确，就是通过施工后每一段的精确测量测定出来的，这也就是终点的里程。并设立了终点标牌，即：K1 860+543.69。这也就是坦赞铁路正线的实际长度。

1969 年 3 月，我以坦赞铁路施工考察组成员的名义来到坦桑尼亚，主要解决姆马段选线问题。临行前，本以为此行工作难度很大，思想上也做了充分的准备，并和同去的成员提出要“以情相待，以理服人，不能顶牛”。到了国外，出乎意料的是工作开展得十分顺利，这主要归功于我碰到的一系列较为巧合的事情。巧合在哪里呢？第一，碰到了相识多年的坦桑尼亚勘测设计总队队长李文毅。李文毅是铁道部第三设计院的一位处长，在铁道部第三设计院担任过苏联专家办公室主任，我当时又在苏联专家手下当过学生。在搞林区铁路建设时，李文毅是当时的总队长，我作为副总队长兼总工程师，一起搭过班子，我们之间非常熟知。李文毅总队长知道国内派出了施工考察组，也知道我在其中。对于我的到来他心里非常明白。虽然我当时还年轻，不过第三设计院的老一辈们大多都认识我，原因是我曾是天津市劳动模范，又是第三设计院中年龄最小（仅二十多岁）的总体设计负责人，三院知道我的人比较多，加之曾一起搭过班子的总队长李文毅以及两个总队的人员从干部、技术人员到工人大部分是我们在国内林区搞铁路勘测设计的人员，大多共过事。这种巧合使我们的工作比较好开展，并不需要费太多的口舌。我把国内领导对工作的意见和我的想法与他们进行了沟通，解释了我们要进一步做工作的原因，大家都表示理解，思想统一了起来，变为统一的行动。

摆在我们面前的首先是姆马段的大面积选线问题，我们和总队领导一起研究在什么范围里面做选线工作。东非大裂谷从东北到西南大约 6 000 多公里，我们的铁路线路必须穿过它，无法避开。经过详细研究，我们确定了一个范围，划定了在东西长 150 km，南北宽 60 km，即 9 000 km^2 的范围里进行多方案比选。

1969 年第 2 季度，我到坦桑尼亚后不久，总队长李文毅得了急性肝炎需要回国治疗，仅有的副队长是分管后勤的，因此国内确定由我代理总队长的职务。领导层里还有一位总工程师，在国内时我们就在同一个办公室工作，彼此之间也比较熟悉，互相工作都很好协调。

李文毅同志在国内休息了大约 3 个月之后病愈，返回了勘测设计队。我原以为可以卸任了，但李文毅同志坚决不同意我离开，他向国内领导打了报告，极力要求我继续留在勘测设计队工作。国内批准了报告，李文毅仍然为总队长，我作为他的副手——副总队长分管业务技术方面的工作。勘测设计，除了有它自身阶段性的工作之外，还有一个特殊的工作就是配合施工。在施工的过程中作为设计人员是不能离开现场的。在施工过程中终究会发生一些这样或那样的问题和突发情况需要及时处理，比如：原设计是路基，因地质问题必须改变为桥梁，设计人员就要在现场变更设计。因此勘测设计的工作，是贯彻在整个铁路建设施工过程中的。勘测设计的组织，始终保持至坦赞铁路交付运营，紧密配合着施工建设。我自进入勘测设计总队任职之后便长期留了下来，一直到坦赞铁路最后建成、验收、移交。

▶▷ 修建坦赞铁路的几大特点和难点

铁路项目的考察和勘测设计，工程技术人员首先要考虑的是这条铁路项目自身的特点，才能具体安排规划步骤和工作计划。坦赞铁路修建大概有这么几个特点。

一、是地处非洲赤道地区、穿越东非大裂谷、多工种、多技术的系统工程

首先，我们要了解坦赞铁路的修建与国内铁路建设基本一样，它不是单一的一条单线铁路，它是一项多工种多技术的系统工程。作为铁路建设工程，不管国内国外都是一样的施工程序，这是所有铁路建设项目的共性。其次，对坦赞铁路而言，除了有多技术多工种的共性外，它地处非洲大陆，也就是说与我们远隔重洋，这是坦赞铁路工程的特性。另外，地质、气候等自然条件比较复

杂，和我们在国内工程施工的情况不一样。因为坦桑尼亚处在赤道以南的热带地区，它的一些自然条件我们初期并不了解，经过考察和调查，我们深深地感觉到坦桑尼亚自然环境确实很复杂，具有代表性的是要穿过东非大裂谷。东非大裂谷在西方国家考察坦赞铁路时也是一个难题，东非大裂谷形象地被人们称为“地球表皮上的一条大伤痕”。非洲热带地区气候是两个季节，旱季和雨季，当地的旱季对他们来讲相当于我们这里的冬季，比较凉爽。他们的沿海平原处于热带，温度可以高达 40℃ ~50℃。而从沿海平原进入高原的地带，海拔高度变为 1 200 m 以上，旱季到了晚上还是很冷的，有时冻得要结冰，这是当地自然气候的特点。

我们刚来到坦桑尼亚的时候，就不太了解这里特有的自然条件，尤其是我们穿越东非大裂谷，大裂谷里面地质地貌的复杂性我们也不知道，进入工作后才知道其中恶劣复杂的自然气候和地质环境。我们出国之前配备的蚊帐、凉席、毛巾被等行装，基本上全部都是热带地区所使用的简单装备，在姆马段地区，我们的分队首先遇到的问题就是夜晚如何驱寒。我们每人只配发了一床凉席、一顶蚊帐、一条毛巾被，到了晚上冻的实在是受不了，只有几个人挤在一起相互取暖。大使馆、经代参处了解这一情况后，立即从我国援助的纺织厂调拨一批棉花为我们赶制了棉被。所以在非洲并不是我们所想象的每处地方都很炎热，这些地区特殊的自然气候给我们带来的意想不到困难是非常多的。我们及时向国内领导汇报了这里的自然气候情况。国内物资部门接到前方的报告，迅速安排重新调整了配备的行装，给在高原裂谷等地施工的队伍全部配发了棉被和一些驱寒的生活用具。这是一个小插曲。

二、几个技术特点

坦赞铁路从技术上看还有几个比较明显的特点，也可以说是几个比较大的问题。坦赞铁路的技术标准和我们国家铁路的技术标准不一样，不能把我们国内的铁路照搬过去。

（一）1 067 mm 轨距

两条钢轨之间的距离，铁路上的专用名词叫作“轨距”，我们国内铁路的轨距是 1 435 mm，而坦赞铁路的轨距是 1 067 mm，这个标准决定了我们的各种设施都要从零开始，我们国内的铁路标准是不能“一锅端”拿过去的。轨距是铁路主要技术标准之一，涉及铁路方方面面的问题。比如机车，因轮距不同，构部件也不同了；车辆也是同样的情况；因轨距的改变，路基的受力也就不同，路基上的轨枕，不论木枕和钢筋混凝土轨枕，都要改变尺寸等。一切都要从零开始，这就是坦赞铁路区别于我国铁路的诸多方面，既增加了难度，又增加了工作量。

（二）自然环境复杂，技术难题多

坦赞铁路工程施工中的技术问题也是比较复杂的，因为工程地处非洲，碰到的自然环境和条件不同，带来许许多多的困难。比如姆马段中淤泥很深，山体坍塌。这种自然条件在我们国家是很少碰到的，即使是在国内西南部修建铁路时遇到的山川河流等比较复杂的地质情况，也很少有能与姆马段相比的。在西南铁路工程建设时最大的问题是石灰岩里的岩溶，地下水流湍急。但姆马段的山体坡度很大，却都是松软土质层，线路段又很长，相应的技术条件比我们国内的技术条件要复杂得多。

（三）工程量巨大

与国内铁路建设相比，坦赞铁路不仅标准不同、技术不同、条件复杂、不良地质的线路段长，而且工程量巨大。坦赞铁路工程量是个什么概念呢？坦赞铁路的 1 860 km 的正线长度加上车站站线、专用线等，加起来是 2 200 km。全线共使用钢材约 32 万 t，水泥约 65 万 t，完成的土石方量约 8 887 万 m^3。接近 1 亿 m^3 土石方，如筑成高宽各 1 m 的长堤可绕赤道两周多。桥梁 320 座，最高的桥 49 m；涵洞有 2 225 座；隧道和明洞 26 座；车站原来是 92 个，后来我们又加了一个车站，变成了 93 个。房屋有多少呢？有两种类型房屋，一种是车站房屋和工厂厂房，另一种是铁路职工的住房，铁路职工不可能住在镇上，他们要住在铁路沿线。坦赞铁路的铁路作业房、工厂厂房、车站站房、职工住房等共计 37 万多平方米，接近 38 万 m^2。

（四）工期紧迫

坦赞铁路建设施工还有一个比较重要的特点，就是工期时间要求比较紧迫，坦赞铁路整体施工计划工期是 6 年全线完成，中央领导希望工期能够再缩短些。像这样长的铁路工期这么紧，当时在国内几乎是没有的。因为工期紧迫，施工的复杂性增大，施工队伍的实施方式都要有计划措施，既要建好又要缩短工期。

（五）全线一次性移交

坦赞铁路还有一个特点，就是根据三国会谈，这条铁路要一次性完整的交付运营，这与国内的铁路建设完全不一样，在我们国内的铁路建设中，从没有过。国内铁路建设基本都不是一次性交付，比如京九铁路（从北京到九龙），修建工程是分段进行的，运营也是分段交付的，我们工程施工并不是从北京一下就修到了九龙，而是先修到九江再延伸到九龙。而坦赞铁路不仅要配套设施齐全，而且要求在规定时间里一次性全面移交，这就是三国政府会谈所要求的，也是坦赞铁路与其他铁路建设不同的地方。

（六）只能从港口起逐段推进施工，不能多点同时施工

坦赞铁路在施工中还有一个特点，就是由于受地域条件的限

制，只能从坦桑尼亚沿海区段向内陆延伸施工，不能搞多头施工，这也是坦赞铁路特有的施工特点。在施工组织上、计划上、安排上各方面都要进行周密安排。如果工程能同时进行多点施工，情况就比较好办，工期也就有保证了，但是坦赞铁路施工根据它的特殊条件和环境是不可能做到这一点的。坦赞铁路所有工程的设备物资都要通过海运到坦桑尼亚达累斯萨拉姆港口，工程所需的设备、生产生活物资海运量很大，总量 100 多万吨。当年我国远洋轮吨位比较小，万吨货轮就运了一百多个航次。

（七）跨越两国的跨国工程

坦赞铁路是一个跨国的（坦桑尼亚和赞比亚）成套工程项目。跨国，在工程施工建设期间的一些事情反应并不明显，但现在从铁路管理上看，是存在一些问题，带有一定的后遗症。特别是坦赞铁路今天的状态，问题逐步显现出来了。这也是坦赞铁路的一个特点。

（八）我国的援外工程，非常规国际承包工程

最后一个特点：它是援外项目而不是国际工程承包项目，援外项目最核心的就是要认真切实地贯彻国家对外宣布的《中国政府对外经济技术援助的八项原则》，这也是坦赞铁路的重要特点。

带队深入东非大峡谷地区，选定最佳线路走向

姆马段自姆林巴起，跨基姆贝河、姆潘加河，经乌琴迪累，跨鲁瓦哈河至马坎巴科，全长 158 km，线路海拔高度由 330 m 陡然攀升至 1 670 m，高度落差达 1 340 m。姆马段地处被称为“地球伤疤”的东非大裂谷，沟谷坡度陡峭，谷底多为冲积而成的沼泽、湿地，沿线地区高草、野竹、灌木丛生，山坡变形严重，极不稳固，有大面积坍塌、滑坡和错落等多种状态，是坦赞铁路全线工程最集中、施工最困难的区段。

经过一段时间的准备工作，我们踏上了姆马段线路选线的征程。对于姆马段选线，我和我的同事、领导最为关心的就是坦赞铁路如何穿越原始峡谷的问题。因为坦赞铁路能不能修好，成败就要看姆马段，它是最关键的路段。我们在坦桑尼亚境内组建了 1 个勘测设计总队，下辖 3 个分队。为了把最困难、最关键的线路选好，勘测设计总队严格遵循“经济合理”和“安全便利”的选线原则，集中优势力量，从 3 个分队中抽调最优秀的工程技术骨干组成南北两个选线组在 9 000 km^2 范围内开展工作，深入到姆马段的崇山峻岭之中。由于 3 个分队中可选调的技术人员有限，我们仅组织了两个小分队，每个分队有 4~5 个专业人员，再加上几名当地的民工，每个小分队不到 10 个人，由总队的总工程师带领第一小分队，而我的本行是铁路线路工程，就责无旁贷地担任了第二小分队的领队。

我们每人背着勘测工具和生活用品，在当地向导的带领下进

入到大裂谷深部，茂密交错的原始树丛，杂草长得超过两个人高，除了行走的声音，相互间就看不到了，大家尽力靠拢着前行。大裂谷没有比较完整的山脉也没有完整的河流，在向导的帮助下披荆斩棘，一步一步地向裂谷深处推进。裂谷里面根本就没有道路，为了取得第一手资料，我们都是凭自己的经验去寻找路径点，不畏艰险、不怕酷暑、冒着猛兽袭击的危险、深入人迹罕至的崇山峻岭，同大自然进行了艰苦卓绝的斗争。我们在国内搞选线，一般都参考军用地图来寻找勘测线路，查找最佳的铁路线路。然而，坦桑尼亚、赞比亚两国基本上没有军用地图，有少量的也不准确，只能全凭我们自己的经验，凭我们长期野外工作特有的方向感向前推进。大裂谷地区还常有野生动物出没，如大象、野牛、豹子等。这里的大象比较多，经常能够碰到。我们野外工作的时候，坦桑尼亚政府派了当地的猎警随队保护我们。大峡谷里人烟稀少，我们偶尔也看到过少许当地人，他们过着茹毛饮血、刀耕火种、与世隔绝的生活。在那里工作确有恐惧感，似乎危险随时会降临，工作难度要比在国内困难得多了。

在大裂谷里，早晚比较凉，中午则骄阳似火，温度高达40 ℃。在杂草树木丛中工作，身感闷热气短，浑身上下被汗水湿透，没有一丝干的地方。每天傍晚到宿营地，衣服脱下来拧一把晾一晾，但不能洗，因为裂谷里夜间很潮，晾一宿都不干，第二天就不能穿了，大家每个人的衣服上都布满了汗渍，一天又一天重复着穿，每天如同背着一张张“地图”。我们自带干粮，捡柴烧饭，安排每天的工作和生活。我们就是这样跋山涉水，风餐露宿，

踏勘测量途中常遇到象群和野兽挡道

一寸、一尺地向前行进。白天在裂谷中工作，晚上到营地点着“马灯”，把白天的勘查情况记录和描绘出来，同时研究第二天的工作，那种紧张与艰辛非亲身经历实难名状。

在大裂谷里面工作，不光常有野兽出没，最让人难熬的是昆虫类的动物，尤其是毒蜂、蚊子和蚂蚁，非常厉害。我们都穿着咔叽布做的深蓝色厚工作服，头上戴着防蚊帽，手上戴着手套，腿上绑着绑带等，再热我们也不能裸露赤臂，那样随时会遭毒蜂、蚊子和蚂蚁的“攻击”。对于毒蜂、蚊子和蚂蚁，可不敢轻易招惹它们，一旦惹到它们，将会遭到成千上万同类的攻击，甚至带来生命的危险。这是有前车之鉴的，前面讲过，早期援坦的水利专家张敏才同志就是在野外工作间隙吃午饭时，引来了毒蜂被毒蜂群蜇了满身。国内得知此事，立即派遣中国医学专家吴阶平专程赴坦桑尼亚参加抢救，但张敏才同志还是让毒蜂夺去了他年轻的生命。

尽管面临道路不通、环境恶劣、资料匮乏、野兽袭扰、任务繁重等诸方面困难，我们对完成姆马段的勘查选线任务仍充满信心。第一小分队在总队总工程师带领下，靠近裂谷带的南部进行工作，我们第二小分队顺着裂谷带北边进行勘查，因南部地形相对来说比北边好一些。北部地形地貌复杂，我们只有顺着象群踩踏走过的“小路”前行，裂谷里工作上几小时，人就感到口干舌燥，我们水壶的水很快就见到“底”了。在树木交错的原始丛林中找点水源不易。如果我们碰不到河流小溪，实在找不到水源，就只能从大象踩过的脚印小坑中残存的污水里掏一点水来喝。裂谷里大部分地区山势陡峭，翻越时十分费劲，身上还背着仪器和干粮，我们一手拄着拐，

凶猛狮群挡住勘测的道路

一手抓住杂草，好比我们抓着的是“救命稻草”，一步一步向前爬行，人到了这样的逆境中，感觉能有一把“救命稻草”也是非常需要和幸运的，不然说不定我们中间的谁就掉进了山涧。现在讲起来似很风趣，经历之后，想起来还真是后怕，危险性实在太大了。

我们在大裂谷里围绕姆马段进行勘测选线，在大约一个月的时间里，我们前前后后做出了 20 个可行性方案。我们对大裂谷勘查之前曾在图纸上做了部分前期工作，部分线路方案都已经画出来了。实际勘查后我们又在 20 个方案的基础上进行进一步比对，从中再选出 6 个方案。继而在 6 个方案的基础上深化比选，优化为两个方案，即 AH 线和 BS 线，在这两个方案的基础上再详细进行各种数据和条件的比较，最后才选定最佳方案，就是现在我们所定的线路位置 AH 线方案。这两个方案都是在我带领的第二小分队的工作范围中选出来的。我在国内经历过许多复杂的选线工作，如宝成线跨越秦岭的线路等，但都没有像坦赞铁路姆马段这么复杂。今天看来，国内领导做出要进一步做好大裂谷选线工作的决定是完全正确的。如果不做好姆马段的选线工作，必将给建成后的铁路线路带来隐患。

姆马段选线方案确定后，在具体的线位设置上也做了许多比较工作。我带领专业同志研究了不少线位方案，在尽可能避开严重地质不良地带的前提下，确定了线位，将线位靠近山坡的下方，以求得线路的稳定。李轩同志曾征询过我的意见，我主张线位定得低一些，今天看来这是正确的。

▶▷ 参与坦赞铁路技术条件等重大事项的研究和决策

中、坦、赞三国政府第二次会谈，将关于坦赞铁路的主要技术条件通过议定书的形式确定了下来，当时，大家也都没有更多地去考虑其中可能存在的问题。

一、关于两种系列限制坡度变更为一种系列限制坡度

在我即将动身去坦桑尼亚前，李轩同志除嘱我出国帮助选线工作外，还和我谈到已确定的某些技术条件，并征询我的意见，其中主要是限制坡度问题，就是指铁路行车的上、下坡度，铁路专业用语称“限制坡度”，也可理解为最大坡度。“坡度”大小都是以千分率来表示。赴坦桑尼亚考察组确定的“限制坡度”有两种系列，即10‰和15‰。从基达杜到姆林巴路段采用坡度为10‰；从姆林巴到马坎巴科再经边境到赞比亚求仔的路段为15‰；从求仔到终点卡皮里姆博希为10‰。这种坡度的组合为“两种限制坡度的组合”，限制坡度组合直接影响列车的组织。“限制坡度”是铁路技术条件中的最主要的技术条件之一。两种坡度组合给铁路行车带来很大的复杂性，因为限制坡度的不同，列车组织就不同，铁路的作业点和设备的布局也就变得十分复杂。李轩同志和我都感觉这是个不容小觑的问题，应尽早研究，做必要的比选工作，并需要在国外做相应的勘测设计工作。限制坡度的变更会牵涉到经由点的变更，不同的坡度有不同的线路经由点。如

果限制坡度小，线路的迂回就长；坡度大，线路的迂回便可以少一些。坡度的变化涉及面比较广，但是将15‰的限制坡度变更为20‰带来的优势也是十分明显的，既有利于行车的组织，也有利于避开某些地质不良地方，以减少高桥、隧道等控制性工程的数量，综合考虑是利大于弊。李轩同志与我研究商量后，我深有同感也认为有必要做进一步的研究比较工作。我将这一设想带到国外总队，并与总队领导层少数同志沟通说明利弊，他们都赞同做进一步的比较工作，但不宜对外宣布。

于是，我在抓紧做好姆马段选线工作之外，也安排对限制坡度的变更做比较工作，就是将原来的10‰和15‰两种系列改为10‰和20‰两种坡度的组合。10‰和20‰虽是两种坡度，但属同一种坡度系列，10‰坡度的线路要单机牵引，而20‰坡度的线路只需用双机牵引就可以了。也就是行车到达10‰的坡度地点时，用单机牵引；行车到达20‰的坡度地点时，用双机牵引。这样列车的组织就简单得多了。另外，采用这种坡度之后，线路位置改变了，工程量减少了，特别是长隧道、高架桥，明显减少了许多，尤其是大大改善了大裂谷和九度高地震区的工程条件，提高了铁路的安全度，施工工期也易于保证。还有，线路通过坦、赞两国的国境点也相应从原来荒无人烟的地点改到坦境通杜马。通杜马是坦桑尼亚和赞比亚两国的边境重镇，居民集中，车流、货流和人流过往频繁，也是从赞比亚到坦桑尼亚的大北公路的经由点。改变线路的限制坡度之后，铁路经过通杜马，使这个国境点形成了一个交通枢纽，对两国发展经济明显是有利的。我带领专业人员做完方案比较，以书面形式向国内报告且肯定性地提出了改变限制坡度的建议。铁道部接得此报告后经与外经委、外交部商量后一致同意，随即向坦桑尼亚、赞比亚驻华使馆以书面形式沟通，经其两国政府批准后，以换文方式确定了变更的方案。这就是由我主持和参与的关于坦赞铁路勘测设计时期比较重大的技术条件：限制坡度的变更过程。

二、关于施工工期

我介入到坦赞铁路工作后，还参与了施工组织的研究。其中工期是重要的环节，如工程建设工期较长，施工组织就比较好安排，各个施工环节就不需要衔接得非常紧密，更不需要交叉作业。相反，如果工程建设工期过短，许多工作的安排难度加大，比如人员、物资、器材等方方面面的准备工作。我参与坦赞铁路工程施工组织的研究工作后，与大家共同深入细致地对工程建设的工期进行了细化分析。初期研究了几个不同的建设工期方案，有四年、六年、七年、八年、十年等方案。最后归纳为较为“切合实际”并可以实现的是六年、八年、十年三个方案。六年方案，我们还感觉到比较紧张，困难比较多一些；我们基本倾向八年方案，时间比较适中。工程的各方面的条件都比较好办一些。六年方案不是说不可以，但是需要采取比较紧凑的工程施工组织。上述方案上报后，周恩来总理选定为六年工期方案，并希望能够缩短。毛泽东主席问周恩来总理，需要建设多长时间，周恩来总理向毛泽东主席报告“计划六年，希望能够缩短”。这对于我们就是一种号令，六年工期只能缩短不能延长。我们立即开始按六年工程建设工期进行各项施工准备工作。

周恩来总理选定六年的工期方案并“希望能够缩短”。因为对外经济技术援助八项原则中第五条要求，中国政府帮助受援国建设的项目，力求投资少、收效快，使受援国政府能够较早增加收入，积累资金。周恩来总理考虑到坦、赞两国急需这条铁路，这条铁路不光是坦桑尼亚、赞比亚需要，从政治上讲还有支援南部非洲国家解放的需要。坦桑尼亚、赞比亚两个国家独立了，但是南部非洲还没独立，那里的解放运动也是风起云涌，急需要帮助。南部非洲的解放战士大都在坦桑尼亚和赞比亚进行培训，军需物资也都需要从坦桑尼亚运去，所以从支援南部非洲解放运动角度上讲也急需要这条铁路。

三、关于在两国国境分别设站

铁路过境点定在通杜马后，又出现了在国境点上设一个站还是两个站（即各自境内设一个站）的问题。这是在1969年第2季度，坦桑尼亚勘测设计总队的工作还在进行，赞比亚境内的勘测工作已经基本完成的时候，由于坦桑尼亚、赞比亚两队在国境点上线路衔接工作的需要，两队领导和专业人员在通杜马开了一次碰头会，坦桑尼亚总队由我带队与会，重点就是讨论国境站点的设置问题。在出国前李轩同志和我提及过坦赞铁路是跨国项目，终究是一条铁路属两个国家，各有主权。我头脑里就有这种意识，既要考虑统一，又要想到区别，从而我认为在赞比亚国境需再设一个国境站。两队将意见报国内请示，接报后，国内明确指示在两国国境各设一个站，即现在坦境的通杜马站和赞境的纳孔德站，赞境 100 多公里的线路又据此重新做了勘测定线工作。在今天看来，设两个各自的国境站也是完全合适和必要的。

四、关于赞比亚境内线路中靠近邻国路段的变更

我从坦桑尼亚境内线路勘测设计工作转战到赞比亚段后，发现赞比亚境内有一段线路与现刚果民主共和国［刚果（金）］国境线过近，且这个地标点位在勘测地图上没有明显地标示出来。赞比亚和刚果民主共和国毕竟是两个国家，我们如果将线路过分地靠近邻国边境，在刚果民主共和国国家边境进行铁路工程施工，日久天长势必将来会带来一些不必要的“后遗症”，可能会发生一些无法预料的事情，甚至微妙的摩擦。我发现了问题后，立即向上级领导汇报，建议把设计预选线路位置向内移，从图上看似移位很近，实际上比早期的预选位置移动了很大距离。我们把这段线路的具体位置详细情况写进了勘测设计工作报告中，并在设计坐标图上也作了明确标注。线路位置发生变动，也是铁路工程建设一个较大的技术问题。坦赞铁路每条线路段的确定都是经过三国会谈决定的，它不仅是一个简单的工程问题而是涉及国与国之间关系的问题，更是考虑到赞比亚和刚果民主共和国两个邻国

间关系的问题。赞比亚与刚果民主共和国从传统上就一直是友好邻邦，在坦赞铁路建设期间，包括坦赞铁路开工、竣工以及建设过程中各类纪念庆典活动，刚果民主共和国总统蒙博托都亲自参加。因此这个线路位置的移动并不是单纯的设计施工问题，而是牵扯到两个友好邻邦关系的问题，非同小可，我们在三国商务会谈时作为一个特殊题目正式提了出来，并向赞比亚方面做了说明。赞比亚方非常赞同我们的建议。这段线路总计长 70 多公里，将原预选线路变更改到了赞比亚乞散格瓦至乞维夫维。经过我们对这个地段实地勘测，最终形成了现在的线路变更方案，报经中、坦、赞三国“第五次会谈”研究商讨，采纳了我所提出的内移线路位置。

五、关于坦赞铁路和赞比亚铁路的接轨点

坦赞铁路起点是坦桑尼亚的达累斯萨拉姆，终点在赞比亚的卡皮里姆博希。勘测设计时原定接轨点是在赞比亚卡皮里姆博希既有铁路的一处曲线上，并已获得赞方铁路局的认可。我分管全线的勘测设计工作后，发现了接轨点问题。因在曲线上接轨既会给双方带来管理和养护上的困难，难以使曲线保持圆润，极易发生安全隐患，同时也增加了构件和工程的复杂性，必须将曲线上接轨变更到直线上接轨。我与当时赞队设计人员研究后改变了接轨方案，又与原设计人员共同到赞比亚铁路局商谈，他们的官员和专业人员完全赞同我们提出的在直线上接轨的方案，并对我们

所做的工作加以肯定和赞扬，因为这是对双方都有利的事。当时还研究了接轨工程细节上的一些事项，如接轨的联结构件形式、相互提供钢轨截面的资料和实物等，以使列车能够平稳地过轨。这个变更后的接轨点就是我们现在确定的终点，终点有一个牌子，看过电影《坦赞铁路在建设中》的人都知道，影片中有一个镜头：显示一块牌子，上面写着 K1860+543.69 的里程，这就是坦赞铁路正线的长度也是终点的标志。

六、关于达累斯萨拉姆车站的选址

坦赞铁路是长距离铁路，全程加上两个国境站总共有 93 个车站，分设有大、中、小三种类型，小型车站一般在勘测设计初期就可以基本选定了。可是大型车站，选点、选型都有一定要求和条件。设定铁路大型车站不光要考虑上下旅客，也要考虑到客货运输的需要，更要考虑地方运输工具与火车衔接的方便。火车把旅客和货物运送到某一个站区，自然要有其他运输工具的接运，特别是大型车站更是如此。我曾参与过国内很多大型车站的选点工作，坦赞铁路达累斯萨拉姆车站是我亲自参与选点的有代表性的大型站点。达累斯萨拉姆市车站是一个单一的客运站，我们耗费了很大的时间和精力，既要考虑城市交通运输衔接的需要，又要考虑方便旅客乘车，还要考虑周边一些基础建设不受到大的破坏和影响，经过多站点的选择与比较，最后选择了现在这个站点。

这座车站位置在两条城市道路的交汇点上，我们选定后，也征得了当地地方政府和行政当局的同意。在我们国内也是需要首先与当地政府沟通，征得地方党政几级机构的同意才能确定。但是，达累斯萨拉姆车站即将开工时，却出现了一个新问题，当地市政部门在西方国家别有用心的纵容之下，竟要在达累斯萨拉姆车站前面修建一座公路高架桥，如一座高墙把车站挡住，将客站楼与前广场割开。我们感觉这不是一般的问题，它既影响车站的形象又不利于旅客的上下和出入。我们及时将此事报告了驻坦使馆，使馆直接找坦桑尼亚交通部长卢辛德说明情况。卢辛德亲自干预后，事情很快得到了解决，当地市政部门取消了这个计划。这是一件非常有代表性的涉外问题。如果我们直接去找当地市政部门是解决不了问题的。

另外，达累斯萨拉姆地区还设有一个货运站和货运列车编组站名为杨博站，还有一个港前站称库拉希尼站，这几个站和客运站一起形成一个铁路的枢纽群体，各有分工。达累斯萨拉姆站是全线最大的客运站，杨博是最大的编组站，库拉希尼是出港站，这个枢纽站群是全线五大站点之首，这里还设定了坦赞铁路总局和坦桑尼亚分局，形成了一个庞大的建筑群体。

七、关于其他四个大站的设置

姆林巴车站是坦赞铁路五大车站的第二个大站。我们在勘测选址上并没有碰到多少困难。坦赞铁路五大车站中达累斯萨拉姆车站、姆贝亚车站、姆比卡车站、新卡皮里姆博希车站，在设计建设上都有自己特殊的造型和独特的风格，唯独姆林巴站没有更多的设计造型。因为姆林巴这个地方人烟稀少，老百姓居住点也比较分散，不是坦桑尼亚的重镇和交通枢纽地区。它是从沿海平原进入到高原的过渡带的起点，我们将其作为大型车站的原因之一，是从平原到高原限制坡度的变更，列车从单机牵引到双机牵引作业要求必须按大站设置，所以这个站点的设计形式也就比较普通。

坦赞铁路第三个大站名姆贝亚。姆贝亚是坦桑尼亚的一个省会，居民比较集中。在我们线路的走向上，原定在离姆贝亚城 5 km 的地方设站，线路比较顺直，但距离城市远了一些。后与当地省会官员进行商讨，他们还是希望我们能够在距姆贝亚百姓居民区近一些的地方设站。我们采纳了他们的意见，最终选择了离城市 3 km 设站的方案，方便了居民出行和货物的运输，而且在规模和站型上做了特殊设计，成为省会的一个景点。

第四个大车站是赞比亚的姆比卡站，它是赞比亚国家县城所在地，居民比较集中，且位于坦赞铁路赞境的中间，这里既设立了车站，也设定为坦赞铁路总机构下的一个分属机构——赞比亚分局所在地，形成了一个建筑群体。

坦赞铁路第五大车站，属终点站——赞比亚新卡皮里姆博希站。新卡皮里姆博希虽然是被选择为大型车站，但除了处在大北公路的经由点外，并不满足大型车站所有作业所需要的条件。其所在地名为卡皮里姆博希，我们将站名改称为新卡皮里姆博希，加了个“新”字。选择站址，首先考虑的是线路走向来往顺畅，站房设计时融入一些赞比亚的地方色彩并和赞比亚既有铁路车站有所区别，显示坦赞铁路终点站的形象。和达累斯萨拉姆火车站一样，我们设计和修建了一个既壮观又美丽的具有当地特色的建筑，成为当地标志性的建筑。

上述几个车站站址选择和建筑造型各有重点和特色，我都不同程度地参与了这方面的工作。

八、关于在野生动物园设站并为野生动物设置穿越坦赞铁路特别通道

坦赞铁路从起点达累斯萨拉姆向西走200多公里有一个叫作基沙基的地方，位于坦桑尼亚最大的塞卢斯国家自然保护区，也是禁猎野生动物地区，它的北边是连绵起伏的山脉，茂密的森林中蜿蜒的河流纵横交错。出于铁路稳定的需要，经过多方案比较，线路要从保护区北部边沿地区通过，这是最合理和最安全的线路位置。在勘测设计过程中发生了野生动物误入工地，英国人借机阻挠的事情（详情在后文《亲历援建全程　期待铁路振兴》中有记叙），因此我们对这段线路的选线设计工作更为精心了。怎么能使野生动物的正常活动不受到影响？如同我们后来建设青藏铁路一样，青藏铁路在修建的过程中，也碰到过类似的情况，遇到了很多藏羚羊、牦牛等野生动物，也有铁路线怎么样才能不影响野生动物正常活动的问题。所以，我们在塞卢斯国家自然保护区界内选择铁路线的过程中，为了保

护野生动物的活动，采取了一些比较特殊的措施，在区内线路上设置了多处野生动物通道，即在此段线路上特意修建了多处供野生动物穿越铁路的桥梁和箱涵。坦赞铁路通车后，保护区内野生动物的活动至今没有受到任何影响。另外，我们还在保护区内设置了一个名叫塞卢斯的车站，方便坦方开展旅游活动。

后来，我们得到消息，当地政府借助坦赞铁路建设的时机，已经着手考虑将塞卢斯国家自然保护区开发出来作为旅游区，旅客们可以通过坦赞铁路来到这儿旅游了。

▶▷ 坦赞铁路施工时期继续配合做好设计变更工作

我作为勘测设计总队的一名负责人，除了在勘测设计阶段主抓坦桑尼亚境内工作外，在坦赞铁路施工阶段还要责无旁贷继续做好相应的设计配合施工工作。为什么呢？因为虽然勘测设计时期已对每个施工点的复杂地形地貌都进行了详细的勘测，并尽可能把所有施工点设计工作都做得非常具体，但终究不可能做到与地质等实际情况百分之百的一样。特别是地质条件，只能做一些代表性的钻探和挖探，比如一般性的桥梁基础，我们不可能在每一个桥墩下面都用钻机进行钻探，这样的勘测工作量太大了，时间也不允许。因此我们一般只选择在具有代表性的位置下面做钻探，并按此进行设计。在施工过程中，对每一个桥墩基础进行开挖，有的会出现与勘测设计的地质条件不同，需要改变基础类型，这样就需要改变设计，这就是设计配合施工的工作。

姆马段工程施工中极具代表性的情况是设计变更，为什么要对设计方案进行变更呢？由于姆马段不少地段沟壑纵横，沼泽遍地，常年受沼泽湿地的影响，山体坍塌滑坡聚集的淤泥又深又厚，为保证今后线路行车的安全，就不再适合进行高填土路基的修建，而需将原设计的路基改变为桥梁，虽然这是个别现象，但设计人员必须在现场和施工人员相互配合，做好设计变更，需要按现场情况将原高填土方案变更为架桥方案进行重新设计，我们称它为设计配合施工工作。这项工作一直延续到铁路工程最后建成为止，因此勘测设计工作这支队伍在工程施工期间是一直保留着的，我作为勘测设计队伍的总工程师，既全面参与了勘测设计工作，还一直在现场参与设计配合施工的工作。特别是在工程最集中、技术难度最大的姆马段施工中，为及时处理工程所遇的各种突发和棘手情况，保证施工不停顿，需要设计人员长期盯在现场。对于需要变更的设计问题，立即做出决定。我比较多的时间就是“蹲点”在姆马段工地上，当碰到一些重大的如路基变更桥梁等问题的时候，现场设计人员是不敢轻易做出决定的，我在现场及时掌握情况，共同研究做出决定。这也是我责无旁贷的工作。这项工作要做到及时、果断，否则就会对施工进度造成极大的影响。

▸▹ 坦赞铁路开工典礼

1970 年 10 月 26 日及 28 日，坦赞铁路分别在坦桑尼亚和赞比亚举行了开工典礼。开工典礼举行两次，这是一种特殊的安排，在坦桑尼亚达累斯萨拉姆起点首先举行开工典礼，坦桑尼亚尼雷尔总统作为东道主主办了庆典。接下来的第三天，赞比亚在坦赞铁路终点又一次举行了隆重的开工典礼。这见证了坦赞铁路和其他铁路项目又一个不一样的“特点”，即开工典礼的仪式举行了两次。开工典礼活动和坦赞铁路建设期间的所有活动相比，无论规模、场面、气势等都是非常之大。坦桑尼亚总统尼雷尔和赞比亚总统卡翁达邀请了刚果民主共和国总统蒙博托、博茨瓦纳总统，还有一些非洲国家的政府官员以及本国的政府要员都参加了开工典礼。坦、赞两国总统原有意邀请中国政府周恩来总理参加，周恩来总理因国事繁忙，派出以时任对外经济联络部部长方毅为团长的中国政府代表团前往参加。

坦赞铁路正式开工的庆典，不仅震动了坦、赞两个国家，也震动了整个非洲和西方国家。西方国家对中国人帮助修建坦赞铁路从骨子里就看不起，带有种种偏见，第一不希望中国介入到非洲的事务中去；第二则认为中国人所谓帮助修建坦赞铁路的承诺，只会停留在口头上，不会赋予实质性行动。西方国家的各种舆论，漂浮弥漫在世界各个角落。

当中国派出第一支考察队伍后，西方国家的舆论认为中国人只不过是做出一种姿态，并不是真正地为坦赞铁路建设而来，是带有另外一种目的去非洲进行考察。当坦、赞两个国家正式举行了开工典礼，而且中国工程技术人员和大型施工机械到达了工地，对西方国家触动是相当大的，西方媒体惊呆了。中国政府的承诺

1970 年 10 月 26 日，在坦桑尼亚首都达累斯萨拉姆举行了开工典礼，坦桑尼亚总统尼雷尔为坦赞铁路（坦桑尼亚段）揭开奠基石牌

不是停留在口头上，不是停留在文字上，而是付诸实质性的施工行动，我们的行动影响了世界，反响很大。此间，西方国家也采取了其他的行动，例如改造大北公路和修建输油管道，以与中国竞争，这是我们亲眼所见的。

大北公路是一条与坦赞铁路走向大致接近，自赞比亚首都卢萨卡经卡皮里姆博希转向东经通杜马入坦境，终于达累斯萨拉姆的公路。其中唯有经过东非大裂谷的一段与坦赞铁路分开了，线路绕向了裂谷带的上缘。因为公路的坡度可以比铁路大，线路可以走得更高一些。我们在修建铁路的过程中，以美国为首的几个西方国家同时对大北公路进行了升级改造。他们的论点是大北公路足可以满足坦、赞两国运输的需要，修建铁路是没有必要的，多余的。第二个举动是以意大利为主体修建沿海到内陆的一条输

1970 年 10 月 28 日，在赞比亚的卡皮里姆博希举行坦赞铁路奠基典礼。赞比亚总统卡翁达在开工仪式上为坦赞铁路（赞比亚段）安放奠基石牌

油管道，这也几乎是同一个时间进行的。不同的工程，特别是公路、铁路施工中难免会发生碰撞，出现过一些不太愉快的事情。其中有一件比较典型的事件，我们称它“中美大战”，事情发生在我们桥梁的一个工点，在坦桑尼亚境内一个地段铁路线经过了一条河，要架设一座桥梁，桥梁位置和大北公路经过的线路位置恰恰在同一处，相互干扰，互不相让，于是发生了激烈的争论。因为在工地上，开始是口头争执继而发生小的摩擦，当地政府及时赶到，经过调解，双方都做了一些让步，事态得到及时制止没有再扩大。

▶▷ 随行彭敏副部长驻守现场，抢通 502 km 达姆段

达姆段指从坦桑尼亚达累斯萨拉姆至姆林巴段，是全线首个区段，也是全线 5 个工程段中最长的一个区段，总长 502 km，因此被称为“502”。达姆段自达累斯萨拉姆起，向西南方向行走，途经姆真加、基沙基，跨越大鲁阿哈河，经过姆绍勒瓦经伊法卡拉，乞塔，跨基汉西河至姆林巴。第一段尽早建成对坦赞铁路全线工期保证起着至关重要的作用。

要在一年内修通 502 km，其重要性和必要性是明显的。一是坦赞铁路建设的物资和机械设备都要从我国运去，到达累斯萨拉姆港后再运至沿线工地，坦赞铁路施工只能从沿海至内陆，从东向西逐段施工。因此工程最大且集中的第二段的姆马段必须尽早开工，施工所需工程机械，各类物资都要在达姆段通车后运入。二是在远涉重洋万里以外的非洲修建铁路，人地生疏缺乏了解，更无经验，要通过达姆段的施工摸索和积累经验，为今后大规模的施工提供有益的借鉴。三是通过达姆段的建成，有利于使坦、赞两国政府和人民对中国的援助进一步奠定信心，当然对世界上也会产生好的影响。因此，一年建成姆马段的意义和作用是非常显而易见的。

一、保西段、抓东段、促中段，集中力量一年抢通达姆段

502 km 的线路用了一年左右时间就建成了，创造了我国铁路

史上 500 km 线路施工进度最快的纪录，在世界铁路史上也是少见的。此段线路于 1970 年 10 月开工后随即掀起了施工高潮。达姆段线路有 71 座大中型桥梁，线长、点多、工地分散。担任此段施工的是铁道部第三工程局的队伍，当时机械设备还没有全部到达工地，只有部分设备先到。在此情况下，为了把工程作业面铺开，采用人工先作业，他们有的泡在齐腰深的水里面挖掘泥塘里的淤泥，极为艰苦。在这种施工作业条件下，在水中不是泡一两个小时，而要泡上五六个小时。电影《坦赞铁路在建设中》第一集就反映出我们这样作业的场面，场面很大，也很震撼。当地 40℃ ~ 50℃的气候，对炎炎烈日下的施工人员是一种生理上的考验，驾驶推土机和铲运车的司机们，每天都要连续工作超过 6 小时，驾驶楼舱温度更高，如同在蒸锅里一样汗流浃背，座椅全部被汗水湿透，浑身上下没有一丝干的地方，看上去就像刚从水里出来的人一样。臀部发炎，晚上睡觉无法平躺，只能侧身睡觉，第二天照常上工地，半站半坐地驾驶着机械，真是让人难以想象，他们强忍着疼痛，靠的是坚定的意志和坚强的毅力，完成每天必须完成的施工任务。

达姆段施工采用了“抓重点（即桥梁和隧道）”和“保西段、抓东段、促中段，集中力量打歼灭战”的指导方针，尽量提前把东段的大中型桥梁修完，最终于 1971 年第 4 季度完成了一年建成姆马段的施工重任。我也亲历和目睹了这些场面，参与解决了某些施工中所出现的问题。

二、陪同彭敏副部长驻点达姆段现场指挥督察

为了保证坦赞铁路的首个区段在一年内抢通，铁道部彭敏副部长受国内委派，专程从国内到达姆段502 km施工现场指导施工。坦赞铁路工作组领导决定，由我专门为彭敏副部长做一些辅助性的工作，相当于为领导做参谋和秘书，全天候陪同彭敏副部长驻扎在达姆段施工现场，对于专业技术和施工中发生的各种临时突发问题，我随时向领导汇报，使问题得到及时研究解决。

（一）大沉井套小沉井解决沉井偏斜问题

彭敏副部长与我们大家同吃同住在工地，对我们这些工程技术人员特别关心，在施工中遇到问题和我们一起商量解决办法，并和我们一起商量施工措施和计划进度。达姆段中的鲁伊帕河桥位于502 km的西段上，由15孔24 m上承钢板梁和1孔48 m下承钢桁梁组成，全长427.7 m，是全线最长的一座桥梁，桥虽不是太高，但工程量大。在施工过程中六号墩的沉井下沉发生了较大的偏斜，国内在桥梁施工过程中，一旦沉井出现偏斜，如纠正不过来，通常情况会把它炸掉清理后再次下沉井。但此时的“502”工期很紧，通过爆破炸掉后进行清理再修建新的沉井需要一定周期，时间上不允许。彭敏副部长和我们都很着急，怎么办？经在现场多方案研究后，采用了在6号桥墩周围再做一个外径为14.6 m的大沉井，套在偏斜沉井外

面的方法。施工和设计人员在工地白天黑夜加班，耗时近 1 个月完成了这项棘手的工程。我们采用这种看上去比较笨但是比较有效的补救办法，既不影响外观又能保证质量（桥的稳定性），从最终的处理结果和质量检查看，没有产生任何不良影响。

（二）先后重建桥基、设置 5 000 m 大半径曲线，解决桥梁线位放错问题

除了 6 号桥墩的问题，还经手处理了几项比较棘手和紧迫的问题。1971 年第 2 季度末，“502”即将通车之前，也就是在鲁伊帕桥 6 号桥墩问题处理之后，这段时间发生了两座桥梁施工桥位出错的问题，也在“502”的西段，处在姆林巴与依法卡拉之间的姆盖塔，有两座桥在施工中放错了线位，且墩台已经建成。第一座较小的经彭敏副部长决定，炸掉重新修建桥基。时隔不久，又有第二座较大的桥出现了同样的问题，此时已经临近“502”通车，时间非常紧迫，无法再炸掉重建，在这关键的时候，彭敏副部长连夜召集大家研究。我与我们队里的桥梁技术人员对施工放错线的问题进行仔细地分析研究后，提出了一种旧线改造的方案。这与我来到坦赞铁路前的工作背景有关，我大学毕业后在铁道部第三设计院曾担任过线路总体设计负责人，其中工作包括双线建设和旧线改造。我们及时把施工中放错了线的资料全部收集齐全，连夜突击研究计算，一直进行到第二天清晨，采用旧线改造的方法，利用已成形的桥墩台位置设计了一条 5 000 m 的大半

径曲线，这是坦赞铁路全线唯一的一条半径为5 000 m的曲线线路，从而解决了这一难题，此方案得到了彭敏副部长的赞扬和肯定。在坦赞铁路运营十周年的时候，我作为中国政府代表团成员参加了庆祝坦赞铁路通车运营十周年的庆典，曾利用间隙时间专程来姆盖塔察看了这座桥梁的状况，采取应急措施处置后的桥梁一直行车平稳，没有任何问题。因已经过多年的运用，线桥都已稳定，这条曲线已调整成为直行线路了，这段线路一直到今天都没有出现过任何问题。虽然当年是一项技术问题，但由于我们及时采取了应急措施，保证了“502”能在一年内通车。此事在我心里留下深刻印象，感慨万千。

三、从强化前方领导人员配置，保证达姆段一年建成通车

“502”要在一年里修建通车的事情，国内外都普遍知晓了，包括西方国家也都清楚，全世界都在看着我们。铁道部彭敏副部长到现场坐镇，指导和帮助工作。我们在坦赞铁路工程上调用的人力，按照周恩来总理出国人员要少，尽量多用施工机械的指示精神，派出去的人员尽量减少，但因工程的必须，我们还是派出去了16 000多人，这样的工程当时若在国内修建，可能要动用几十万甚至上百万人。我们派到坦赞铁路去的工程技术队伍都是按条件层层把关选拔出来的，铁道部下辖各个单位基本上都选调了人员，涉及铁路各个专业，包括铁路的运输管理人员和后勤保障、服务人员。我们还按组建的队伍配

备了各级领导干部，坦赞铁路工作组作为一个大规模工程建设指挥部，所属各施工单位选派的管理干部级别也都比较高，科级、处级、局级干部人员很多。坦赞铁路工作组组长布克是铁道部科学研究院党委书记，正局级干部，作为工作组组长或称指挥长。当时担任“502”段施工的施工单位总负责人是铁道部第三工程局局长张德顺、任坦赞铁路工作组副组长，也是正局级的干部，工作组还有几位副组长也是正局级干部。在以上这种局级干部比较集中的状况下，为保证“502”在一年内建成通车，铁道部派出了副部长坐镇，对于及时处理有关问题是十分必要的。

四、达姆段一年内终于建成通车了

1971 年 11 月 29 日，达姆段通车。接轨和通车典礼选择在达姆段中间一个叫瓜塔的地方举行。典礼规模很大，瓜塔是小站，典礼地点选在这里是施工组织设计所安排的。为了争取时间，达姆段的铺轨是从几处同时开始施工的，一处从达累斯萨拉姆向姆林巴方向，另一处是从基达杜（后改称基沙瓦沙瓦）利用原东非铁路把设备运进，向东西两头铺轨，在小站接轨比较易于处理可能发生的技术问题，这样就安排在瓜塔处接轨，贯通达姆全段。

电影《坦赞铁路在建设中》第一集有专门的铺轨通车镜头，详细记录了离达累斯萨拉姆 110 km 处的瓜塔接轨通车典礼的场

在达累斯萨拉姆至姆林巴段采用东西对进的方式于 1971 年 11 月 10 日在瓜塔接轨

向姆马段转场运行施工列车

景。此时，我和彭敏副部长也在现场，但我们没有参加典礼仪式等活动。因为彭敏副部长是专为“502”施工指导工作而内部派出的，一直没有和外方交往过，不方便出席。我一直随同彭敏副部长在铺轨衔接点的附近，静静地等待铺轨衔接的消息，当时虽有一丝担心，但我们还是非常自信，相信设计施工的严谨认真，不至于发生差错。我们急切地盼望着最后的接轨情况，时间一分一秒地过去，终于传来了好消息，线路顺利接轨成功，列车平稳顺利通过了！这就意味着“502”全段建成通车，我们感到非常高兴，彭敏副部长听到这消息后，对我讲了一段非常深情的话，让我记忆很深：“虽然这段线路的工程量不是非常大，难度也不是很大，但是终究工期很短，又面临这样那样的困难，今天我心里这块沉甸甸的石头总算落地了。”这时，我心里也宽舒了起来。

▶▷ 蹲点驻守姆马段，攻坚克险战“三烂”

泥石流、山体坍塌经常发生在山岳地带，是铁路工程施工中极具有代表性的突发灾害，这些突发灾害在坦赞铁路工程施工中，与国内遇到的情况同样严重。坦赞铁路姆马段（姆林巴—马坎巴科）工程是全线工程量最集中且困难最大的区段，其中隧道和重点路基工程十分集中，是坦赞铁路全线隧道、桥梁最多的区段。姆马段隧道工程占整个坦赞铁路隧道施工数量的 80% 以上，从隧道数量看，全线 22 座隧道，姆马段占 18 座；从隧道长度看，全线隧道总长 8 898 m，其中姆马段的隧道总长为 7 971 m，约占全线隧道总长的 90%。姆马段内的伊朗基 25 号大桥，是坦赞铁路最高的桥梁，桥长 149.37 m，桥墩最高 53.7 m，桥墩直径达 5.3 m。此地段山体坍塌极为严重，施工过程中险情不断，这个山体坍塌不是一般的坍塌，而是整个山头都顺山垮塌下来，同时造成水流阻塞，泥沼软基遍布，给选线和施工带来极大的困难。我们在勘测设计选线时就尽量避开这些严重不良地区，但终究不可能完全避开，除设计阶段采用一些技术措施外，就是通过施工人员的艰苦作业和共同创新来完成各项工程并保证其良好的质量和线路的稳固。

一、蹲点姆马段，攻坚“战三烂”

姆马段工程开工第一仗就是“战三烂”，即“烂隧道”“烂路基”“烂桥基”，统称为“三烂”。因为没有明显的水系，常年雨季倾泻的泥水淤积谷底，山体坍塌、泥石流经常发生，动植物多年腐烂聚积，年复一年形成了厚厚的呈饱和状态的腐质黏土层，成为一片片又深又臭的淤泥沼泽的“烂泥塘”。姆马段线路上有 100 多处烂泥塘。在烂泥塘中的桥涵基础无法挖掘，隧道洞门无法打开，推土机筑路时难以前进。

参加姆马段施工的队伍陆续抵达，他们经过详细核查，提出了要打通姆马段首先要战胜“三烂”的口号，一切施工都围绕着战胜“三烂”来安排。坦赞铁路工程建设的重点在姆马段，设计配合施工的重点也是在姆马段，施工中随时会出现一些未知的情况，必须由施工、设计人员共同研究及时处理，我也因之较长时间蹲点在姆马段，见证了各项工程艰难施工的场面，及时参与处理了有关难题。

二、北京二锅头，驱寒防潮赶瘴的良剂

在隧道工程施工时有一种总的概念，就是打隧道不怕硬，施工相对容易掘进。隧道施工最怕的就是岩层破碎、塌方和透水。当时坦赞铁路隧道施工与当今隧道机械化施工无法相比，坦赞铁路隧道施工几乎完全是人工作业。电影《坦赞铁路在建设中》充分反映了坦赞铁路隧道施工作业的艰难，中国工人和当地工人一起泡在漏水的隧道洞里打眼、放炮、运输出渣土和碎石，整日汗水淋漓，泥浆满身，有的因山体坍塌付出了生命。隧道洞内普遍漏水潮湿，有的像下雨一样流水不止，工人们整天泡在冰冷的水里，可以想象这是在一个什么样的恶劣环境下进行施工的。为帮助隧道现场作业工人适应如此恶劣的工作环境，我们想出了较为可行的办法——喝酒，不是啤酒也不是红酒，而是白酒，以驱寒防潮。为此施工一线工人需要大量的白酒，为了解决隧道施工工人对白酒的需求，国内负责坦赞铁路物资采购的部门及时将这一情况报告了上级有关部门领导，由国内采购部门为一线工人购置了大量的北京二锅头。当时北京生产的红星二锅头酒几乎全部供应给国外满足施工需要，一度在全国市场上北京二锅头酒脱销。二锅头白酒对我们在隧道作业、沼泽地施工以及受潮湿有瘴气的

地区施工起到了一定的辅助作用。

三、群策群力、创新攻关，战胜“三烂”

铁路施工中有一些工程被称作控制工程，像长大隧道、大桥建设等工程都是控制施工进度的工程，因为它需要相对较长的施工工期，实际上姆马段全段都是控制工程，而突破“三烂”是关键。

“三烂”第一“烂”，就是集中解决“烂隧道”问题，即破碎山体的掘进成洞问题，通过艰苦的作业一座座隧道终于建成了。

第二“烂”是“烂路基”。姆马段的“烂路基”带有普遍性，主要还是大量的软土质地基，数量远超桥梁和隧道工程的总和。也就是说解决处理姆马段软土路基的工作量也远多于桥梁和隧道建设。软土质地基在我们国内一般采用清除浅淤泥、抛填石块或换填好土的方法进行处理。姆马段的软土淤泥深浅不一，有的达到 3 m，有的甚至超过 5 m，这么深的淤泥要清除起来非常困难，而且有限的施工机械难以解决全部问题，单凭人工清除工程量太大。经过摸索，并借鉴国内铁路处理软土路基的施工经验，我们在部分地段采用了“柴排”的施工方法，就是我们将采伐下的粗大的树干和灌木树干排列组合连接起来，把它压在淤泥上面沉落下去，周围设若干排泄水渠道，再填上好的土壤，这就需要大量的人工将圆木运进去。“柴排”只是处理软土路基的方法之一，我们还试着采用了“打砂桩”的方法。“打砂桩”如同国内农村打机井一样，将一个筒桩直接打进地下去，把筒内的淤泥抽出来，灌上沙土，就成为沙桩。因淤泥面积太大，所以需要的筒桩和沙土量都很大。如果用“柴排”或“打砂桩”方法都不好处理时就变更设计为桥梁。

第三“烂”就是“烂桥基”。在软土路基上修建桥基就是“烂桥基”问题，在这种地段，桥梁的基础建得就比较深，不是开挖而是利用沉井的方法。“沉井”是我们根据实际情况所采用的方法之一，用钢筋混凝土铸成一个筒桩，将筒桩下沉到较深的淤泥底部的岩石或土层中，把筒桩中的淤泥抽掉，再把编制的钢筋笼放进筒桩，灌入水泥，成为钢筋混凝土铸成的一个整体筒桩，这就叫作“沉井”。桥基采用了加大“沉井”壁厚度的方法，终于战胜了“烂桥基”。

我们还采用了多种方式方法处理软土路基的淤泥问题，如“做盲沟”等。在施工中根据淤泥的深度选择最恰当的处理措施，这些措施基本上都是我们在国内西南铁路建设时碰到类似地质条件时处理软土路基的方式方法。

姆马段铁路线修成后，犹如一条巨龙蜿蜒在丘陵之间，颇为壮观

姆马段能不能够比较顺利地按时修通，关键就是治“三烂”。铁道部第二工程局参加过

西南铁路建设，在处理软土路基清除淤泥施工方面经验丰富，他们根据姆马段实际情况找到最关键的突破口，群策群力处理“三烂”。为使整个施工过程顺利推进，我也和工程技术人员在现场连续奋战，出现问题大家在施工现场一起研究，就地解决。在艰苦的环境中，遇到难题依靠大家，想办法，深研究，群策群力，战胜了“三烂”，1972 年底终于按计划顺利打通了姆马段。

坦赞铁路修到了赞比亚

一、坦赞铁路进入赞比亚的隆重庆典

1973 年第 2 季度，坦赞铁路线铺轨到了通杜马的边境站，轨排进入赞比亚境内，赞比亚总统卡翁达在通杜马安排了一次规模巨大和隆重的群众大会，迎接坦赞铁路铺轨进入赞比亚境内，规模不亚于开工典礼。

对中国援助修建坦赞铁路，赞比亚卡翁达总统一直抱有疑虑，害怕西方国家对赞比亚会有什么不利的动作。周恩来总理向他明确了援助的态度，卡翁达接受了援助，但铁路是从沿海向内陆逐步延伸施工的，坦桑尼亚段已先成形了，而赞比亚境内虽然做过一些前期准备工作，但是铁路终究还没有进入赞比亚，因此卡翁达的疑虑保持了较长时间，他的心里总还是不踏实的，心存一定的顾虑。直到铁路钢轨铺到了边境，即将进入赞比亚了，他心里的一块石头落了地，铁路

实实在在地进入到赞比亚国土了。卡翁达总统亲自来到现场，手摸着钢轨向参加庆典的人们说："今天我们终于盼到了！"这一天，通杜马站热闹非凡，人山人海，百姓们载歌载舞，卡翁达总统在群众大会上发表了热情洋溢的讲话，群众高声欢呼雀跃，庆祝坦赞铁路铺轨进入到赞比亚，我亲眼目睹了如此感人的场面。

二、沿鲁西瓦希湖线段筑坝保安全

在赞比亚境内线路中部有一处"控制工程"，在一个叫鲁西瓦希的车站附近，鲁西瓦希是根据这里的一个大湖泊而命名。湖泊面积很大，是当地的一个主要的水源，利用这个水源集中

铁路向赞比亚境内推进

修建大水坝和发电站，用于当地生产和生活用电。原设计方案这段线路的位置是靠着大北公路的内侧，大北公路又在鲁西瓦希湖泊的边上。我们在选择这段线路的走向时，考虑到湖泊面大、水面高、水位深等各种条件，线路设在内侧，外侧靠湖的大北公路可以保护铁路。但毕竟大北公路的建设标准比较低，它经不起湖水的暴涨、冲刷，容易坍塌，为了求得坦赞铁路的安全稳固，也使得大北公路不会受到大的损坏，我们经过研究探讨，决定将坦赞铁路原定线路有意识地改到大北公路外侧，铁路线沿着湖泊这段线路有一公里多长，是一项控制工程。我们在修建铁路时既考虑到铁路的安全，也考虑到了公路的安全，不惜代价投入大量的人力、物力，在靠湖外侧修了一个很长的防水护堤，看起来十分壮观。

鲁西瓦希湖泊堤坝工程是很有代表性的，堤坝工程设计方案是我与设计部门的同志一起精心研究、精心设计，最后确定了现在的方案。鲁西瓦希湖泊大堤工程迄今为止，仍然是完好如初，既保护了公路，更保护了铁路。

三、终点站与大北公路交叉时新建公路立交桥

坦赞铁路线路施工到达终点赞比亚新卡皮里姆博希时，设计接轨的地点正好与大北公路发生了线路交叉，公路和铁路线路交叉在工程上是很正常的事情，但这次坦赞铁路与大北公路的交叉却出现了问题。大北公路是西方国家帮助修建施工的，原本他们

对中国人帮助坦、赞两国修建坦赞铁路就持有偏见，耿耿于怀。这次两线相遇交叉双方都要坚持自己的方案，双方工程技术人员只能坐下来共同协商解决。铁路线路是从公路上面走还是下面走，这是一个焦点。我正好在现场，立即组织大家研究解决的办法。对方挑衅性地提出了相当高的交叉工程施工标准，工程质量的要求也比较严苛。在这一特别交叉点作业施工我们确定了由正在此地段施工的铁道部第二工程局的一支施工队伍来实施，并指定此时正和我们一起蹲点的第二工程局工程技术人员孙永福负责组织实施（后来，当年的技术人员孙永福升任为铁道部副部长，并成为铁道部主抓坦赞铁路工作的领导）。接轨点和公路铁路交叉点的施工看起来并不复杂，但是质量的要求非常高，我们经过多次论证，并与大北公路的施工方进行协商，按公路走在铁路线上面的方案实施。作为由西方国家施工的大北公路原线路改造工程，改造方案是由我们中国人帮助他们修改敲定的。铁路线段行走在大北公路的下面，线路设计就要充分考虑到路基的承压强度，对路基的土壤密实度要求非常高，甚至比自然地面的密度还高。公铁线路交叉工程很快就修建完成了，这项工程质量做得非常好，不只是我们自己说好，西方人也进行了最后的工程验收，他们用钻机专门对路基密实度进行钻孔验收，从中取出的土壤样品，实验室的技术检测结果显示完全符合西方国家的技术标准，证明了我们的施工队伍为大北公路修建的公铁交叉线工程标准完全达到了西方的质量要求，质量指数相当高，西方人被中国的工程施工技术所折服，这充分显示了我们的工程施工技术能力。

四、西方对坦赞铁路的一些小动作

西方国家对坦赞铁路的动作是多方面的，他们经常派出一些“记者”到我们施工现场。有的“记者”虽称记者却从未进行过采访工作，拿着相机和笔记本到我们的工地拍照和做一些记录，因为他们的活动面很大，有的还到我们的营地东瞧西看，拍摄我们的施工机械设备和装备，看看我们施工的手段，了解我们的专业技术和施工的水平，特别是了解我们和地方政府百姓的关系。为防止他们搜集中国的技术情报和我们工作生活的各种情况，所以我们时刻严防他们破坏。坦赞铁路按照“出国人员要少，多用施工机械”的指示，国内组成了相关专业的攻关组，结合坦赞铁路工程实际和当地气候等自然条件的特点，研究制造了一批专用的施工机械，如铺轨机、架桥机、铺砟机、捣固机等，满足了国外工程需要。外国记者对这类机械尤其关心，他们要了解中国的工业制造能力和水平。

见证坦赞铁路全线建成通车

一、坦赞铁路竣工典礼

1976 年 7 月，坦赞铁路在不到六年的时间里全线建成通车了，坦赞两国政府在赞比亚新卡比里姆博希车站举行了隆重的竣工典礼。

像坦赞铁路这样一条配套齐全完整的铁路，在如此短时间内全面建成在国内外是没有的，我认为用“多快好省”来描述坦赞铁路的建设上是非常妥帖、完全恰当的。“多”是指工程量巨大；“快”是指施工时间仅用五年零八个月；“好”是指不仅我们自己的专业人员认为坦赞铁路修建无论从质量，还是从技术含量上都超出国内铁路建设水平，国际上也有相同评论；“省”是指坦赞铁路工程最后的决算数字与我们国内当时的铁路建设费用相比也是经济的。

二、参与主持坦赞铁路工程的检查验收

1976 年 7 月 14 日，坦赞铁路正式移交坦桑尼亚、赞比亚两国政府，标志着坦赞铁路全线正式运营通车。坦赞铁路正式移交前，重要的一项工作就是坦赞铁路工程检查验收，要通过中、坦、赞三国五方（即三国政府、坦赞两国为坦赞铁路而专设的坦赞铁路联合机构和中国援建坦赞铁路工作组）组成的联合检查组对坦赞铁路工程设备进行逐项检查，验收合格后才可以办理移交。这项工作是在三国第六次和第七次会谈时确定下来的，工作组副组长王惠民和我被急召回国，主持检查验收前的各项准备工作并全程参加。

1975 年底，我们就开始着手工程移交前的检查验收工作，前后差不多用了五个多月的时间。首先我们自己对所有的工程和设备进行自检，然后我们再和五方代表共同进行检查验收，期间也

发生了一些事先没有预料到的事情。

三国五方工作开始时，首先研究商定检查验收的办法和分类，我方由我主谈，谈得很艰苦。最为突出的一个问题，就是对方要求我们把工程中所有的物资设备，包括移交配件的单价，都要做出明细和分项交给他们。这虽是一般工程项目的惯例，但我国援外项目的一贯做法，都不是以单项计算而是以成套办法计算的，不可能以单项计算。在驻坦、赞两国使馆以及经代参处同志的全力帮助下，经过近一个月耐心细致的工作才得到了解决。我们着重做了几点说明：一、联合检查前我们（工作组）已进行了自检，按三国议定的原则和勘测设计报告的内容完成了所有的工程项目。二、遵照《中国政府对外经济技术援助的八项原则》，如果中国政府提供的设备和物资不合乎商定的规格和质量，中国政府保证退换。三、在三国政府第六次和第七次会谈中，已经明确了坦赞铁路一次性全面移交给坦赞两国政府的原则，希望恪守移交时间和计划安排，不把检查验收工作时间拉得过长，坦赞铁路建设不到六年，如果检查验收工作要用很长时间才完成，对三国政府将无法交代。最终，联合检查验收组统一了检查验收工作的办法，按专业分成六个检查验收专业小组，分别开始进行全线的检查验收工作。

坦赞铁路检查验收工作包括在线路上做一些试验，如机车牵引试验，验证机车的牵引动力够不够、操作起来是不是平稳、是不是顺手、设备质量是否符合运营要求等。我们专门将机车牵引试验安排在最陡的坡道上，牵引满负荷的列车，由对方的人员自行操作，顺利地通过了验收。这种点、面、线检查工作历时五个多月，一直持续到1976年5月底6月初才结束。由我主持撰写出《坦赞铁路工程设备检查验收报告》，经五方通过后，正式上报中、坦、赞三国政府。

坦赞铁路工程检查验收工作时，也还有一些设备不够完备或尚未配全的，或有个别工点尚需修缮的，均分项列表做出记录，待完善后按项消除。经检查合格的也列名填入证书，由五方代表在每个项目检查验收证书上签字。通过检查验收的证书一式五份每方各执一份，总数量没有具体统计，叠起来约几尺高，至今档案库里还能查到。

《坦赞铁路工程设备检查验收报告》中记述了检查验收的组织，工程的规模，现场的检查，结论和关于办理政府间交接手续的建议等几个部分。回忆当年五个多月的检查验收工作，历历在目，记忆犹新，六个专业组汇集上百人，检查中提出了各式各样的问题，除各组中由我方人员分别说明的，集中开会讨论的也有数十次，包括我方自行召开的内部会议，有的是连夜召开的。为解决这些问题我们真是绞尽了脑汁，马不停蹄地开展各项工作，虽然是辛苦了一些，但得到了很好的效果。

三、包罗万象的坦赞铁路配套设施和设备

坦赞铁路作为一条完整的成套铁路一次性地移交给对方，在我们国内，可以说还没有这种先例。国内修建一条铁路，经过勘

测设计和施工各阶段，一般是分期、分段地移交使用，而坦赞铁路是要作为完整的一条铁路一次性移交。一条完整配套齐全的铁路包括的内容是多方面的，除线路外还包括铁路车站站房、通信信号、机车车辆和水电设施等诸多方面。它的完整性跟我们国内铁路修建也不一样，国内的铁路是分段实施修建、分段运营使用，其配套设施设备不完全由施工单位来完成，有些设施也不完全由设计单位来做，如办公设施都是由所属的铁路局自己配置。但坦赞铁路作为一条完整的铁路包括了所有的方方面面，小到剪票夹子、垃圾桶，大到机车车辆一应齐全，单是办公设施中的桌椅板凳就有近万件。这都是在国内铁路建设中从未有过的事情，因而，坦赞铁路的确是独一无二的。坦赞铁路的配套设施设备和工程施工中所需的大量物资，两者相加的数量是巨大的。如此大的工作量不光在国外难以完成，国内也同样如此，坦赞铁路所有装备设施的生产、生活用品都需要靠国内供应，铁道部专门在沈阳、天津、上海、广州等地建立了物资采购和储运基地，绝大部分物资最后集中到广州海运出港。

坦赞铁路设施设备的配套工作，并不是从铁路开始修建的时候就同步进行的，而是在铁路工程进行到第四段，也就是铁路施工进入到赞比亚境内时，才开始进行大范围的配置。设备配置和安装的工作量非常大，设施设备种类多，程序复杂。坦赞铁路的配套设施中，有代表性的大型设备为机车，坦赞铁路配有 102 台机车，其中 85 台是干线机车，也就是用于牵引列车的机车；17 台是调车机车，调车机车就是配属在区段车站点上，主要用于车辆的编组等作业。这两种机车都属于大型装备。再有比较大的设备配置是车辆的配置，车辆分客车和货车两大类。客车有 100 辆，货车 2 100 辆，都是一个不小的数字。

坦赞铁路还有两个比较集中的配套设施，就是达累斯萨拉姆和姆皮卡两个机车车辆修理工厂。这两个工厂主要是为坦赞铁路修理机车车辆设置的，工厂里面的设备除个别的为国外进口外，其余均是我国自行生产的产品。

对坦赞铁路提供的设备和设施还包括全线的各个站、段的作业点的设备和设施，计有 6 000 多台。其中有的设施设备不是一件，而是一套或一组，由很多的部件组成。

上述这些装备设施除了办公家具是我们在国外现场加工生产以外，其他所有的设施、设备、配件全部是由国内生产制作，这些通用或专用设备及设施大多由分布在全国各地的铁路系统专业设计院、研究所和工厂负责设计和制造加工。有些专用设备则是从零开始，即从调查研究开始经过试制加工、试用改进后，再投入生产，代表性的如上面介绍的内燃机车、客货车辆的生产，钢筋混凝土轨枕和扣件等。

坦赞铁路的客车设计制造不仅达到了当时国内同类型客车的国家标准，而且某些方面还高于我国国内标准，如硬卧车厢是包厢式的（国内是敞开式的）；一些货车如平板车、厢式货车、敞篷车等，当时国内大部分都是木质结构的车体，但我们为坦赞铁路所生产的货车车体，不论是平板车体，还是敞篷车、厢式车，全都采用钢板车体；所有车辆的走行部分均采用了滚珠轴承，降低了摩擦系数，有利于提高牵引力，这些都是高于当年我国国内标准的。

坦赞铁路所需配套设备和设施种类繁多，数量巨大，除了要按规定时间生产配备完成，还有一个远洋运输的问题。国内决定专门派出设备配套小组到国外，由铁道部援外办公室张书舫工程师牵头负责，实地了解国外装备情况，协调国内外工作。小组在国外逐段、逐点开展调查了解和统计，做了极为细致的具体工作。我作为国外工作组分管此项工作的领导，时常了解他们的工作情况，研究解决出现的问题。

1975 年第 2 季度的一天，突然接到使馆转来的电报：张书舫同志的妻子得了癌症，嘱他尽快回国。当时工作刚开展不久，为了不影响工作，我比较婉转地和他谈了电报的大致内容，告诉他爱人身体不太好，需要做手术，国内希望他本人回去照顾，我们考虑尽快安排他回国。同时劝他尽快放下手头上的工作，将他负责的工作移交给其他同志，以便尽快顺利回国。不幸的是，张书舫同志回到国内不久他爱人因癌症恶化去世了。

经过国内外人员的共同努力，设施设备配套工作终于按计划顺利完成了。保证了 1975 年下半年试运行和 1976 年 7 月的铁路全面移交。

►▷ 我亲历的六次关于坦赞铁路的三国会谈

以会谈磋商的形式来推动坦赞铁路各项建设工作的做法，贯穿坦赞铁路建设过程的始终。坦赞铁路建设期间，比较大的会谈磋商活动是中国、坦桑尼亚、赞比亚三国政府举行的八次正式会谈。我因是1969年初开始介入坦赞铁路的具体工作，八次会谈中我参加了第三次至第八次的六次会谈。

1967年9月，“第一次会谈”是三国政府领导人出席，签订了关于修建坦赞铁路的协定。

1968年4月1日至27日，中国、坦桑尼亚、赞比亚三国政府代表团在坦桑尼亚首都达累斯萨拉姆举行了“第二次会谈”。中国驻坦桑尼亚大使馆临时代办周伯萍为中国代表团团长，铁道部援建坦赞铁路负责人李轩为副团长。会谈商议了有关主要技术条件、勘测设计相关工作、贷款提供方式等问题。

一、关于中、坦、赞三国第三次会谈，通过讲故事介绍勘测设计经历

1969年11月10日至14日，中、坦、赞三国政府代表团在赞比亚首都卢萨卡召开坦赞铁路“第三次会谈”，中国政府代表团团长为铁道部副部长郭鲁，成员有铁道部援外办公室主任李轩等。此时，我随团参加了这次会议。会议期间，三国政府代表团听取了坦赞铁路工作组组长布克关于勘测设计和施工准备的工作报告；中国援建坦赞铁路勘测设计队提出的若干技术原则问题的补充建议，并确定了坦赞铁路“第二次会谈”期间没有完全定下来的一些技术问题。

《坦赞铁路勘测设计和施工准备的工作报告》是由我起草撰写，由布克同志报告。报告中特别提到了关于姆马段的选线问题。布克组长在报告过程中专门点了我的名要我向三国政府代表团介绍。因此，我在会议上就姆马段的选线过程做了介绍，除介绍了一些具体技术问题以外，我把姆马段里的地形地貌、自然状态等做了一些描述。代表团的与会代表，特别是坦桑尼亚和赞比亚两国代表团的成员，听完以后似乎都感觉到很欣喜和新奇，因为姆马段它是一个原始地带，几乎没有人烟。当我讲到，1966 年的时候有一个“英加考察报告”，英国和加拿大共同进行过考察工作，他们的考察也包括姆马段，但是他们所做的考察工作靠的是飞机，是通过航空的一些测量数据得出的结果，而我们中国人所做的姆马段选线工作，完全是靠我们自己的两条腿一步一步走出来的，我们所接触到的姆马段各个方面，完全是我们中国人身临其境，收集到的第一手资料。

我在会上所作的报告，三国政府代表团与会代表们听了以后，有的代表非常兴奋，有的代表认为不可思议，有的代表则非常敬佩。如此的勘测选线，历尽艰辛，困难重重，与大自然斗，与凶猛野兽斗，确实经历了生与死的考验。中国人只用了一个月的时间完成了选线任务，其中还碰到过大象、野牛群，同时也经历和碰到了生活上从未有过的困难条件，如喝着大象走踏出来的水坑里的水等。所以，他们从我的报告中深深感受到我们工作的认真，是在这样一种艰苦条件下工作和生活，我也向他们讲述了工作生活中发生的一些真实故事。

我们曾经在姆马段选线的时候来到过一个山坡下，当时天色已经很晚了，我们选择了一块地方歇息。安排妥当后（为了抓紧休息，节省时间，有的时候我们把帐篷支起来，有的时候我们就露天席地而躺，反正晚上也没有雨水袭扰），我们开始做晚饭，突然发现距我们不远处山头上有两个亮点，这个亮点看起来好像是一头豹子，我们开始有些紧张了，有同志跑过去把我们随身携带的枪拿了出来，有的同志害怕，催促着赶快开枪。我赶紧制止说，它距我们还有一段距离，我也怕枪一响，野兽直接冲过来，我们难以对付，先观察观察再说。如果是单头野兽是非常可怕的，包括大象，但如果是群兽问题就不是太大，单独的野兽怕你袭击它，一般它会先发起进攻。这样，我们一面做晚餐一面就观察前面的亮点，过一段时间，两个点慢慢移动了位置，不是过来了，而是落下去了，因此断定不是野兽，而是天上的两颗星星。我们在坦桑尼亚勘测时，发生过野牛顶伤我们同志，出了很多很多血，那就是一只单独的野公牛。当时我们对野生动物的习性和行动还是不太了解，不知道到底应该怎么样对付单独的野兽，只要采取了一点行动，它就冲过来了。在坦桑尼亚境内勘测工作中，我们同志被野牛顶伤的情况被尼雷尔总统知道了后，便特批发给我们勘测设计队枪支，有长枪也有短枪。长枪一般是由我们分队里过去曾经在军队服役过的同志使用和保管，短枪则是由我们的一些干部随身配用。

就这样，在会谈过程中，我们用小故事的形式向代表们描述我们在勘测设计工作中遇到的种种情景，让他们知道我们所付出的心血和汗水，代表们听了以后都很有兴趣，除了感受到新奇，还知道了我们工作的不易。会议间隙，坦桑尼亚和赞比亚的一些专家们把我围了起来，详细地了解坦赞铁路姆马段选线中的种种情况，向我问了各种各样的问题，专家们对我的介绍和回答颇为满意。

“第三次会谈”还有一个重要议题，即确定坦赞铁路“第二次会谈”期间没有完全定下来的一些技术问题，其中包括坦赞铁路列车的制动方式问题（我们通常称为刹车，铁路专业用语称为列车制动）。当时列车制动比较通用的有两种方式，即空气制动和真空制动。空气制动就是把空气从管道打进去，真空制动是把里面的空气抽出来。两种不同的制动方式，效果有很大不同。在国际上普遍用的是空气制动，空气制动相对比较先进，真空制动比较落后，空气制动效率要高，效果也比较好，通俗讲就是刹车快。“第三次会谈”会上，一定要把制动问题确定下来，因为这关系到坦赞铁路机车与车辆的制造，会上由我专门向三国政府代表讲解了两种不同制动方式的优缺点。空气制动，不仅中国在使用，而且是世界上普遍采用的方式。经坦桑尼亚、赞比亚两国代表反复研究推敲，最后确定空气制动方式并列入文字记录。

“第三次会谈”还明确了采用 45 kg/m 钢轨、机车车辆修理厂厂址选择、机车车辆运用和检修设备的分布点及职工住宅等事项。另外，还有一些关于施工准备工作的若干问题。

二、关于中、坦、赞三国第四次会谈，周恩来总理用智慧解决贷款延期偿还和两种列车制动方式难题

1970年7月，中、坦、赞三国政府在北京举行了坦赞铁路“第四次会谈”。这次会谈主要议题是明确贷款金额、偿还期限和审核批准《坦赞铁路勘测设计报告》。首先确定贷款金额，中国援助坦赞铁路建设需要付出多少资金，坦、赞两国各要承担多大的贷款金额。因为，没有经过勘测设计工作，不可能算出工程量，不可能算出整个建设所需的确切资金。勘测设计分为三个阶段，第二个阶段属初步设计，这是在1970年初已经完成了的。初步设计中已有工程量，并做出了预算，在第四次会谈时把贷款金额确定下来。第二是审议由中国援建坦赞铁路勘测设计队提交的《坦赞铁路勘测设计报告》。这也是在勘测设计第二阶段工作完成后所编制的报告，坦桑尼亚和赞比亚多名专家参加了审议。

上述两个问题是第四次会谈的主题，在商谈贷款这个问题上，贷款金额明确为九亿八千八百万元人民币，通称为外汇人民币，议定贷款的偿还由坦桑尼亚、赞比亚两国各承担50%。按常规说坦境线路长、工程量大，承担的贷款额应大些，但由于两国急于建成坦赞铁路，赞方因更为急需铁路而做出了某些让步。贷款偿付有一个期限问题，多长期限把这笔贷款偿还完，按照我们国家对外援助的项目的惯例，贷款最长的不超过20年，就是贷款偿还期为20年。在“第四次会谈”会议上，坦桑尼亚代表和赞比亚代表提出，要求贷款偿还期延长为30年，突破了我们国家援

外项目上贷款偿还期20年的最长惯例。

坦桑尼亚和赞比亚两国代表提出贷款偿还期延长为30年的问题，作为中国政府代表团事先是没有预计的。这不是一件小事，方毅团长自己也不能做主，因为这涉及我们国家对外经济援助的统一规定，问题比较大。所以谈到这个问题时，中方提出要商量考虑一下，暂时休会。利用休会时间，方毅即向周恩来总理做了请示，周恩来总理思考后指示，既然对方有这样一个要求，而且这两个国家，特别是坦桑尼亚经济发展比较落后，困难比较多，可以同意他们提出的要求。就此，坦赞两国提出偿还贷款的期限延长到了30年，就这样决定了。

贷款偿还期限延长问题是第四次会谈会议商讨中出现的一个插曲，另一个插曲是列车制动问题。我在第三次会谈上介绍了制动方式，对两种制动方式作了说明，大家最终分析讨论明确采用空气制动的方式。在贷款问题谈完后，赞比亚交通部长米尔纳突然在会上提出了要改变制动方式，要把空气制动改为真空制动，这是一个不小的改动，涉及机车车辆的生产制造，这时会场上的气氛变得不像以往那样轻松了。而且赞比亚交通部长说到，这个问题对我们国家至关重要，如果不改用真空制动方式，作为赞比亚政府，对坦赞铁路工程修建我们要求停下来。赞比亚代表已经把变更制动方式问题提到如此严重的程度，此后没有再继续讲下去。变更制动方式问题提出来后，我们感到突然和震惊，没有任何思想准备，因为这是在第三次会谈时已解决了的问题。为了妥善处理变更制动方式问题，我方第二次提出了休会。中国代表团离开了会场，方毅团长、郭鲁副团长和代表团成员坐在一起共同商量这个突发的问题。方毅团长对坦赞铁路的建设非常关心，自从决议修建坦赞铁路开始一直参与各项决策工作，但是他对于铁路专业技术问题并不是很了解。此时，方毅团长看着郭鲁副团长问道："空气制动如果要改为真空制动，你看看有没有可能？"郭鲁副团长说："真空制动在我们国家已经早就淘汰了，我们所有的铁路工厂都已经不再生产这种制动设备。再说真空制动是一种落后技术，坦赞铁路线路又是位于这种复杂的自然条件下，列车运行坡道起伏变化大，列车制动是一个很关键的安全措施。"方毅听了郭鲁讲的话后，意识到这是一件难办的事，怎么办？大家商量来商量去，最后提出向周恩来总理请示，就是把问题拿到周恩来总理那里去决定。郭鲁副团长的意思是先做做赞比亚方面的工作，建议继续采用空气制动。方毅团长也同意先做一些工作。

领导决定由我来做赞比亚代表团的工作。我去找了赞比亚交通部长，非常友好坦诚地与他从技术、安全等方面进行了交谈，第三次会议这位交通部长也是参加了的，我们是相识的。但是，他还是坚持自己的理由说："我们为什么要坚持采用真空制动，因为赞比亚国家既有铁路的列车目前仍然采用真空制动的方式，如果坦赞铁路采用空气制动的方式，坦赞铁路的列车和赞比亚既有的铁路的车辆连接不起来，对于赞比亚来讲，只能各自成为单一的铁路系统，无法与其他通道衔接，会对赞比亚国民经济带来很大的困难，我们为了国家的经济发展不能只有单一的坦赞铁路通道，我们还有南部和其他的铁路通道，这些通道的列车都是真空制动系统，必然会有一个连接的问题”。我基本上明白了他提出变更制动方式的缘由。他又说：“我们为什么要把变更制动方式问题提到这样一个高度呢？因为，采用真空制动系统问题如果不解决，对我们赞比亚国家铁路来讲不能形成一个整体。所以我们当时会上提出来这个问题，如果坦赞铁路全线采用空气制动系统，坦赞铁路建设现在只能停下来。”赞比亚交通部长坚持自己的观点，并说这是我们政府的意见，不能改变。我听了他的解释后感觉有一定的道理。我回到代表团驻地，我将与赞比亚交通部长商讨情况和赞比亚方面仍坚持变更为真空制动的理由，向郭鲁副团长一一做了汇报。郭鲁副团长听完汇报后说：“看来赞比亚方坚持要用真空制动方式是难以改变了”，并说“不妨你再去听听坦桑尼亚方面的想法”。于是，我又去找到坦桑尼亚交通部长卢辛德，他也是参加过第三次会谈的。他说：“既然坦赞铁路是一条新修建铁路，没有理由不采用先进的设备，而且空气制动方式是世界上通用的系统，是符合坦赞铁路实际需要的设备，为什么不用先进的而用落后的呢？”坦桑尼亚希望采用空气制动，坚决不同意变更制动方式。在会上赞比亚代表团并没有说明为什么将制动方式变更为真空制动，可能是考虑到与坦方会发生争议。在我了解了坦方的意向后，我又向郭鲁副团长汇报了坦桑尼亚方面坚持采用空气制动的意见。这等于把中国夹在了中间，怎么办？经商量后还是向周恩来总理全面报告了坦、赞双方的意见。周恩来总理听后认为坦赞双方都有道理，我们应该考虑坦赞双方的需要，去找找铁路工厂的老人，看看他们有没有什么办法来解决两种制动方式的问题。郭鲁副部长听后，根据周总理的指示即布置了这项工作。由铁道部北京长辛店二七机车车辆工厂连夜召集有经验的技术人员和老工人开会，并有铁道科学研究院的人员参加，一起商量既有空气制动又有真空制动，我们称其为双制动控制系统的方案。通过集思广益、反复研究试验，大概前后三天的时间，反馈回来的信息是双制动控制系统可以解决，从而解开了这个难题。这也是世界铁路运营中独一无二的制动方式。这几天第四次会谈停顿了下来，直到问题解决各方都满意。

三、为第四次会谈编撰《坦赞铁路勘测设计报告》，以高度专业精神通过三国政府审查

“第四次会谈”要解决的第二个议题，就是审议批准《坦赞铁路勘测设计报告》。《坦赞铁路勘测设计报告》是在 1969 年“第三次会谈”时由坦赞铁路工作组组长布克向三国政府代表团所作的报告中已经明确的，按程序，在详细设计（即第三个勘测阶段工作）和施工之前，要通过三国政府审议批准中国铁路勘测队提出的《坦赞铁路勘测设计报告》。在“第三次会谈”之后的 1969 年 12 月，我国政府代表团李轩同志在坦桑尼亚开过一个坦赞铁路勘测设计两总队联席会议，会议明确了关于设计工作中的若干问题，诸如明确了详细设计在国外进行（原定在国内进行）和技术方面两总队间如何统一的问题等。此时郭鲁副部长正与政府代表团在坦桑尼亚进行访问并检查坦赞铁路，他对坦赞尼亚总队和

赞比亚总队提出了几点指示，其中明确由我负责两个总队业务技术统一的工作。因我初期是协助坦桑尼亚总队在坦桑尼亚境内进行选线设计工作，郭鲁副部长这次明确了由我担当坦赞铁路全线勘测设计工作的总工程师，即是负责两个勘测设计总队勘测设计技术的协调统一。两个勘测设计总队原本各自都有自己的总工程师，两支队伍从技术上讲都有各自的工作方法，各自勘测设计选线所收集计算的各种资料数据以及技术上的各类问题尚缺乏统一的衔接，还有其他的一些技术性的工作，诸多的工作由我具体负责牵头、协调和统一起来。

在联席会议上还明确了在坦赞铁路勘测设计工作结束后，我们就要进入到施工图详细设计，同时进入施工准备工作，在此之前三国政府要审议批准《坦赞铁路勘测设计报告》。《坦赞铁路勘测设计报告》明确由我负责主编，而且还决定由我在三国政府“第四次会谈”会议上作为中方代表负责解答和说明。

《坦赞铁路勘测设计报告》编撰的工作量很大，因为我比较多的时间是在坦桑尼亚境内，对坦桑尼亚段内情况比较了解，对赞比亚段内的情况知道甚少，所以就要特别注意坦赞铁路全线的勘测设计情况。我考虑到编写《坦赞铁路勘测设计报告》工作的难度，抓紧做了两项工作，首先组成了一个专业的编写班子，勘测设计报告靠我一个人是不可能完成的。另外就是进一步了解若干我还没有了解到的勘测设计情况，特别是赞比亚段的情况，以尽可能通盘掌握坦赞铁路全线的勘测设计情况，再就是思考勘测设计报告的组成和内容。

在两个勘测设计队召开业务技术统一工作联席会议上，明确此报告要在已定的1970年7月于北京举行的三国政府“第四次会谈”前完成。时间从1970年1月到7月，听起来有7个月的时间，但勘测设计报告编写量大，还要花一定的时间做准备工作，勘测设计报告编制工作又需要在国内完成，资料要送回国内，路程也需要时间。另外坦、赞两国政府已经明确表示，至少要在他们来北京参加会谈之前半个月拿到这份勘测设计报告，时间上越早拿到当然更好，因为他们需要事前对这份报告进行审查。上述这些因素造成实际编写勘测设计报告的时间就非常短了。因此，我们的工作非常紧张，我先在国外做编制工作准备，组织编写人员收集所需各项资料。国内电报要我先坐飞机回国，我坚持不坐飞机，因为我还要在国外将资料收集齐全，且编写人员班子又不可能都与我一起坐飞机回国，因而坚持跟大家一起乘船回去，可以利用船上一些时间商讨编写报告的有关事宜。

为编写《坦赞铁路勘测设计报告》，我们在国外差不多用了一个月时间进行各方面的准备工作。1970年1月，我们乘船离开达累斯萨拉姆港，在海上航行十二天抵达广州黄埔港后，我们再转乘火车到了北京，全部集中在北京铁路局的招待所，集中力量投入工作。当时我们各专业人手并不是很齐全。除了组织国外的同志外，我还到铁道部第三设计院，得到了他们的帮助，第三设计院协助承担了绘制坦赞铁路全貌的平面图及若干辅助性工作。编写工作差不多进行了三个多月，5月勘测设计报告进入到各专业汇总阶段。编写工作期间，李轩同志不辞辛苦几乎每天与我们一起共同研究有关问题。《坦赞铁路勘测设计报告》总的来讲是一本总纲性质的文件，是由勘测设计说明书和两本设计图册组成。说明书分总说明书和各个专业说明书几个部分，图册是坦赞铁路全貌平面图及各专业的代表性的图纸。总说明书是我亲自撰写的，专业说明书则由各专业负责人编写再进行汇总。经过大家共同努力，5 月中旬，我们圆满完成了《坦赞铁路勘测设计报告》的编写和翻译工作，并装订成精装的版本。当时国内市场上塑料制品还很少，很少有用塑料作为书籍封皮的，《坦赞铁路勘测设计报告》就是采用了塑料烫金封面，非常精美。印刷完成后装订时，我们突然发现烫金的英文中少了一个字母，可此时已经是 6 月初了，距在京召开“第四次会谈”仅一个月的时间了，出现了缺少字母的错误，这不是小事，必须立即返工。我们将印刷出来的《坦赞铁路勘测设计报告》封面，全部送返天津连夜重新印刷，《坦赞铁路勘测设计报告》终于全部完美地印刷装订成册。我们立即派专人送往坦、赞两国，在国外的坦桑尼亚勘测设计总队队长李文毅收到后，当即召集总队专业技术人员结合实际情况进行审看。我们同时也将《坦赞铁路勘测设计报告》送到中国大使馆，使馆领导和同志们接到后，都感到《坦赞铁路勘测设计报告》编制印刷很有气派，非常精致，对我们的工作给予了充分肯定。中国大使馆以坦赞铁路工作组的名义分别送达坦桑尼亚和赞比亚政府。我们是根据坦、赞两国政府的要求，于 6 月下旬准时将《坦赞铁路勘测设计报告》送到了他们手中，按时满足了两国的要求。坦、赞两国专家们经过认真研究后，带着各种各样的问题，来到北京参加三国政府代表团在北京饭店举行的“第四次会谈”。

在“第四次会谈”上，首先由我向三国政府代表团做了坦赞铁路勘测设计整体情况的报告，随后三国政府代表团商谈了坦赞铁路贷款问题，列车制动方式的改变并审查通过了《坦赞铁路勘测设计报告》。除在会议期间对贷款偿还期限和改变制动方式问题进行了讨论外，会议还安排了专场，由坦桑尼亚、赞比亚技术人员和我及两位中国勘测设计队人员参加的《坦赞铁路勘测设计报告》专业审查会议。这次由坦桑尼亚、赞比亚技术人员组成的专家技术组是历次会谈中规模最大的，代表团中除两国政府财政部长、交通部长等官员以外，专家、技术人员占绝大部分，是一个人数众多的专业团队，其中包括坦赞铁路联合机构总工程师和坦、赞两国交通部门的专业技术人员。特别是赞比亚技术团队，其中就有号称赞比亚四大知识分子之一的卡松达。我原来并不知道赞比亚这四大知识分子是哪四位，后经询问才知道，一位就是总统卡翁达，再一位就是代表团中的卡松达，另外两位大知识分子直到现在我也不知道。卡松达作为赞比亚政府专业技术专家参加这次会议。开会当晚，我们在北京饭店共进了晚餐。餐后我们就在北京饭店召开了专业技术会议，时间已经是晚上七点多钟了。坦、赞两国来了很多代表，从架势上来看是两个政府庞大的专业团队，在走进会场时，他们都抱着一摞又一摞专业书籍，手边放着计算器，看来他们是做了充分准备的，是有备而来的。会议开始后很快就进入对专业问题的讨论，他们提出的一些问题听起来有点意外，但是也是一种必然。开始提出的一些问题，并不是坦赞铁路勘测设计的问题，而像大学里面老师讲课时提的一些问题，比如桥梁的形式和结构、应力计算等，这是大学里面学习的基本理论，这类问题的提问与解答，差不多耗用了两个多小时的时间，问题的提出带有一种询问甚至包含有考试的态度，这样的询问好像是对中国技术人员的专业性持有怀疑的态度。我看出了对方的态度，私下里对我们的同事说，他们是不是对我们有一些不信任。我心里开始感觉有点不太耐烦，因为我们今天讨论审查的是《坦赞铁路勘测设计报告》，并不是学校里的老师考试学生。我心里开始琢磨，怎样才能尽快摆脱这不切合主题的局面，出现这个局面我们应该怎样对待。我联想到外国人教学的方式方法，确实跟我们不一样。我看过一些外国的书籍，他们写的书和他们在一些会议上的讲话、做的报告，往往带有我们所说的教条主义，好像只有如此才显得知识渊博很有学问。对外国工程技术人员工作做法和习惯，我们经过几年工作上的磨合，多少有所了解，我也逐渐习惯了他们的做法，克制了自己的急躁情绪。对于他们提出来的各种问题，我都非常耐心诚恳地给予解释，如桥梁的问题、隧道的问题、路基的问题等，基本上都属基础知识范畴方面的事。我给他们做解释后，对方就再也不提类似的问题了，因为在这些专业问题上，我们不是他们所想象中一知半解的外行，回答出的答案让他们心服口服，知道了我们都是非常专业的工程师。我也考虑到大家都是同样的专业人员，用专业的语言进行沟通终究是容易得到理解和接受的，自己的急躁情绪完全控制住了。

审查会进入到坦赞铁路工程技术方面时，重点是姆马段的选线问题。我先进行了比较详细的介绍，如何最终选定了最佳线路方案。我介绍完后，全场报以热烈的掌声，代表们认为，我的发言将关键问题讲得清清楚楚，一些很复杂的问题给他们全部解释明白了。唯独赞比亚四大知识分子的卡松达突然站起身，向我们提出了两个问题：第一，姆马段线路你们是以什么样的原则选定的线？第二，你们所选定线路的位置，为什么与我们送给贵国总理的“英加报告”不一样？意思就是你们选择铁路线路的位置，为什么不按照我们提供给你们的“英加报告”中的位置来确定，为什么不采用“英加报告”作为依据。我回答卡松达先生说：“一是便利运营，二是不留后患，这就是我们选线的最主要的两个原则”。什么叫便利运营？就是坡道比较平顺，弯道设置恰当，作业点分布合理。关于“英加报告”，好在我出国之前就专门研究过，我针对所提问题立即向他又做了进一步解释，我说：“卡松达先生所提的问题非常好，送给我们国家领导人的‘英加报告’，我也非常认真读过，并且在做勘测设计时，我们对这份报告进行了认真的研究，而且我们开始选择线路时的走向也是比照‘英加报告’的。但是在我们做了进一步的勘测工作后发现了问题，它的技术标准不尽如人意，即标准比较低。经我们研究后，我们认为‘英加报告’中的技术标准不符合实际要求，这是较严重的问题。第二个很重要的问题，就是没有避开严重地质不良地段，这会对今后铁路运输带来极大的危害和安全问题，不留后患就是指的这个问题，这是我们为什么不采用‘英加报告’的理由。”我又说：“我们现在选择的线路，与‘英加报告’有不同之处，就是完全解决了‘英加报告’里存在的这两个最大问题。”

我用充分的理由回答了他的问题，请卡松达先生和各位代表认真审阅一下《坦赞铁路勘测设计报告》的方案。我们把方案中所有采用的资料送给他们代表，也请他们花时间认真审阅这些方案资料，以便比较决策。坦、赞两国专家看完资料，并对前后资料进行了相互对比，在听取了我们的详细解释和说明后，普遍认为我们所选定的线路，确实经过认真勘测，选择得非常好，大家接受了我们提出的线路方案。

我们的翻译在与对方会下沟通时，发现对方代表不时流露出来对中国人一种偏见，特别是卡松达带有一定的成见。所谓的成见就是认为中国人一定是按照他们提供的“英加报告”来进行工作的，如果中方按照“英加报告”线路走向的位置选线，说明中国人只能用西方人的线路方案，没有中国人自己创造的专业技术，也只能跟在西方人的后面学习和照搬西方国家的技术，这是卡松达所代表的少数人的一种成见，也是瞧不起中国人所做的工作。认为中国人自己选的线路，肯定没有“英加报告”提出的线路那么好，总认为中国人修建的坦赞铁路会不如西方国家修得好。

我们通过会议上面对面的交谈，或是说以一种答辩的形式，把他们提出来的所有问题，用交谈的形式实实在在地向坦赞两国代表做了详细说明，让他们自己看，让他们自己去比较，到底中国人的技术怎么样。最终坦、赞两国专业技术人员一致接受了我们的技术方案。卡松达最后诚恳地说：“我认为自己是比较实在的一个人，我们国家的技术人员学的是西方的技术，也就是英国的技术多，我们的习惯做法还是按照西方国家的技术方法，就是说是西方的东西，在我们国家根深蒂固。在我们的概念里面，总认为英国的技术都应该是先进技术。而这次看了你们中国人的技术资料，就很清楚了，你们中国人确实做了大量的工作，而且做得非常具体，很细致，做得非常好，这彻底改变了我对中国勘测设计技术的观念，改变了我思想里的错误概念。”卡松达充分肯定了我们的工作，一再表达对我们的感激之情，认为中国人工作不是马马虎虎，是非常专业的内行；中国人对我们坦赞两国人民是非常负责的，对坦赞铁路也带有很深的责任感。上述较详细的答辩情况可见我撰写的《一次值得回忆的答辩》一文。

《坦赞铁路勘测设计报告》的审查会议差不多用了六七个小时，从晚上一直到第二天清晨，会议开得大家都很满意，比较成功。最终三国政府代表团批准通过了这份《坦赞铁路勘测设计报告》。

关于改变限制坡度，经由点的变更和过境点改至通杜马问题，因为在会议之前，通过换文的方式得到肯定和确认，因此会上没有再进一步讨论。

四、关于中、坦、赞三国第五次会谈

1971 年 12 月，在坦桑尼亚达累斯萨拉姆举行了三国政府“第五次会谈”，中国政府派出以杨杰为团长的中国政府代表团参会。此次会谈的主要题目，其一就是“第四次会谈”中比较难以解决的变更制动方式问题，即双制动控制系统问题要在“第五次会谈”中用文字的形式，写入三国政府修建坦赞铁路纪要里，明确坦赞铁路机车和货车全部设置空气和真空两种制动，客车全部设置空气制动（因客车不存在与赞铁客车联挂的问题）。

“第五次会谈”还明确了由中方培训坦赞两国铁路专业管理人员和赞境一段线路改移的问题。关于培训，特别是中高级的专业管理人员的培训，确定由坦赞两国各选派100名留学生到中国北京进行培训学习，北京交通大学承担了培训任务。又明确了在赞比亚姆皮卡无偿帮助建设一座坦赞铁路培训学校，并赠送教学设备等事宜。

五、关于中、坦、赞三国第六次会谈，启动编制《坦赞铁路工程技术文件》

1974年8月，三国政府在赞比亚举行了“第六次会谈”，其主要议题，明确了关于修建与坦赞铁路连接的专用线。“专用线”是指为货物运输所需要修建的与正线相连接的铁路支线，这些专用线与坦赞铁路同步建成。“第六次会谈”还明确了坦赞铁路建成移交后，由坦赞两国自己维护铁路线路，因此，中国方面还要帮助两国建立培养一支线路大修队伍。

“第六次会谈”还明确了坦赞铁路虽是分段建设，但是一次性移交，同时还明确了坦赞铁路建成，我们要移交给对方一套完整的符合铁路实际情况的技术文件，名称为《坦赞铁路工程技术文件》，我们称它为竣工文件。因为在施工过程中，有些工程会因条件的变化而改变了设计，因此必须有这样一整套的符合工程实际状况的文件，以满足运营管理、养护维修等的需要。

编制这一套工程技术文件所汇集的资料数量非常大，需要投入很大的力量，后来这项工作明确由坦赞铁路工作组副组长王惠民和我负责完成，这也是坦赞铁路移交中一项不可或缺的内容。

1974 年 8 月，“第六次会谈”结束之后，我和副组长王惠民便开始着手编制《坦赞铁路工程技术文件》。我有几年前编制《坦赞铁路勘测设计报告》积累的经验，压力似乎不像以前那么大了。但这项《坦赞铁路工程技术文件》与《坦赞铁路勘测设计报告》不一样，《坦赞铁路工程技术文件》涵盖的专业和方方面面资料非常多，不同于《坦赞铁路勘测设计报告》的专业单一，我们需要汇集各方面的工程资料，编出一套完整的文件。

1970 年 10 月，坦赞铁路开始施工，施工中就要逐渐积累所做工程的资料。坦赞铁路项目整个施工期限为 5 年零 8 个月，有一定的时间跨度，逐步积累和保存好符合工程实际的资料不是一件容易的事情，何况人员交替增加了不少工作难度，好在所派出的施工单位和选拔出来的人员都是富有经验和有高度责任心的，这项基本工作还是做得很扎实和认真的，对编制好这套文件提供了基础保证。

这套《坦赞铁路工程技术文件》由铁道部第二设计院选派人

员组成专门队伍出国在现场进行整理、复制和编辑。文件还包括所有的图纸和底图，也称为原始图纸。这套文件完成后由我向坦、赞两方办理了移交手续，文件数量之大，有数吨重，装有近百箱，运输时装满了列车的两辆行李车厢。

六、关于中、坦、赞三国第七次会谈，启动坦赞铁路工程检查验收

1975 年 9 月，中、坦、赞三国政府在北京举行了“第七次会谈”。这次会谈主要议题是关于坦赞铁路建设完成之前的重点工作，也就是明确了坦赞铁路要在移交给坦、赞两国之前的准备工作。会议决定在 1976 年的第 3 季度将坦赞铁路一次性完整地移交给坦赞两国，移交前先进行检查验收。由受援国坦桑尼亚和赞比亚两国政府来检查验收，确定是不是符合标准和要求，最后是不是能够接受这项工程。会议明确这项检查验收工作由五个方面的人员参加，即坦桑尼亚、赞比亚两国政府和中国政府（由我国驻坦赞使馆官员代表），还有坦、赞共同组建配合中方建设的坦赞铁路联合机构和我们坦赞铁路工作组，五个方面的人员一起进行检查验收，最终写出一份工程验交报告，经过三国政府批准，正式办理移交手续。后来，领导明确检查验收工作由坦赞铁路工作组副组长王惠民和我负责（我俩都参加了“第七次会谈”）。“第七次会谈”还确定了检查验收的范围和标准，同时明确这项工作必须在 1976 年 6 月底以前完成，并写出

向三国政府递交的坦赞铁路工程设备检查验收报告。

根据检查验收的结果，报告由我主稿，并经五方人员讨论通过后向三国政府提交。

七、关于中、坦、赞三国第八次会谈，坦赞铁路顺利移交并转入技术合作阶段

中、坦、赞三国政府“第八次会谈”于1976年7月5日在赞比亚卢萨卡进行，是坦赞铁路建成之后，即将办理移交的一次会议，也是坦赞铁路建设期间的最后一次会谈，会议主要议题是审查批准《坦赞铁路工程设备检查验收报告》，商谈坦、赞两国接收之前遗留下的施工机械设施如何移交给对方继续使用，确定坦赞铁路整体项目移交工作的具体安排和坦赞铁路运营管理后的技术合作等问题。会上中国政府还承诺了因工程量增加，物价上涨，当地工人工资的提高而超支的一亿六百万元人民币由中国政府无偿承担。为了移交工作顺利进行，“第八次会谈”还就办理交接的问题进行了讨论。对后续衔接工作，也就是技术合作的问题，举行了技术合作的第一次会谈。铁路移交之后，中国政府将继续与坦、赞两国进行坦赞铁路运营管理的技术合作。“第八次会谈”是一次完成建设和转入技术合作的衔接会议。

“第八次会谈”审查批准了《坦赞铁路工程设备检查验收报告》。我们在验交报告中，除反映验交工作的情况外，还提出了坦赞铁路已达到可正式移交给坦赞两国进行运营使用的程度，建

议三国政府办理正式交接。

在“第八次会谈”上三国政府商定1976年7月14日作为正式交接时间，办理政府间交接手续。《坦赞铁路在建设中》第三集记录了坦赞铁路交接情况的全过程。

在“第八次会谈”上，也明确了我们在坦赞铁路工地的工作机构，即中国铁路工作组的工作告一段落，撤销工作组的名称，但对内还有大量善后工作要做，内部成立了善后工作组，完成项目收尾工作。

全面建成坦赞铁路的“五个一”

坦赞铁路建设时期，我们经常围绕坦赞铁路的某一话题进行讨论交谈，援外办公室主任李轩同志与我们在一起讨论过什么叫全面建成坦赞铁路，归纳起来我们提出了“五个一”，现在看来我们都基本上做到了。第一，修一条好的铁路；第二，培养一支由坦、赞两国人员自行管理的运输管理队伍；第三，编制一套符合坦赞铁路实际情况的规章制度；第四，拍一部坦赞铁路建设的电影；第五，写一本记述坦赞铁路建设的书。第一和第二个“一”已经讲了许多，这里不再赘述。

第三个“一”：铁路的规章制度对铁路运输是至关重要的，这项工作国内组织了大量的具有较高水平的专业技术人员进行编写，工作量非常大，不仅要编写中文版，而且要翻译成英文。在坦赞铁路全线移交时，要作为配套资料移交给对方。在规章编制过程中，我们在国内外同时开展了培训工作，其中一部分教材的内容就是选自这些规章，因为教学内容要与工作结合。这些教材主要是由北京交通大学编制。

第四个“一”：拍一部反映坦赞铁路在建设中的纪录电影片，由中央新闻纪录电影制片厂于1969年开始拍摄，这部影片全面记录了坦赞铁路建设中的方方面面直到全线移交通车。影片摄制人员王瑜本和摄像师俞乐观同志常驻工地，与我们一起生活，记录了建设中的第一手资料。《坦赞铁路在建设中》编辑完成后片长为三集共12本，这部电影向社会公映时，主要是放映了第一集，这一集反映的是施工的开始阶段，是达姆段502 km线路工程施工过程的场面。

《坦赞铁路在建设中》这部电影影响很大，同时在国际上也引起了强烈反响。1974年联合国召开了一次特别会议，以邓小平同志为团长的中国政府代表团出席了会议，邓小平同志赴美参会之前，做了一项准备工作，就是把《坦赞铁路在建设中》第一集翻译成英文。我国代表团在会议期间放映了这部电影，放映后在联合国大会上引起不小的轰动，特别是一些发展中国家看了以后高兴地拍手叫好，对中国给予了高度赞扬和评价，西方国家也感觉到中国确实了不起。与此同时，《坦赞铁路在建设中》第一集也陆续在我国各省（自治区、直辖市）公开上映，随后第二集也在国内上映，只有影片第三集没有公开放映。第三集主要反映了坦赞铁路全线建成和移交。

第五个“一”：关于写一本符合坦赞铁路建设实际情况的报告

文学，这本书由于当时多方面的原因搁置了下来，没有较早地提到议事日程上。现在回想起来，当年只是把拍电影考虑得比较早，这是一种疏忽。这本书直到 1998 年 10 月，才由张铁珊同志写出来，书名为《友谊之路——援建坦赞铁路纪实》(简称《友谊之路》)，陈慕华同志作序，由中国对外经济贸易出版社出版。

《友谊之路》这本书虽然撰写出版的时间晚了一些，但终究我们所提出的“五个一”的事情全部做到了。遗憾的是《友谊之路》这本书所写的坦赞铁路修建过程，有些材料并没有完全搜集齐全，因为书写的时间比较晚，负责执笔的张铁珊同志虽然在坦赞铁路也工作过，毕竟时间比较短，写这本书之前也采访了参加过坦赞铁路工作过的人，但好多资料文献没有了。《友谊之路》这本书虽然写得不错，很感人，但是因资料所限还是有不足的。

这“五个一”之后，我们还派生出“第六个一”，实际上这“第六个一”在坦赞铁路后期就基本完成了，即编辑一本反映坦赞铁路全线建成的相册。这本相册没有对外发行，只是赠送给了中、坦、赞三国部分人员，我也珍藏了一本，这本相册在社会上是没有的，其内容是全面反映一条完整的，交付运营的坦赞铁路。

►▷ 唐山地震后的日日夜夜

1976 年 7 月 14 日，是我国政府向坦、赞两国移交坦赞铁路的日子。中国政府代表团参加了坦、赞两国为坦赞铁路移交和全线通车运营举行的盛大庆典，并对坦、赞两国进行访问，同时还对坦赞铁路沿线进行了视察。

1976 年 7 月 28 日，这是中国人都不会忘记的日子，国内发生了唐山大地震。唐山大地震惊动了全国和世界，也揪动着广大援外人员的心。当时，虽然坦赞铁路已经通车，办理了移交，我们的大部分工程技术人员已经离开坦、赞两国陆续回国。但是，在坦赞铁路移交之前试办客货运输的人员仍都在国外，还需要进一步试运营，这些人员都是各个铁路局选派出来的，其中以北京铁路局和沈阳铁路局为主，北京铁路局的人员承担坦境的试运行任务。唐山大地震影响范围极大，以唐山为中心，包括北京、天津、河北等周围地区，都受到了严重的影响，而这些地区正是北京局派出人员的家乡。第二天凌晨，中国驻坦大使馆召集我们坦赞铁路工作组的领导开会，及时通报了唐山大地震的情况，要求我们工作组领导和国外各个单位中上层领导干部首先要稳住，领导干部要带头，就是说不管自家在京津唐哪里或是在国内什么地方，都不能惊慌，队伍要保持稳定，凡是家在京津唐等地区的一般工作人员，可以视情况安排他们分批回国。

大部分在坦赞铁路坦桑尼亚境内参与试运营的人员都是北京铁路局选派的，他们中的大部分人员家都在震区，除北京铁路局的人员外，设备管理人员和设计队的队员也有不少家在京津唐地区，大家都很紧张，这是必然的，猜想着、议论着种种可能发生的情况，这是人之常情，家里的情况到底怎么样？这时候作为坦赞铁路工作组的领导，把使馆决定通报给了各个单位，并按他们家庭所在地区，分批安排回国。同时，中国政府代表团也终止了一切活动，尽快回国。李轩是中国政府代表团成员，清楚地知道国外人员的实际情况，及时对我们工作组领导说，代表团将尽快回国，回国后，尽可能联系走访在国外人员的家人，了解家中的情况，不论家属会不会写信，有没有文化，都要为你们写几个字，写封信向国外的亲人报个平安。代表团在地震发生的第二天就陆续回国了，他们回国后的十天左右，国外大部分人员收到了家信，安定了情绪，对稳定队伍起到了很好的作用。因为不管是家属写的信也好，还是几个字也好，不管有没有文化，终究把形象性的东西带到了国外人员的手里，他们拿到这短短几行或几个字后，不但心里石头落了地，而且非常激动，高兴得不得了。我们可以体会到当时大家的心情，当然也有少数人未接到家信，领导相继做了一些安抚工作。

在唐山地震发生后的十天里，我们已经安排了部分人员分别乘船或飞机回国，并且将人员名单报回国内。北京接到人员名单后，对外经济联络部和铁道部共同发了一个紧急通知，凡是乘坐远洋客轮抵达广州黄埔港的援外职工，家住在京津唐地区的，特别是家住在唐山地区的同志，暂留铁道部广州援外接待站，不要回去，等待北京的通知。为什么呢？因为唐山地震后，房屋全部倒塌，交通完全堵塞，可以说一片混乱，如果是匆匆忙忙回去，在不了解当地的情况下，不知道会碰到什么问题。因此，乘坐远洋客轮的都暂留在广州着急地等待着北京的消息。通知发出之后，大部分回国同志都遵照执行，但其中个别人由于家在唐山地区，擅自离开了队伍，离开广州援外接待站，跑回了唐山灾区。这时地震虽过去但余震不断，擅自离队的几个同志回到唐山，遇上了余震，还没有找到家人，自己却被因余震倒塌下来的建筑物砸在下面，不幸遇难。我们听到了这个消息感到很痛心，如果他们听从组织的统一安排，加强组织纪律性，情绪稍微稳定一些，就不至于发生这样的悲剧。后经了解他们的家属也已经全部在地震中遇难了。他们的这种心情，我们完全可以理解。但是，还是发生了本可以避免的事情。

当时，坦赞铁路虽然全线修通了，但国内唐山大地震这件事情，对我们留在国外做后续工作的同志，还是从各方面造成比较大的影响。驻外使馆领导决定，坦赞铁路善后工作组特别是领导层的同志情绪和行动一定要稳住，自己不能轻易请假或擅自回国。作为我个人而言，我一直没有收到家里反馈的任何信息，我的家是在天津市，心里确实很担心。可我作为坦赞铁路工作组领导层成员之一，个人的情绪波动直接会影响周边的同志，我克制住自己，告诫自己不要流露出任何情绪，不能急躁。我回到宿舍抓紧给我在北京第二外国语学院工作的一位同学写了一封信，我在给他的信中写道，国内发生了地震，我的家在天津不知道情况怎么样，一直没有信息反馈给我，如果有可能请你到天津去，了解一下我家的真实情况，及时把消息反馈给我，就是说我的家还有没有，人还在不在，不管发生任何事情都要如实把情况告诉我。信发出后，我一直焦急地盼望着北京的消息。9月初，收到了同学的回信，信中讲，他去了天津的家，家人没见到，房屋都已经坍塌掉了，听周边人说家人都已经安全离开了，应该没什么事情。

我看到反馈回来的这个消息后，心情放松了许多。房屋虽然没有了，但家人还在，我也比较放心了。

国内唐山大地震并没有影响到坦赞铁路任何工作的进程，我们大家仍然努力做着自己的各项工作。此时，我们面前主要的任务，首先是把国外已经结束工作的一些同志有序地安排回国；此外就是做好坦赞铁路收尾工作；再有就是转入到坦赞铁路第一期的技术合作中。因此，我仍继续留在坦赞铁路工作了一段时间。1976 年 9 月底，由靳辉同志——我们原勘测设计总队的政治委员，负责坦赞铁路善后工作后，我就启程回国了。

我回天津以后，找不到自己的家，因为地震发生后我家房屋已经全部倒塌了，家人不知道现在哪里。我转来转去回到原单位第三设计院，通过老单位的关系，最终在天津距我们老房屋偏远的一个地方找到了位于地震棚的家。参加过坦赞铁路建设的家住唐山、天津一带的同志，都有回来后找不到自家门的经历。

唐山铁道学院当年迁至四川，现在改为西南交通大学。唐山铁道学院迁走后，原唐山铁道学院校址空闲了，铁道部第三设计院因天津办公地点拥挤，经上级领导同意，把院里部分人员迁入原唐山铁道学院校址中。这部分人员是第三设计院中负责铁路设备方面的专业人员，人数很多，在这次大地震中，损失了相当一部分专业人员，三院失去了铁路设备设计技术人员，导致了设计工作处于半瘫痪状态。铁道部领导了解了情况后，从全国各铁路设计院抽调人员，充实到第三设计院，这与坦赞铁路建设似无直接关系，但是有着间接关系，因为坦赞铁路勘测设计等各类人员都是第三设计院中的骨干，第三设计院从选拔人员出国到对国外工作的管理再到对援外人员后方家属的照料，都发挥了至关重要的作用。

▶▷ 坦赞铁路建设过程中我印象深刻的一些往事

一、领导干部深入一线指挥

坦赞铁路建设工程是中华人民共和国对外援助项目中第一个大型成套工程。我们在组织系统、内部管理、人员选择等方面，都做到了人员齐备、机构完整、专业齐全，派出参与建设的生产施工单位众多，勘测设计和工程施工队伍庞大，工程技术人员万余人，是一场对外援助建设的“工程战役”。坦赞铁路工作组领导成员基本上都是由国务院及各部委领导选定，有着铁路工程建设几十年领导工作经验的干部，从国内各个铁路基层单位来到艰苦的坦赞铁路工程现场担任不同的领导职务，如工作组组长、副组长、总工程师、副总工程师等。我是坦赞铁路工作组副总工程师之一。工作组领导成员对坦赞铁路工程的每一步工作都非常重视，对每项决定都非常慎重，尤其是对达姆段、姆马段等几段施工重点和难点线路给予了特别关注。为尽快抢通达姆段 502 km 工程，保证后续工程线路施工按计划完成，派出工作组副组长张德顺同志作为坦赞铁路第一段 502 km 现场总指挥。对全线路施工最艰苦、最困难、工程最集中的姆马段，派出工作组副组长王惠民同志为工程现场总指挥，负责督守施工。把工作组副组长派到现场，保证了重点工程在短时期内，按计划、按时间组织有序的施工，并能够及时处理施工过程中可能出现的一些工程技术问题。

二、关于坦赞铁路技术标准高低的流言

1974年下半年，铁路铺轨到了赞比亚境内，我们已经开始要做铁路试运营的准备工作，这时出现了坦赞铁路技术标准定标过低的流言。这些流言不仅在我方人员中逐步传开了，有的言语甚至还传到了驻地的坦、赞方官员那里去了。工作组领导知道后，感到这是一个严重的问题，必须尽快加以制止。工作组立即派出若干干部自赞比亚到坦桑尼亚逐段、逐站的进行外事纪律宣教工作，同时制止他们的这种违纪行为。

国内外交、外经、铁道等部委也知道了此事，发出紧急电报给两国使馆和工作组要求必须采取果断措施立即制止这种行为。国内也在研究如何消除这种行为的影响。因为这种行为的危害性极大，如果更多的坦、赞方人员听到必然会直观地认为是中国人自已说的坦赞铁路的技术标准定低了，后果将不堪设想。

那段时间我正在国内休假，李轩同志打电话找我，让我立即去他的办公室共同研究对策。当我赶到他办公室时，铁道部副部长苏杰也在，李轩同志向我说明了国外所发生的指责坦赞铁路技术标准过低这种无根据的负面流言传播事件。经研究，嘱咐我把

坦赞铁路的技术标准和坦桑尼亚、赞比亚既有铁路的技术标准做详细比较，列出对照表来。我因此抓紧时间，做出了这项技术标准对照表。经李轩同志审阅后，我们带着这份资料，随同苏杰副部长参加了在赞比亚卢萨卡举行的三国“第六次会谈”。

在会谈过程中，我们对坦赞铁路技术标准又做了适当解释和说明，以消除某些政府官员误听信流言可能造成的不良影响。会谈结束后，苏杰副部长亲自带队和代表团人员从新卡皮里姆博希开始，沿线路一段一段往坦桑尼亚境内的方向检查工程质量，到施工现场看望我们的工程技术人员，并有针对性地做了一些工作。苏杰副部长指出，坦赞铁路技术标准是高于坦、赞两国既有铁路标准的，并将技术标准的对照表公布给大家，让大家来对比，从直观的认识上消除他们思想上的误解和偏见，不仅是做运输管理人员的工作，而且也包括已经受到影响的很多参加施工的人员。中国政府代表团在消除负面影响的工作上起到了很大的作用，在赴卢萨卡参加三国“第六次会谈”之前，苏杰副部长已经开始做了很多应对工作，很辛苦，如只靠工作组的宣传和号召力是不够的，也达不到如此好的效果。这也是坦赞铁路工程建设中一次很大的干扰，它既涉及我们的内部，又影响到外部。

坦赞铁路工程建设时期，我们工作组为了做好坦赞铁路建设时期的各项工作，内部也经常发生一些属于工程技术性的争论，但比起涉外所发生的事情相对分量要轻一些。

三、关于马通段土、石方工程量的异议

达姆段502 km通车后，我们工程施工队伍和大批工程机械设备开始向新施工现场转场。在电影《坦赞铁路在建设中》第一集中有一组镜头，反映出了当时场景，一列满载着大批施工机械设备的列车，运行在刚刚建成通车的502 km铁路线上。这就是负责“502”施工的队伍向后续线路工地转场，也就是转场到马坎巴科到通杜马的线路段去。在从达姆段转场到马通段新的工程作业点的过程中，出现了施工单位对马坎巴科到通杜马施工段工程土、石方工程量有异议的问题，而且问题还比较突出。从施工角度上看，如果地质的土质层成分多于岩石层成分时，对于工程施工就相对简单轻松一些；如果岩石层成分多于土质层成分时，施工则要复杂得多，并且所需要的施工力量和机械设备也要更多一些。马通段工程施工由“502”转场过来的第三工程局的施工队伍负责。工程实施之前，施工队伍曾对马通段进行了为期3天的实地考察，从马坎巴科考察到通杜马。

他们考察结束后，立即向工作组提出召开一个解决工程施工有关事项的紧急会议。我们并不知道施工单位对马通段实地考察结果，以及考察后有什么样考虑和安排。我们对他们考察的目的、初衷和结果等这些情况都不太清楚，也不清楚工程单位所制订的施工计划。彭敏副部长在完成达姆段工程线路施工的领导工作后，还未回国前主持了这次会议。此时，国内援外办公室有一个工作组恰好在坦桑尼亚也参加了会议，我也参加了这次会议。会上，

施工单位说明了他们要求召开这次会议的原委，介绍了他们对马坎巴科到通杜马施工段 3 天的考察情况。施工单位感觉到马通段这段石方的工作量很大，也就是岩石层要比土质层的成分大得多。他们通过这次考察认为马通段不像施工设计文件中所列土方多于石方，而应该是石方多于土方，岩石的总量也远远不是设计文件里反映出来的数量。因为施工的组织设计，包括工期、施工队伍和施工机械设备都是按照工程设计的实际工程量来确定的，施工队伍突然提出石方多于土方的问题，势必要改变原施工机械的配备，否则就要延长工期。这不是一个小问题，石方的量如果大大超过土方量，就要增加石方机械数量，只能从姆马段中调过来。姆马段是工程最为集中、最困难的段落。难以抽调出机械设备，怎么办？彭敏副部长听后随即问到国内工作组的顾常仁同志，他是国内具体负责铁路工程施工工作的领导。顾常仁认为在姆妈段工程最较劲时间抽调施工设备似乎不太可能，如在短时间内需要国内提供，困难也很多，恐难以加工生产出来。彭副部长回过头来又征求我的意见。我脑子里在思考，我们勘测设计的时候，实际都是通过地质钻探和挖掘来确定土方和石方的工程数量，怎么会出现这样大的差距呢？我考虑了一下便提议，由于事前对会议内容没有更多的准备，为了更清楚地说明这个问题，我马上去设计队，把我们对这个地段实地勘测工作的资料拿出来，查看一下到底是什么样的情况，到底是土方多还是石方多。大家都表示同意我的提议，并催促我赶快去找资料。会议就此暂时停了下来，时间不长我就找回了资料。资料中与施工单位在考察后所提出来的结论完全不同，这个地段的土方量远远大于石方量。彭敏副部长对大家明确表示，先按设计文件确定的工程量来施工，如果出现岔子，他保证从国内立即解决机械设备。我心里是有底的，我们勘测设计队所做的工作都是非常具体、非常深入的，我们花了一年的时间对这个路段进行了实地勘测，施工考察只花了3天的时间就否定了我们整个前期实地勘测得到的结论，是不当的，好在彭敏副部长对勘测设计工作非常了解，及时做出了果断决定。此次会议之后，马通段施工就及时顺利地开展下去了，没有再发生工程量上的问题。

四、关于“罐头事件”

坦赞铁路建设时期在我们内部曾经发生过一件号称“罐头事件”，这件事情在有些资料里有过记载。所谓“罐头”，就是泛指我们平时常吃的食品。在坦赞铁路工作组下设有一个后勤组，主要是负责统一安排、保障坦赞铁路援建人员的日常生活。我们每人每月的生活费标准，国家都有统一的规定。坦赞铁路建设时期，对于日常生活中的部分食品，也是鼓励我们发扬“自力更生，自给自足”的精神，自己种菜、养鸡、养猪等，发展我们自己的副业生产。我们通过副业生产，把国家下发的生活费节省一部分下来，用节余的生活费为大家购买一些奶粉、罐头、麦乳精（乐口福）、咖啡等食品分发给大家，作为平时的生活辅助食品，也是供大家晚上加班肚子饿了作为夜宵。对于这些食品，我们有相当多的同志舍不得吃，把这些食品收藏起来，等到回国休假的时候带回国内给家人。工程建设时期无论是工作环境还是生活环境都非常艰苦，分发这些副食原是为了大家补充营养，但把食品存积起来带回国内，就不能达到给大家增加营养的目的。中国驻坦、赞两国使馆和经代参处得知此事后认为这样不妥，要求工作组采取措施予以纠正。工作组派出分管政工工作的副组长靳辉同志带队，从赞比亚起点新卡比里姆博希开始去每一个营地，每一个工地，一段又一段地向大家做思想工作，宣讲使馆和经代参处的文件规定和指示精神，明确要求不能再把罐头之类的食品带回国内去，并作为一条严格的纪律来执行。虽然我们做了很多工作，但是大家还是在议论纷纷，思想上想不通，心里很不愉快，认为使馆领导没有从我们的实际情况考虑，做出了使大家不愿接受的规定，意见很大。大家认为，我们对这些食品特别珍惜，不是不愿吃，而是吃不完或者舍不得吃，也不能扔掉，还不如带回国内，带给家人，谁心里不装着自己的家，想着自家亲人呢？有些施工队的同志还找到了我们的使馆，代表大家反映实际情况。大家说，我们非常理解上级领导对我们职工身体健康的关心，非常感谢祖国，感谢上级领导，但我们确实不是故意让领导为难，我们在国外的日常生活都有保障，但是我们家人的生活却比较困难。第二工程局施工队的一位老同志讲了最有代表性的一段话：“我在国外喝牛奶咖啡，好吃好喝，而我的父亲已经八九十岁了，身体又非常不好，这种情景之下，我在国外牛奶咖啡还能喝得下去吗？我为什么不能省下一口出来给老父亲带回去呢？”这让在场的很多人深受触动。这一“罐头事件”，在坦赞铁路建设全线已经发展成普遍性的问题，成为关系队伍和人心稳定的大问题。事情传到了国内，时任对外经济联络部物资供应管理局局长的殷森同志，听说了这件事情，很快到国外对一系列问题进行了全面调研。在考察调研过程中，殷森和使馆同志一起深入施工一线的援外职工中了解情况，了解到了下面同志对使馆做出的一些规定的反应，也听到了二局老工人感人肺腑的这段话，确实有着代表性，也带有普遍性，大家在国外省下来的食品为什么不可以带回家呢？经过认真研究，最后明确同意大家国外节省下来的罐头、奶制品等食物可以带回国内，带给自己的家人，但前提是一定要保证个人身体健康。后来发展成不只是罐头、奶粉、麦乳精等罐装食品，还包括白糖、大米等。这就是“罐头事件”大概情况。

五、关于烟叶引起的道歉

修建坦赞铁路时，我们每位援外同志都有自己的津贴，但和国内拿工资的标准不一样。而坦赞铁路津贴标准从我们的工作组长到基层的普通工程技术人员，一律都是相当于人民币 40 元的当地货币，主要用于我们平时购买牙膏、肥皂、零用品等日常生活用品。钱是很有限的，我们中间有不少同志是多年的烟民，每天都要抽几根烟，甚至是一包或两包香烟。特别是在非洲这种工程施工环境，平时工作起来除了上下班外基本上也没有别的个人爱好，累了就抽上几支烟。凡是爱抽烟的人，这点津贴费是远不够买烟的。我们有些同志到了国外还希望能够把津贴费节省下一些，给国内家里捎回去，或者买一些国外稀罕的物品带回国，这也是人之常情。可我们有些习惯吸烟的人，既为了省钱又不耽误自己的抽烟，就采用了土办法，自己用烟丝卷烟，我们称它为卷“大炮”。抽卷烟就得需要购买烟叶，这些人于是就开始四处找“门路”解决烟叶问题。得知当地人村镇里有卖烟叶的，他们就跑到当地老百姓家里去买烟叶，因为村里卖的烟叶比商店里的价格要便宜许多。这种行为很快让中国大使馆领导察觉了，使馆和铁路工作组把这件事情报告了国内，国内要求立即阻止我们同志的这些做法。虽然我们购买当地百姓烟叶的量很少，但仲羲东大使仍向尼雷尔总统表达了歉意，尼雷尔总统非常感动，笑着说，这算不了什么事情。尼雷尔总统用非常温和的办法解决了这个问题。就这样，擅自直接从当地老百姓那里购买烟叶的事情得到了及时制止。

六、精兵强将派往坦赞铁路

1969 年 1 月，周恩来总理在审阅铁道部《关于援建坦赞铁路若干问题的报告》时，提出“施工机械增加，施工人员必须大大减少”的指导思想，特别强调施工机械要“力争本国生产，进口机械尽量减少”。周恩来总理很明确地表示出国工程人员要少，多用机械进行施工。虽然加强了机械设备，但筑路仍使用了大量人力。据统计，我国先后派遣工程技术和管理人员约 5 万人次，在坦赞铁路施工高峰期，中国员工多达约 1.6 万人，这也是贯彻了周恩来总理的指示，尽可能精简了派出的队伍。我们这些工程技术人员都是从铁路系统内的基层单位到局级单位直至铁道部机关，选派最优秀，具备政治、技术、身体“三过硬”条件的工程设计、施工人员。选派工作是有组织进行的，政审非常严格，经过层层选拔。我们选派工作涉及国内铁路系统科研、设计、工程、制造工厂等各个铁路专业的绝大部分单位。所以在我们派出的工程队伍里面，有相当一部分人员是全国劳动模范、优秀共产党员、先进工作者和创新技术能手等优秀人才。在坦赞铁路建设期间，这类优秀人才所占的比例还是很大的，党、团员的比例也很大。这些优秀人才多为年轻人，不少人都没超过 30 岁，基本上都是铁路各个单位的技术能手和专业骨干，很多是铁路业内的站段工长，属于在铁路基层工作，锻炼成长起来的青年人。

七、毛主席请坦赞两国领导人帮助教育中国工程技术人员

我国领导人高度重视援建人员的管理工作，毛泽东主席曾专门请坦、赞两国领导人加强对中国援建人员的教育。1974 年 2 月 22 日，毛泽东主席同卡翁达总统谈话时就讲道：“我委托你教育中国的工程人员，还有尼雷尔总统也应该这样做。”他对尼雷尔总统也谈道：“人多了，我们教育又不严，势必将来也还要出一些问题，你们发现有什么错误，就告诉我们的大使。”周恩来总

理也多次就改进援外人员工作做出指示，他曾向尼雷尔总统表示："我们的技术人员同当地专家、工人一起劳动，不能特殊化，这很重要。"周恩来总理曾经专门指示方毅同志："到了国外，首先要检查有没有强加于人的东西"，"出色地完成本职工作，就等于出色地完成一项政治任务"。

▶▷ 坦赞铁路是中、坦、赞三国人民友谊的结晶

一、坦赞铁路建设自始至终凝聚着三国领导人的远见卓识、互信互助和关怀

我前面在讲述坦赞铁路背景和决策时详细介绍了毛泽东、周恩来、刘少奇等国家领导人和坦桑尼亚总统尼雷尔、赞比亚总统卡翁达高瞻远瞩，共同决策的过程。可以说，没有他们就没有今天的坦赞铁路。三国领导人还在坦赞铁路建设的全过程中自始至终给予关心关注和全力支持。

我前面讲述的坦赞铁路建设过程的每一阶段都有毛主席、周总理等国家领导人关注的事例，从大的决策到具体的事项，从建设工期、技术标准、人员派遣、减少出国施工人员、多用施工机械作业到再三叮嘱要平等待人，不违反外事纪律等，真是事无巨细，处处加以关心，倾注着他们的心血。

坦赞铁路工程尽量减少出国人员，实施机械化施工就是周恩来总理亲自做出的决定，从而保证了全线建设"计划六年，

希望能够缩短”目标的实现。后来青藏铁路建设前，铁道兵领导还专门到铁道部援外办公室取经，学习坦赞铁路机械化施工的经验。铁路建设期间国外组建的援建坦赞铁路工作组（国外指挥部）组长布克（时任铁道部科学研究院党委书记）和通车运营后根据技术合作的需要组建的中国铁路专家组组长赵文普（时任北京铁路局局长）都是由周恩来总理亲自点名派出任职的领导干部。

坦桑尼亚总统尼雷尔和赞比亚总体卡翁达也非常关心坦赞铁路的建设，他们经常来到铁路沿线工地现场、机车车辆工厂和技工学校等视察，了解工程进展情况，看望中国工程技术人员。他们还经常带领政府内阁人员来工地参加劳动。两国政府主管交通、财政、工程等领域的部长，也特别关注工程进展情况，无论遇到什么困难和问题，他们都会及时出面协调解决，给予我们全力支持和信任。最具代表性的，就是当听闻中国勘测队员在自然保护区境内工作时遭到野生动物的攻击而受伤，尼雷尔总统当即在内阁会议上做出为中国勘测队配发枪支的决定。能够给不是本国公民的外来国籍人员配发枪支，这种情况无论是过去还是现在，都是独一无二、史无前例的。

二、中、坦、赞三国工人携手建设坦赞铁路

铁路工程建设我们只能派出少量的工程技术人员，人力完全不够，因此，施工筑路还需要大量的当地人员与中方人员结合起来共同完成。我们在施工过程中，总计派出约 5 万人次出国工作，

一根根灰白色的水泥轨枕，似巨大的钢琴键盘，日夜弹奏着中、坦、赞三国铁路建设者团结战斗的友谊之歌

高峰时期达 16 500 多人。而坦桑尼亚当地人员约有 10 万人参加了铁路建设，赞比亚当地工人约有 8 万人参加了铁路建设，这些人员都是当地居民，是通过两国政府派驻施工队伍的官员招收过来的，经过我们现场技术培训后上岗。我们在各个施工单位和施工点都开设了技能培训班，当地招来的工人培训后再和我们的工程人员结合在一起参加施工。我们的施工人员与当地的官员和工人平时生活在一起，劳动在一起，节假休息日也都在一起，一起打篮球、学唱歌、看电影等，电影《坦赞铁路在建设中》有许多这样的场景。

三、捡石料、栽草皮、砌护坡，男女老幼齐上阵

参与建设铁路的不仅仅是施工队伍里的中、坦、赞三国工人，也包括了铁路施工沿线的居民。他们经常自发地组织起来参加修建坦赞铁路的劳动，如搬石头、垫草坪、抬枕木等。修铁路铺钢轨需要大量的碎石，但铁路沿线许多地方没有石头。比如姆马段里的山体风化得很厉害，根本就开采不出真正所需要的石料，没有办法，铺轨需要的道砟只能从较远的地方运过来。有的石块并不是开山采石获得的，而是满山遍野一块一块地去捡石头，再把石块打碎。除我们在有些地方建有自己固定的石场外，大部分就是靠当地老百姓来完成的，他们捡的石头也没有什么运输工具，按他们当地的习惯就用头顶着将石头运送到加工的地方。为了保护路基，防止雨水冲蚀造成坍塌，需要大量的草皮来防护边坡，这些草皮也是沿线男女老幼齐上阵从远处挖来，再用头顶运送到铁路线路上来的。当然，他们也得到一定的报酬。这对我们修建坦赞铁路是一个非常有利的条件。在国内也不多见。

四、道路上和过国境关卡时的绿灯优先通道

在与当地政府和老百姓长期的融洽相处中建立起来的友好关系，对我们工程施工是一个非常有利的条件。有了这种友好关系，我们在碰到这样那样的难题都能够比较顺利地解决，当地政府和老百姓都会为我们一路开“绿灯”，有时公路狭窄遇到

坦桑尼亚妇女和儿童参加修建坦赞铁路义务劳动，向路基上搬运石头

交通堵塞，车辆拥挤不堪，当地政府官员和交警常会把别的社会车辆疏导开，给我们施工车辆开出一条绿色通道，让我们先通过。

两国边境之间陆路通关也是一件比较麻烦的事情，要办理繁杂的边检海关过境手续，坦赞铁路是横跨两国的铁路线，我们在勘测和施工建设期间，来往过境非常频繁，起初我们也是按照规定一次次办理手续，日久天长关系越处越好，相互友好信任，当地边检海关对于我们往返过境的汽车，只要在车上插一面我们勘测队工作用旗（勘测时手持的红白旗），就可以免检直接通过，红白旗成为我们中国人通过关卡的优先“证件”。当然我们也有严格规定，绝不做违反当地海关规定的事，该停下车的地方我们仍应该自觉地停下来，该让海关检查的地方就主动请人家检查，该办手续的地方就去办理手续（手续也不像正常过关那样复杂，只履行一下很简单的手续），坦、赞两国政府越是给中国人打开方便之门，我们越是要自觉和谦虚，越是要遵守当地的法律法规。

五、小学生的歌舞欢迎

在初期勘测期间的某一天，我们到了依法卡拉附近，来到一处由一幢简易土房和一块不大的空地似的操场组成的简陋学校，教室里没有像样的桌椅板凳，没有一块正式的黑板，在教室一边土墙上涂抹着黑色的油漆作为黑板。教室内有二三十名小学生，他们大都光着脚，男孩子大多光着上身，女孩子身上则缠着一块花色长布。一位老师正给孩子们上课，没有看见有什么课本。当我们踏进教室时，所有学生都很有礼貌地站了起来，用斯瓦希里语向我们问好。在老师的安排之下，学生们带着几个破旧的脸盆、铁皮罐和一些短棍子，有顺序地排着队走出教室，来到操场，在我们还没有搞清楚他们想做什么的时候，学生们已经在老师的指挥下，很有节奏地敲起了手中的盆盆罐罐，边敲边整齐唱着当地的歌曲。歌声和敲击节奏非常和谐，有主调有和声，相当好听，同时还有跳舞的，震撼的节奏声使我们自己身体不知不觉随着摇动起来。他们与我们国家能歌善舞的少数民族非常相似，唱歌是一种天性，随着歌声就能很自然地舞动起来。我们饶有兴趣地随着节奏兴奋地观看着他们的表演，与老师进行了交谈，对学生们用这样“隆重”的歌舞打击乐表演欢迎我们的到来，向老师表示了感谢。老师非常热情地对我们说，我们的政府已经交代过这里的所有人了，中国朋友不远万里来到非洲帮助我们修建铁路，我们对中国朋友一定要有礼貌，要热情友好地欢迎中国朋友。我们政府官员还告诉我们要好好保护中国朋友在（勘测）工作时所有钉在地里的桩子，这是中国朋友为我们铺铁路的记号标志。中国朋友今天的到来，我们没有什么可招待你们的，只能用歌声和舞蹈来表达对中国朋友的欢迎，也作为我们的一份礼物送给中国朋友。我们非常感动，也很有感触。我们在国内铁路勘测中，丢桩的事情经常发生，而在坦赞铁路近 2 000 km 的铁路线上却很少出现丢桩的事情。这足以说明修建坦赞铁路这件事情已经在坦、赞两国深入人心，得到了铁路沿线当地百姓的支持、关心和参与。

六、一个小铜锤的故事

在坦赞铁路勘测过程中，工作流动性比较大，一般一两个星期就要向下一个工地搬家了。营地距工地近时，就用两条腿步行到工地上班；远了就乘卡车去工地。我只要到队里，一般就和队里的同志，还有几位当地为我们做辅助工作的人一起步行或乘车下工点。当时我虽年仅 40 岁，但头上已有了几根白发，因而每次上下车当地工人都对我非常照顾，把车上舒适安全的地方让给我，上下车扶着我，体现出对我们的尊重、关心和照顾。有一天清晨，我们在车行驶过程中，发现有位老人和一个孩子站在路边向我们招手，第二天又站在那里向我们频频招手，第三天他俩不仅招手，还跟着我们的车跑了起来，我们赶紧把车停了下来。老人拉着小孩的手拿出一个铜锤说，这个东西可能是中国人的。老人告诉我们，这是他孙子在外面玩时捡回来的，他看后想到可能是中国人用的，便带着孙子一直在这里等中国人。这铜锤的确是我们测量放线用的工具，可能是傍晚收拾工具时，匆忙中将铜锤忘在工地上了，被小孩捡了回来。我们从心里感激这爷孙俩，一位同事从兜里掏出了一个馒头（我们每天外出工作都是自己带上馒头和咸菜作为午饭）送给了小孩，孩子接过馒头冲着那位同事笑了笑，就啃了起来。汽车已经开得很远了，爷孙俩仍然站在原地，一直向我们招手。这种和当地人融洽亲密的关系，是我们在长期相处中逐步建立起来的。

七、鲜血和生命凝结的友谊

在修建坦赞铁路中，援外工作人员都坚定了一个统一的思想，就是："为国争光，为受援国出力"，这是大家共同的决心。在这思想指导下，具体行动就表现为"一不怕苦，二不怕累，三不怕牺牲"。我们在坦赞铁路建设过程中，牺牲了六七十人，有的是牺牲在工程施工现场，也有因病、车祸或其他意外牺牲的，他们的英灵永远留在了坦、赞大地。在坦赞铁路建设期间，也有不少坦、赞两国人员献出了他们的生命。我们在坦赞铁路建设中建立的友谊，是用鲜血和生命凝结的。

八、独特的“坦赞铁路语言”

坦赞铁路工程规模大，虽然我们派出的翻译人员有一二百人，但比起我们派出的工程技术人员来说仍然是杯水车薪，远远满足不了需要。他们都是从我们国内各个外语院校的毕业生中选派出来，外交部也派了翻译人员支援坦赞铁路，还有部分我国派往坦桑尼亚和赞比亚留学的毕业生。

在施工过程中，因缺少翻译，开始只能用手势和表情来表达，久而久之，发展成了由汉语、英语和当地语等几种语言相结合的独特语言，这解决了我们翻译人员缺少的问题，我们把这种语言，称为“坦赞铁路语言”。我们不仅在工作过程中用这种语言进行沟通，就是在平常生活中，也经常采用“坦赞铁路语言”进行交流。因此相互间如同一家人，除了工作上的一些事情之外，有时在休息时大家有说有笑，相互间甚至可以讲笑话。这种“坦赞铁路语言”还由当地工人传给了他们的孩子，沿线的孩子们讲起“坦赞铁路语言”也都很流利。坦赞铁路建设中形成的“坦赞铁路语言”，足以说明中、坦、赞三国人民间友谊的根基已深植于人民之中。

九、言传身教，帮助当地工人理财，弘扬自力更生精神

我们中国工程技术人员除了对当地工人在操作上给予诚恳帮助以外，还利用工休时间热情地帮助他们处理生活上的其他问题。

作为当地居民，他们常年受到传统习俗的影响，生活的计划性很差，发给他们工资，拿到手转身就去吃喝玩乐，去喝酒去跳舞，痛快了今天，不去想明天怎样，一个月的工资几天就花光了。同在工地的中国人员帮助他们想了储蓄的办法，把他们的钱储存起来，他们什么时候需要了，随时交给他们，并对他们讲，你们所挣的钱不仅要有计划地使用，而且也要把钱拿回家去。

非洲大地特别是非洲东南部，气温较高，烈日炎炎，雨水频繁，植物易于繁殖，水果种类丰富，所以当地居民不需要种更多的粮食庄稼，不需要投入很多的劳动力就可生存，生活方式也很简单，当地人一般只有女人在地里耕作，男人多在外游手好闲。他们平时的生活习惯仍然停留在近乎原始的状态，刀耕火种是普遍的生活方式，大部分地方就是用刀劈斧砍地面上的草木，待草木枯干后，用火焚烧，利用草木灰作肥料，也不翻地，就地挖一个坑撒上几粒玉米种下去，播种完了不再施肥，靠大自然的条件到时就可以收成了。

居民从居住地到另外一个地方去办事，不带任何干粮，手里只拿一把配刀（用于途中劈荆开路，防野兽袭击），走到了哪个点碰到有人吃饭时，他们就可以坐下来一起用餐，有说有笑，就像是相识很久的老朋友一样，吃完了说声谢谢就走，这是当地一种比较普遍的风俗习惯。因此钱对他们来讲大部分基本上只是用于喝酒、跳舞等一些消遣娱乐活动，他们拿到工资报酬也想不到拿回家去用。坦赞铁路开工以后，也就是我们施工队伍进入到这里以后，给当地百姓带来了极大的欢乐，生活习惯上受到中国人影响也有了较大的改变。

在坦赞铁路工地上，当地的工人和中国工人们同劳动、同生活，他们学到了一定的工程操作技术，也改变了生活方式。坦赞两国的领导人看到了这情况也深受鼓舞，尼雷尔总统来施工现场视察时兴奋地表示："终于看到我们自己的工人队伍了！"我们参加坦赞铁路建设的工程技术人员多，副食需要量非常大，靠当地市场供应，满足不了我们需要，还会冲击当地市场，影响当地居民的正常生活。我们在营地附近都开垦了荒地，自己种菜养猪养鸡，自力更生，自给自足，解决了我们平时的生活需要，对外也产生了良好影响。尼雷尔总统到我们驻地看到我们自力更生的生活方式，一再嘱咐与他同行的官员要学习中国朋友的这种自力更生的精神。这种影响是长期的。

十、我亲身经历的一个野外渡河的小故事

那是在姆马段，我们背着工具和沉重的行装在野外勘测，来到一条河边，河水不是很深，但是也有齐腰深，过河的时候要脱掉衣服和裤子，做过河的准备，我们很自然地把自己的衣袜都脱下来，正在这时，和我们一起工作的一位当地人，走到了我的面前，突然蹲下来要我伏在他身上过河。我当时年龄才 40 岁，只是头发稍微有几根白发而已，他认为我年龄比较大，要背我过河。我谢绝了他的好意，我们在国内勘测工作时，涉水过河是经常的事。我心里非常感激他的举动但向他解释，不需要他来背我过河，

蹚水过河是我们工作中经常碰到的事情，在中国工作时遇到河都是自己蹚水过去。但这位当地工人还是要坚持把我背在他的身上，并说是他爸爸嘱咐的，凡是外国人要蹚水过河时，一定要主动去把他们背过河。这句叮嘱的话是由他的爷爷教给他爸爸的，他的爷爷和爸爸都曾这样长期为外国人“服务”过。当年西方国家的人把坦桑尼亚作为探险家乐园，来到这里做一些探险活动，总是手里拿着拐棍或鞭子，遇到河流就会命令式地要同行的当地人背过河去，他的祖父就曾多次背来自西方的人过河。但现在碰到的这些中国人却不要他背过河，不像他父辈们早年遇到过的西方人，他感觉很突然，也很奇怪，很明显地在思考着这种对比和不同。他沉默不语，默默地走开，走进树林砍起树来，他想把比较大的树砍倒横在河面，用树干搭成一座木桥。我们明白了他的用意，赶紧和他一起砍树，前后牵着手过了河。这件事情在我的脑海里烙下了深深印记，我在日记里曾对这些事情做了详细记载。坦赞铁路建设时期，坦、赞人民和我们友好合作的事情还有很多很多，“坦赞铁路”已经成为中国在非洲乃至全世界的友好代名词。

2004 年及以后几年中，中央电视台和地方台的多套频道都做过若干回顾坦赞铁路专题节目，电视台制片人专门邀请了我作为嘉宾参加了节目录制，主持人请我谈谈关于坦赞铁路成为中、坦、赞三国人民友好合作的实例，我就举过一些亲身经历的事例，以说明中、坦、赞三国人民友谊长存，会一代一代相传下去。有些报刊请我发表一些对坦赞铁路的感观和认识，我也写过这些方面的实事和感受。

▶▷ 极富感染力的将军大使仲曦东

1969 年 6 月前后，勘测阶段的工作已经到了后期，施工准备工作逐渐启动，国家选派了在捷克使馆工作了九年，富有外交经验，并有着军人气概的仲曦东将军任驻坦桑尼亚大使，加强对坦赞铁路工程施工的领导工作。

仲曦东大使性格豁达，博学多才，给我们大家的印象是带有一股军人作风，既较真儿又雷厉风行，政治水平很高，很有魄力。他讲话不啰嗦，作报告从不念稿，但逻辑性、思维性很强，声音洪亮，极富感染力，要开一个钟点的会，他绝不会超过一分钟，非常准时，要讲半个小时的话他也不会讲 31 分钟，所以仲曦东大使深受我们大家的爱戴。他来到坦桑尼亚之后，就经常深入工地，起早贪黑地沿铁路施工线巡视，热了就纵身跳进河里洗个澡；饿了赶上在工地食堂抓根油条，边走边吃。在工地现场和生活营地，仲曦东大使认真查看工程质量，细致入微地了解我们工作和生活情况，和我们面对面聊天拉家常，观察了解我们的思想动态，鼓励启发教育大家。他还用自己战争时期的经历，给我们讲故事、讲道理，他用词不多，语句简朴，实实在在，对我们的教育作用很大。他亲眼看到我们艰苦的工作条件，简易的生活环境和险恶的自然状态，一方面肯定大家的辛劳工作，一方面鼓励大家要不怕艰苦，勤奋工作，同时告诫我们“青山处处埋忠骨，何须马革裹尸还”，意思就是要有不怕牺牲的大无畏精神，任何地方任何工作都有可能会有牺牲，在国内修铁路也是有牺牲的，没有什么好怕的！仲曦东大使称坦赞铁路工程也是一场大的“援外战役”，对修建坦赞铁路信心十足，针对性地提出了三个“经得起”，第一要经得起大自然的冲击，第二要经得起敌人的挑剔，第三要经得起历史的考验。这三个“经得起”等于把周恩来总理所提出的“精心勘测，精心施工”的要求进一步具体化了。仲曦东大使所提出的三个“经得起”，在坦赞铁路全线工地很快传播开了，大家纷纷表示要尽心尽力完成坦赞铁路的建设工作，不辜负党和人民的信任，切实做到“为国争光，为受援国出力”。在我们工程施工中，广大工程施工人员自觉性很高，只要某一个工地在工程技术上出了问题，用不着上级领导督促检查，就会很自觉及时地把问题处理好。这种自觉性已变成一种自律的行动。我认为，仲曦东大使把思想工作做到了我们心里，对我们的教育和启发都落实到了工程技术人员自己的工作中了。

举全国之力，支援坦赞铁路建设

坦赞铁路建设不可缺少的就是国内各行业方方面面的大力支援，这也是我们成功建设坦赞铁路工程的一个必备条件。坦赞铁路工程浩大，而当地各方面条件极为有限，尤其是物资设备极为缺乏，绝大部分工程所需要的物资、机械设施、施工设备和运输器材等都要由国内专门为坦赞铁路研发、生产制造和采购，涉及的不仅是建设铁路所需设备和材料，同时还包括大量的各类生活物资。当时全国各地市场生活供应都很紧张，日常生活食品中的大米、面粉以及副食品黄花菜、木耳、调料等供应，都要每家每人按计划供应，这些经历，从那个年代生活过来的人都很清楚。虽然当时我们国内老百姓生活很紧张，但是对于坦赞铁路建设所有需要的，国内都极尽一切力量予以保证。

由于坦桑尼亚和赞比亚既有铁路的标准与我们国内的铁路技术标准不同。对于坦赞铁路的专用设备，都需要从零开始进行研究、设计、试制、试验、试用后再投入生产。对于坦赞铁路一些通用器材，也是由国务院所辖有关部委的科研生产单位负责研制加工生产。铁路所用钢轨由国务院指定冶金部根据坦赞铁路具体的需要组织生产。1969 年，冶金部指定武汉钢铁厂承担了轧制坦赞铁路钢轨的生产任务。不是说武汉钢铁厂生产不饱满才安排武钢生产，而是我们由所确定的钢轨材质所决定的。因为为了减少钢轨磨耗以及防盐雾、防锈蚀的需要，经有关科研部门研究后，选定了高硅含铜的材质，类似一种合金钢。选定武钢生产是因为武钢附近的铜绿山上产铜，可以就近结合起来。这不仅是一种特殊的材质，而且钢轨的型号也是与我国国内不同，即 45 kg/m 的钢轨（当时国内普遍用的是 43 kg/m 或 38 kg/m），而且系列不同，钢轨截面做了特殊设计以便和车辆轮缘结合起来。武钢按此专门设计铸造了模具投入钢轨轧制生产。之所以选用 45 kg/m 的钢轨，这是应赞比亚方面的坚决要求，因为它的既有铁路是这种系列。经我国国内多次研究，由铁道部、冶金部领导决定后报请国务院批准生产这种新型号的钢轨，专供坦赞铁路使用。在加工生产过程中，出现了缺少铁锭的问题，冶金部又从鞍钢急速调铁锭到武钢，恢复了正常生产，满足了国外的需要。五年间，武汉钢铁厂总共为坦赞铁路轧制了钢轨 20.223 万 t，为这条横卧东非裂谷的“巨龙”贡献了力量。

还有很多设备器材，如铁路电器系列产品，这是铁路上专用产品。其中包括通信信号和电力设备器材，还有大型的机车车辆，必须专门由铁路工厂加工生产。这些产品都要通过海洋运输到坦桑尼亚港口，海运时间长，海风和海水侵蚀厉害。为了不被侵蚀生锈，所有设备器材外表面除涂有防护涂层外（机车外壳采用了专用油漆），电器产品还采取了三防保护，即防腐蚀、防雷击、防白蚁。非洲的白蚁，十分可怕，它的巢穴有一人多高，群蚁可以把整个房子拱坍塌。我们在当地建营地、建房屋都不能按国内修建房屋的方法设计施工，白蚁啃咬木头很厉害，我们修建房子就不能把木柱子打进房基下，木头全是露在地面以上的，与石、砖和水泥共同混搭，并距地面一定的高度。

为坦赞铁路生产的内燃机车是坦赞铁路的首要运输装备，青岛四方机车车辆厂从研究所抽调了主要生产研究骨干成立了专项组，在考察实地情况和调研后，从柴油机着手研究设计出坦赞铁路所处的热带和高海拔地区机车牵引所需的各个部件，经试制成型到高海拔地区试用、改进再正式投产供应国外。线路上部的钢筋混凝土轨枕是铁路线上的主要部件，因与我国修建技术的不同，所承受的应力也不同，由铁路专业设计和研究部门研究了符合坦赞铁路实际情况的轨枕和扣件，并到海南的八所铺设了一段线路进行试验和试用，然后才用到了国外。坦赞铁路专用的设备器材种类太多了，上述只是代表性地举出了一些例子。

坦赞铁路所需物资在我国远洋运输上也占了很大的比重。数以百万吨的机械物资设备，上万名工程技术人员需要通过远洋运输到达坦桑尼亚港口。中国政府为此付出了很大的代价，专门从国外购买了远洋客轮。我们在国外所做的主要工作之一，是接待从国内分批来到坦桑尼亚参加工程建设的各方面工作人员和通过远洋运输分批次运到港口的物资设备并将它们按工程进度计划分配、运送到施工现场。

以上种种事例足以说明，坦赞铁路工程建设如果没有国内各行各业方方面面的后勤保障，是不可能在六年内顺利建设完成的。

回国后继续参与坦赞铁路的各项工作

一、参加坦赞铁路运营通车十周年庆典

1986 年 8 月 16 日，坦、赞两国在坦赞铁路终点赞比亚境内新卡皮里姆博希举行了坦赞铁路正式运营通车十周年的庆典活动，我随同以国务委员陈慕华为团长的中国政府代表团参加了庆典。

庆典活动规模虽不是很大，但很隆重。坦桑尼亚总统姆维尼，赞比亚总统卡翁达，博茨瓦纳总统，扎伊尔（现刚果民主共和国）总统以及南部非洲发展协调会议（南部非洲发展共同体的前身）成员国的部长、驻赞外交使团等出席了庆祝活动。

庆典活动比较有分量的就是赞比亚总统卡翁达在庆典大会上发表了用意很深的讲话。卡翁达总统有两句话让我印象深刻，第一句话是："坦赞铁路已出色地完成了它的政治使命，使非洲前线国家陆续解放。"所谓政治使命，就是作为赞比亚这样一个内陆国家，有了一个比较安全可靠的通道，它可以通过坦桑尼亚出海。坦赞铁路的建成也从另一方面支持了南部非洲的一些国家，它们相继取得独立，这是最大的政治上的支援。第二句话是："坦赞铁路今后的使命更加繁重，不仅为南部非洲发展协调会议成员国服务，而且还要为东部和南部非洲优惠贸易区做出贡献。"坦赞铁路建成修通了后，不仅帮助赞比亚发展了经济，同时也帮助了坦桑尼亚南部经济的发展。卡翁达总统期待着坦赞铁路在更广阔范围里为非洲的发展做出贡献。

坦赞铁路运营十周年庆典活动，我在现场，亲耳聆听了卡翁达总统极有分量的讲话，他的讲话获得了在场的所有嘉宾的好评。

为了庆祝坦赞铁路运营通车十周年，赞比亚政府在新卡皮里姆博希车站前修建了一座坦赞铁路运营十周年的纪念碑，陈慕华的名字和坦、赞两国总统的名字一起刻在了这座纪念碑上，这是这次纪念活动中一件比较有代表性的活动。

二、在铁道部援外办公室和中土公司继续主管坦赞铁路技术合作事宜

坦赞铁路整体工程建设合计为七年八个月，其中勘测设计

两年，工程施工五年八个月，工程移交对方后转入继续合作称为技术合作时期。技术合作自 1976 年 7 月 14 日至今（2013 年）已经有十五期了，从 1976 年 7 月 15 日开始，进入坦赞铁路技术合作期，也就是由中、坦、赞三国共同合作管理坦赞铁路。我是 1969 年 3 月出国参加坦赞铁路建设，1976 年 10 月回国，在技术合作期间，我已经回到了国内，我没有再参加技术合作的具体工作。回国后在铁道部援外办公室工作，后被任命为中国土木工程公司总经理，全面负责公司整体海外业务、经营开拓、行政管理和海外人员选派等工作。同时，我对由中土公司负责的坦赞铁路技术合作工作从没有忽视过，一直给予重视和关注。坦赞铁路的技术合作改为了派遣中国专家组的模式，主要是向坦、赞两国选派中国铁路技术专家，帮助坦赞铁路总局、分局和机辆大修厂进行运输经营管理，提供技术咨询等服务。对于坦赞铁路的重点事项和工作，我都是要直接管理的，比如坦赞铁路贷款的使用、选派技术专家、提供机车车辆、零配件加工生产等比较重要的事情。坦赞铁路专家组组长的选定是一项比较重要的工作，这是一位关键人选，是技术合作时期在一线的主要领导者，人选要有多年基层铁路局领导方面的经验，懂得铁路专业技术。人员由我们预选后向铁道部推荐，铁道部领导研究决定，最后由铁道部和对外经济联络部共同正式下文任命坦赞铁路专家组的组长，这是因为坦赞铁路技术合作项目仍然是一个援外项目。不光是坦赞铁路，中土公司的其他援外工作我也都要亲自过问，我作为总经理指导思想更偏重于援外工作，因为援外工作的本身包含着国家对外政治和经济工作，不仅仅是公司的一个经营项目。公司经营亏损了，影响的是公司，而援外工作没做好，影响的是国家形象。

三、参加考察调研组，对坦赞铁路现状进行实地考察调研

1990年底至1991年初，受对外经济贸易部和铁道部领导的委托，我们组成一个坦赞铁路考察调研工作组，再次赴坦赞铁路对运营、线路、车辆等现状进行实地调研。坦赞铁路经过十几年的运营，受多方面因素的影响，状况不太好，而且在运输经营上已经开始走下坡路。我们专门对坦赞铁路现状做了一次认真调研，写出了一个调查报告。我认为，我们经过考察调查所形成的这份调研报告，指出了坦赞铁路运营十几年后出现的相关问题，报告比较全面也比较真实，比较客观地指出了今后可能要出现的各类问题，也做了一些技术预测。我个人感觉，这份调研报告对现在坦赞铁路发展及应避免的问题仍可起到参考价值和作用。

四、参加老建设者回访团，再次全面察看坦赞铁路现状

1999年5月至6月，原对外经济贸易部副部长吕学俭和王文东发起组织坦赞铁路老建设者回访团，回访坦、赞两国并察看坦赞铁路的现状。吕学俭副部长从坦赞铁路工程立项开始就参与了援建坦赞铁路的管理和领导工作，王文东副部长也一直参与坦赞铁路的有关工作，他们经历了铁路建设和三国政府合作的方方面

面，对坦赞铁路一直非常关心，时隔23年发起这次回访是很自然的事。

坦赞铁路老建设者代表团由对外经济贸易部的老领导，我和北京铁路局局长，坦赞铁路第五、六期专家组组长张志英，铁道部援外办公室副主任，坦赞铁路工作组副组长，坦境勘测设计队政委靳辉等老建设者代表组成，又一次踏上了二十多年前由我们亲手修建的坦赞铁路。当我再次站在坦赞铁路线路上时心潮起伏，思绪万千，脑海里一次又一次地闪过从勘测设计到施工建设的一幅幅让我记忆深刻的画面。

代表团回访的目的很明确，主要是考察坦赞铁路23年后的铁路运营情况，特别是工程施工的质量情况，同时也了解有关铁路运营管理技术合作的情况，了解坦、赞两国对坦赞铁路还有什么问题需要中国帮助。我们坦赞铁路老建设者代表团抵达坦桑尼亚达累斯萨拉姆后，坦、赞两国政府及坦赞铁路机构官员非常热情，以高规格的方式接待了我们，为我们安排了各种活动。除了与政府官员会面，与铁路机构经理们进行交谈外，还安排当年参与坦赞铁路建设时期工作、管理、施工的老人和官员们与我们见面。老朋友相见，回顾往事，历历在目，倍感亲切。这条铁路，卡翁达总统把它称为“自由之路”，这已深深刻在坦、赞两国政府和两国人民的心里。我们把它称为“友谊之路”，通过坦赞铁路的建设加深和发展了三国之间的友谊和合作。

代表团沿着坦赞铁路实地察看，每到一地都受到当地政府和人民的热情欢迎，沿线居民无论老人小孩都会向我们招手并喊出“起那，拉非克，你们好”的“坦赞铁路语言”。这是当年在建设中三国工作人员共同创造的语言，“起那”即英语China，“拉非克”为斯瓦希里语朋友的意思，“你们好”则是中国话。

我们参加了政府官员举办的多次欢迎酒会，会间不时听到对中国援建坦赞铁路的赞扬和肯定，在实地察看中确实也看到工程的基本状况，例如桥梁因普遍采用沉井基础深入到稳固的基层，上部采用钢梁或钢梁和钢筋混凝土梁相结合的结合梁，因之所有桥梁都未发生明显的变形，桥梁是稳定坚固的。所有隧道也没有出现任何质量问题。坦赞铁路全线有22座隧道，姆马段就有18座，隧道的开掘都是处在岩石风化破碎和松软的山体中。在隧道施工中采取了几项具体措施：一是将隧道加长，即早进洞晚出洞，这样两个洞口之上的山体就不是那么高了，比较矮也比较稳定。二是加强隧道洞中的钢筋混凝土衬砌结构，防止隧道坍塌。三是铁道科学研究院研究人员曾到现场解决漏排水问题，采取了堵排相结合的技术措施。采用这些措施后，隧道运行未出现任何问题。总的来说铁路的基本工程是稳固的，只是在日常维修保养中有不少不尽人意的地方，这是日常管理欠缺造成的。当时的坦赞铁路在运营中已出现了运量逐年下降，坦、赞两国在某些管理工作上不协调，如资金调拨不顺畅、管理人员和基层人员的工作积极性不高、维修养护中的资金投入不足等问题。铁路年年亏损，走下坡路。对这种状况，我也思考研究过如何解决，并曾向有关部门表达过我的意见。

坦赞铁路是我们在非洲竖立的一座历史丰碑

我们中国人克服了常人想象不到的困难修建了坦赞铁路，现在的人谈起这条铁路，虽说观点不一，众说纷纭，但最终大家不可否认的一条，也是现在人们一致同意的观点，就是老一辈人用生命和鲜血换来了中国人在国际上的地位，树立了中国人在世界上的形象。当我们企业走出国门，承揽铁路工程项目洽谈时，第一句话就是“我们曾经修建过坦赞铁路”心里存有几分自豪。在非洲说起坦赞铁路，无人不知晓，无人不竖大拇指。坦赞铁路是中国人在国外修建铁路工程的一张“名片”，无形中为中国企业走出国门提供了有利条件。

坦赞铁路是谁把它修起来的呢，全世界各国人民都知道是中国人，特别是在非洲各国，这几乎是家喻户晓人人皆知的事情，是中、坦、赞三国政府和人民友好合作的结晶。中国为坦、赞两国修建了这条坦赞铁路，从政治影响上看，不仅打破了国外一些国家对中国实力和技术的怀疑，而且使中国赢得了非洲各国坚定而真诚的政治支持。尼雷尔总统曾经深情表示：“这种感激之情是存在的，而且将存在下去。”卡翁达总统也坦言，建设这条“伟大的自由之路”是中国与该地区国家之间“深入而真诚合作的伟大见证”。时至今日，坦赞铁路仍是中非友谊的象征，习近平主席曾说“坦赞铁路是中非友好的历史丰碑”。

坦赞铁路已经运营四十多年了，现在的营运和设备的状态都不太好，运输量大大减少，年年亏损。因此，国内有一些人就认为坦赞铁路建设不成功，是我们的失误，国家不应该拿出那么多的钱，付出那么大的代价帮助他们修建这条铁路。这些人是没有亲身经历、亲眼见过和体验过坦赞铁路，他们不了解坦赞铁路的来龙去脉，他们所讲的是片面和不负责任的。而国外，尤其是西方国家，不仅关注我们国家领导人与坦、赞领导人之间的接触，从我国对坦赞铁路考察开始到施工过程及至运营进展情况，无不时时处处关注着坦赞铁路，有善意客观的评论，也有贬义主观的指责。在坦赞铁路正式运营后，联合国曾派出考察组对坦赞铁路进行了考察，评价坦赞铁路是非洲最好的铁路，我认为这是客观公正的评价。四十多年后的今天，因坦赞铁路的运营状态不好，运输量逐年下降，西方一些国家的媒体、报纸、杂志对坦赞铁路又有了不同的报道，他们报道坦赞铁路并不是建设不成功，而是严重在走下坡路，它的作用不大了。他们所用的言辞，在某种程度上是在贬低我国援建坦赞铁路的作用。我肯定地说，援建坦赞铁路的意义是深远的，其影响和作用是具体和现实的，主要原因有以下几点：

第一，我们帮助了坦桑尼亚和赞比亚两国，满足其独立解放后发展民族经济的需要，同时也支援了南部非洲的解放运动。这个问题非洲很多国家的回答是肯定的，是毫无疑问的。

第二，坦赞铁路是一条战略性的铁路，不是可有可无，是带有长远性、战略性和现实性的。坦赞铁路和援建坦赞铁路是两个不同阶段的名称。坦、赞两国尚未独立和在我们援建坦赞铁路之前，坦赞铁路本身就已经有了建设的规划。早在 19 世纪，西方殖民主义者拟修建的一条从南非开普敦到埃及亚历山大港的铁路运输通道的中段就是坦赞铁路，这条铁路通道对坦、赞两国以至非洲国家的发展都是重要的，一旦非洲国家形成大的经济共同体，这条铁路通道的作用就很明显了。殖民主义时代这条铁路是殖民主义列强利用的一个工具，到了非洲各国独立解放之后，它完全可以成为非洲必要的经济发展通道，是不可或缺的一条铁路，因此，它具有战略意义。

第三，援建坦赞铁路在世界上产生无可估量的影响。首先，对坦、赞两国，不仅是国家领导人，也包括他们本国的老百姓，无人不知坦赞铁路，都知道坦赞铁路对自己国家是有用的，都知道坦赞铁路是中国人帮助修建起来的。其二，中、坦、赞三国领导人就修建坦赞铁路举行会谈，在国际上产生强烈反响，西方国家怕中国进入到非洲地区；而更多的是发展中国家，对中国和西方国家对他们态度有了一个很明显、很直观的对比。其三，中国在明确表示要帮助援建坦赞铁路的时期，正是中国自己国家经济还很困难，老百姓日常生活粮油副食仍还在计划供应，中国的老百姓吃不饱穿不暖，经济还处于不富裕的时期。当时中国还同时处在国外一些国家对我们国家施加的各方面的压力下。作为第三世界发展中国家，都知道中国当时的经济是不发达的，是比较困难的，在这种时期，能够付出这么大的代价帮助坦、赞两国修建坦赞铁路是多不容易的事情。中国顶着各种各样的压力和付出巨大的代价修建这条铁路，这种影响是深远的，不可估量的。1963年底以前，和中国建交的非洲国家只有12个，到1975年底发展到了38个。除了其他方面的原因之外，不能不说坦赞铁路起了非常重要的作用。

第四，坦赞铁路对恢复中国在联合国合法席位是发挥重大作用的。坦赞铁路是1968年4月开始勘测设计，1970年10月28日正式施工，1971年10月25日，联合国大会第26届会议上，以76票赞成、35票反对、17票弃权的压倒性优势，通过了阿尔巴尼亚、阿尔及利亚等23个国家提出的“恢复中华人民共和国在联合国的一切合法权利，并立即把蒋介石集团的代表从联合国一切机构中驱逐出去”的提案。实际上除了非洲朋友，还有很多是发展中国家，因为对我们国家有了了解和认识，投出了赞成票，坦桑尼亚的代表穿着中山装参加联大投票，当提案获得通过后带头起立鼓掌，高声欢呼胜利。

在这具有历史意义的一天，中国外交部部长姬鹏飞收到联合国秘书长吴丹发来的正式邀请函，邀请中国政府派代表团出席此次联大会议，毛泽东主席说，是非洲兄弟把我们抬进联合国的。随后即由乔冠华同志率领中国代表团出席了第26届联合国大会，并在大会上发表讲话，全面阐述了中国的外交政策。

1974年4月，坦赞铁路还在紧张有序的建设过程中，邓小平同志受毛泽东主席和周恩来总理的委派，率中国代表团出席联合国大会第六届特别会议，在联大第六届特别会议上全面阐述了毛泽东主席关于三个世界划分的理论，说明了中国的对外政策。会议期间，中国代表团把专程为此次会议带去的翻译成英文的纪录影片《坦赞铁路在建设中》第一集在联合国专场放映，引起了会议代表的很大轰动。代表们观看后产生了两种反响：一种是广泛赞扬中国的国际主义精神，帮助坦、赞两国修建坦赞铁路；另一种是西方国家认为中国人这种举动对他们是一个很大的刺激。坦赞铁路工程建设所产生的影响，彰显出了我们国家外交政策和援外工作的成效，是毛泽东主席和周恩来总理所做出的英明决策，把我们国家有限的援外资金集中帮助急需要帮助的国家。这样比分散援助做一些小项目作用大得多，援建坦赞铁路项目产生了巨大的影响就充分证明了这一点。

2013 年 3 月，中国国家主席习近平出访非洲的第一站便选择坦桑尼亚，我们深深地感觉到，坦赞铁路时隔四十多年仍有如此之大的影响，说明援建坦赞铁路不是单一的经济援助问题，里面有着很深的政治内涵。发展中国家经济都不富裕，拿不出更多的资金进行相互帮助，发展中国家联合在一起，就能起到相互帮助的作用。

第五，我们国家通过援助修建坦赞铁路，进一步巩固和发展了与受援国之间的友好合作关系，真正的友谊是人们交往中在相互理解、相互信任的基础上建立起来的亲密情谊，不同国家人民之间的友好往来是国家之间发展良好关系的基础。我国党和国家领导人高度重视同受援国的友好外交。毛泽东主席要求我们坚持从中国人民和世界人民的根本利益出发，广泛开展同第三世界发展中国家的外交，要多做工作、广交朋友、民间先行、推动和巩固国家关系的发展。周恩来总理在指导和参与新中国外交活动时，一向重视发挥与发展中国家友好合作，互信互帮，为发展同世界各国和各国人民的友谊做出了卓越的贡献。

第六，通过援助建设坦赞铁路向世界广泛传播了中华文化。中华民族上下五千年文化是多方面的。通过坦赞铁路工程建设过程，与坦桑尼亚和赞比亚政府官员、当地百姓以及和我们一起施工劳动的工人们密切接触，使他们逐渐了解了中华民族的传统文化。从勘测设计到工程施工，我们工程技术人员都亲手传授技术，认真地教会他们。在日常生活中，与他们生活在一起，相互适应，相互包容。我们为了不冲击当地市场经济，自己动手自力更生解决日常生活中的所需，得到尼雷尔总统和卡翁达总统的高度赞扬并号召当地人民向中国朋友学习，对当地人起到了一个潜移默化的作用。我们通过修建坦赞铁路，把中华文化输送到了非洲。我们也从当地人的风俗习惯中学到了礼貌待客、尊重老人、开朗活泼等一些非洲传统文化。虽然当地人待人接物比较简易，但是也是很有特点的，很热情，能歌善舞，用家中最好的方式接待客人，有很多地方是我们应该向他们学习的。我们看到，当地人出远门从不需要带干粮，无论走到了什么地方，来到陌生人家赶上吃饭的时候，都可以坐下来与他们同吃，不需要支付任何报酬，主人还以礼相待，这就是当地比较好的一种文化传统。

第七，坦赞铁路是中土公司以至中国铁路走向国际的一张最鲜亮的名片。1978 年党的十一届三中全会，做出了改革开放的伟大决策。1979 年 6 月，在铁道部援外办公室的基础上成立了中国土木工程公司。在改革开放的大形势下，作为中国率先进入国际市场开展承包工程、输出劳务、技术合作等业务的先导公司之一。我们进入到国际市场的时候，国家对我们的要求和目的非常明确，一是为国家赚取外汇，二是学习外国的管理经验，三是建立合作关系。公司初进国际市场是没有地位的，传统的国际工程承包劳务市场几乎都是由美国、英国、德国、法国、意大利等西方国家，还包括东方的日本、韩国等国家所垄断和控制，刚刚成立的中国公司是难以进入竞争激烈的国际工程市场的。这个时期，我参与主持中国土木工程公司的经营管理工作，感觉担子很重。为了在这样一个竞争激烈的国际工程承包劳务市场里能够尽早占有一席之地，公司领导层确实费尽了心思绞尽了脑汁。面对自身缺乏经验和缺少资金的问题，经过实践反复研究商讨，我们决定以坦赞铁路工程建设的业绩作为我们进入国际市场的敲门砖，并先以输出劳务的方法起步。也就是我们在国际市场开展经营业务，自我介绍公司经历时，一是介绍公司是做土木工程专业公司、优先开展劳务合作；二是介绍我们是建设坦赞铁路成套工程项目的公司。当对方听到我们曾经建设施工过坦赞铁路时，就不需要我们更多的自我介绍和解释了，他们相信修建坦赞铁路的公司，施工技术是一流的，错不了。当时“中国土木工程公司”这个名字国外还都不知道，可当我们介绍了中国援建的坦赞铁路项目是我们把它施工建造起来的，对方立即就知道了，也就不用更多解释说明了。20 世纪 80 年代初期，我们公司开始在一些国家取得了劳务和工程项目，李轩同志和我曾经在一个月的时间里，走访接触商务洽谈了72家欧洲的公司，正因为坦赞铁路工程的影响，使得很多外国公司逐渐对中土公司有了了解和信任。

非洲大国尼日利亚是一个石油储备较多的国家，经济实力比较雄厚，积极发展自己的石油产业和一些基础设施建设，其中包括修建铁路。尼日利亚国家原有的铁路都是由西方殖民主义国家修建的。十几年之后，尼日利亚政府提出要更新国家既有铁路，而且还要考虑修建新的铁路。得知这一信息之后，1978年12月，在中国土木工程公司成立前夕，我们组织了技术小组来到尼日利亚对铁路进行了全面考察，并提出了考察报告，报告中提出了更新改造的方案建议。考察后，我起草了线路改造的前期工作即勘测设计工作的协议稿，经尼日利亚方同意准备办理签字手续时，尼日利亚方突然提出要求中国政府采用援助的方式帮助他们实施，由于各种原因，项目未被批准，以至延迟到1995年才由中土公司实施了铁路更新改造项目，并于2003年全线竣工。

尼日利亚还曾发布东部铁路工程建设投标的信息，并邀请中土公司单独参加投标，考虑到当年我们还并不完全具备独立投标的资格，对国际市场工程承包也缺乏经验，公司决定与瑞士一家公司合作联合投标。投标前，我作为中国土木工程公司的主要负责人约见了尼日利亚国家铁路招标委员会主任，因为我在此之前和他见过多次面，并不陌生，他已经知道我们要参加这条铁路的投标。我们一见面，他就非常坦率地表示，欢迎中国土木工程公司参加尼日利亚铁路投标。他又说，中国土木工程公司资格毫无问题，因为我们交通部门已经对你们修建的坦赞铁路进行过考察，你们所做的工程是第一流的，并伸出了大拇指表示赞赏。坦赞铁路给我们带来了意想不到的现实意义。后来，中土公司和瑞士公司合作联合投标，并且中了第一标。但最终由于资金问题，这条铁路没有再继续修建，中途也搁置了下来。若干年之后，也就是2014年6月，这段尼日利亚沿海铁路又重新与中土公司签订了框架性合同，合同额为131亿美金，是迄今为止中国公司在海外最大的工程承包项目，也是中土集团有限公司成立至今所签署的最大的海外工程承包项目，在我国对外工程承包公司中位居第一。我们在尼日利亚，以坦赞铁路的修建业绩获得了项目，并不断积累经验，获取新的工程项目，以信守合同、保证质量的理念实施好每一项工程，在国际工程承包的领域里奠定了自己的地位。可以毫不夸张地说，坦赞铁路是中土公司走向国际市场最鲜亮的名片。

▶▷ 坦赞铁路是贯彻执行我国对外援助八项原则的典范

坦赞铁路建设和后期技术合作，我们始终如一，忠实执行对外援助八项原则，事事处处无不体现上述原则和精神，所以说坦赞铁路的建设过程是贯彻执行对外援助八项原则的典范。我认为一点都不过分，我用下面七点加以说明。

一、在坦桑尼亚和赞比亚两国最急需修建坦赞铁路请求我国帮助的时候，适逢我国经济处于调整期。我国在政治经济面临困难的形势下，做出援助坦赞铁路的决定，这是对坦、赞两个国家最大的支持。国际上特别是发展中国家普遍感到在中国经济并不富裕和面临困难的情况下，能付出如此大的代价支援他国，确实值得赞扬和敬佩。

二、坦、赞两国为了发展自己民族的经济和支援南部非洲国家独立解放运动，同时也考虑到本国社会、国家、民族等各方面的实际情况，急需建设一条服务坦、赞两国的坦赞铁路。在坦赞铁路建设中的方方面面，多想坦、赞两国发展民族经济所想，充分考虑两国国情、民情和社会情况，建设一条符合坦、赞两国国情，切实有用的好的铁路。为尽快帮助两个国家建设完成这条铁路，在坦赞铁路建设初期多种施工组织设计方案中，选择最短的六年工期方案，以帮助受援国能够在比较短的时间里，尽快得到经济收益。我们只用了五年零八个月的时间，就完成了坦赞铁路全线建设的任务，提前实现了周恩来总理提出的“计划六年，希望能够缩短”的要求。为了加快建设缩短工期，我们采用少用人工、多用机械的施工方式，机械设备能在国内加工的尽可能地在国内生产制造加工，把国内最新研制生产制造的一些机械设备，尽快运到坦赞铁路工程现场，以减少我们在国外前方一线施工的工作量。比如，国内山东济南汽车制造厂最新生产制造的载重 8 t 黄河大卡车，组装完成刚成批下线就全部运到坦桑尼亚，用在了坦赞铁路工程施工上。坦赞铁路使用的钢轨、轨枕、扣板、机电设备和产品、机车车辆等都是国内科研、设计和生产部门根据现场实际情况进行研究、设计、试制、验证和生产，保证了坦赞铁路按时建成通车。这些都在前面有了详细介绍，不再重复。

三、坦赞铁路在选调援建工程技术人员问题上，绝大多数是从铁道部下属各单位根据“三过硬”，也就是政治、技术、身体三个过硬的条件，采取了好中选好、优中选优的选人方法，层层选拔，经过集中培训以后派到国外。所以来到坦赞铁路，派到了坦赞铁路一线工地工作的中国人，都是在国内百里挑一，有高度的政治觉悟和明确的援外目标，他们都有为国家争光、为受援国出力、不怕苦、不怕累的大无畏精神，有着严格的管理，严明的纪律，扎实肯干、不知疲倦、不畏艰险。有七十多名中国同志，为援建坦赞铁路付出了生命，长眠在坦赞大地上。

四、在坦赞铁路贷款的问题上，按中、坦、赞三国政府的约定，援建坦赞铁路按照中国无息贷款的方式在两国进入财政记录，与坦、赞两国谈判的过程中，对方要求我们贷款偿还期从我国援外项目的惯例二十年适当延长，毛泽东主席和周恩来总理非常体谅坦桑尼亚和赞比亚两国实际的困难，作出决定，将贷款的偿还期延长至三十年。

五、在坦赞铁路建设过程中，我们不但在现场手把手教会了众多当地工人施工技术，还为坦桑尼亚和赞比亚两国专门培训了一批不同层次、不同专业的铁路技术人员，以适应正式运营后的运输管理、维修养护等需要。层次级别较高的铁路管理人员，我们把他们招收到国内北京交通大学进行学习培训，北京交通大学专门设立了为坦赞铁路运营管理所需要的坦、赞留学生班。中国培训坦赞铁路的技术人员是执行中国、坦桑尼亚、赞比亚三国政府签订的技术培训议定书，议定书中规定由中国帮助坦桑尼亚和赞比亚两国在北京负责培训铁路高、中级专业学员。第一期由坦、赞两国选送的 200 名学员，按照大专学历的水平进行培训学习，其中 198 名学员都顺利完成学业，回国后成为坦赞铁路第一代高、中级管理人员。

坦赞铁路建设期间，我们还在坦桑尼亚和赞比亚两国境内分别建立了坦赞铁路技工学校，培训了更多的铁路技工人员。姆皮卡铁路技术学校是设立在赞比亚境内一所为坦赞铁路专门培训技术员工的永久性学校，主要培养坦赞铁路中、下级铁路管理技术人员。将这所永久性技校设在赞比亚境内，主要是因为坦赞铁路在坦桑尼亚和赞比亚两国境内的工程施工量不一样，坦桑尼亚境内的工程大，赞比亚境内的工程量小，轨道线路在坦桑尼亚境内也比赞比亚境内长一些，而两国对中国贷款的偿还则是各 50%，考虑到两国适当的平衡，我们才把铁路技术学校选定在赞比亚境内的姆皮卡。

坦赞铁路正式运营以后，我们为帮助坦、赞两国对这一条铁路进行管理，做了很多专门的培训工作。最基层的一些铁路设备操作技术人员的学习，大多数是通过我们技术专业人员在实际工作中示范操作，手把手教授，这样通过工作现场进行实际培训操作的学习面似乎更大一些。经过我们培训的高、中级技工人员，当时的年龄差不多都是二三十岁，估计现在已经替换得差不多了，中、下级技工可能现在还有极少数在铁路上工作。

六、我们为了修建好这条坦赞铁路，除国内派出的 16 500 多名援建人员组建国外施工单位以外，国内在对外经济联络部、铁道部等部门设立了专门机构办理坦赞铁路建设中的有关事宜，铁道部下属各派人单位和专项产品生产单位也都设立了援外部门，及时解决本单位需要解决的有关问题。为了保证供应国外所需的通用、专用产品和生活用品，铁道部在沈阳、天津、上海、广州等地设立了专门援外物资机构办理坦赞铁路所需要的器材、设备、物资的采购储运事项，远洋运输部门及时地根据货物种类配选远洋货轮运送物资至坦桑尼亚港口，为满足运送出、回国人员需要，政府还特批在国际上购买了三艘远洋客轮，往返在广州和坦桑尼亚港口间。

七、坦赞铁路的建设是在中、坦、赞三国政府和人民友好合作下提前完成的。这种友好合作，互信互帮，体现在各个层面，具体事例不胜枚举，其中尤为突出的是我国自政府领导人到各级援建人员切实做到平等相待，不凌加于人，同时思想上非常明确的是援助不是恩赐而是一种互助。在坦赞铁路建设过程中，没有出现过强加于人的事件，我们也没有做过不平等相待的事情。

▶▷ 弘扬坦赞铁路精神

“弘扬坦赞铁路精神”源自习近平主席访问坦桑尼亚时的讲话。2013 年 3 月在坦桑尼亚访问期间，习近平主席在达累斯萨拉姆“尼雷尔国际会议中心”发表了题为《永远做可靠朋友和真诚伙伴》的主旨演讲，总结中非友好关系发展历史经验，全面阐述新时期中非共谋和平、同促发展的政策主张。习近平主席指出：

"中非友好交往源远流长。上世纪五六十年代，毛泽东、周恩来等新中国第一代领导人和非洲老一辈政治家共同开启了中非关系新纪元。从那时起，中非人民在反殖反帝、争取民族独立和解放的斗争中，在发展振兴的道路上，相互支持、真诚合作，结下了同呼吸、共命运、心连心的兄弟情谊。"习近平主席特别强调表明我国对非洲友好合作的明确态度：对待非洲朋友，我们讲一个"真"字；开展对非合作，我们讲一个"实"字；加强中非友好，我们讲一个"亲"字；解决合作中的问题，我们讲一个"诚"字。习近平主席亲切动人、感人质朴的演讲引起全场强烈共鸣，让所有在场嘉宾激动不已，赢得了广大非洲国家和国际媒体的广泛赞扬和好评。我是通过转播聆听了习近平主席的演讲，我边听边想，中国与非洲国家这几十年的合作，充分说明了合作的成效，中国领导人的讲话既表明了中国对非洲国家的友好合作的真情实意，又表明了对非洲的一贯态度。非洲当地朋友听了中国国家主席演说，会和我是一样的心情，怀有一种深切的感受，非常强烈。习近平主席是用通俗的言辞讲了"真""实""亲""诚"四个字，内涵丰富，表达了我们与广大非洲兄弟同呼吸、共命运兄弟情谊。

演讲结束之后，习近平主席和夫人在坦桑尼亚总统基奎特和夫人的陪同下，专程来到了中国援坦工作中牺牲同志的援坦中国专家公墓，缅怀为建设坦赞铁路和其他援非工作做出牺牲的中国专家、工程技术人员。这座公墓初期原是为坦赞铁路建设时期牺牲的中国同志而专门修建的公墓，之后在坦桑尼亚的其他援外项目中牺牲的中国专家也陆续埋葬在这里，早期中国政府派出的中国水利工程师张敏才烈士也埋葬在这里，坦桑尼亚朋友一直怀念着他们，墓地常有坦桑尼亚当地老百姓前去悼念。援坦中国专家公墓庄严肃穆，碑前摆放着黄白鲜花扎织的花圈，两国元首及夫人缓步前行，拾级而上。习近平主席仔细整理花圈上的缎带，缎带上写着："为援助坦桑尼亚牺牲的中国专家永垂不朽"。礼兵吹起低沉的号声，两国元首和在场人员低头默哀，随后向墓碑献上洁白的花束，寄托哀思。两国元首来到挽亭，习近平主席在纪念簿上题词写道："烈士精神永励后人，中坦友谊世代传承。"并且发表了富有深情的感言，悼念逝者，激励后人，号召"弘扬坦赞铁路精神"。虽然讲话中并没有引申上述精神的具体内容，我作为一名参加援助坦赞铁路建设和管理全过程的人员，聆听到如上感言深受教育和鼓舞。

习近平主席的讲话体现了崇高的国际主义和爱国主义。号召弘扬坦赞铁路精神，既肯定了坦赞铁路的建设工作，又要求在今后对坦赞铁路的工作中的继续发扬，并号召我国政府各部门及广大援外单位和人员都要学习和贯彻这种精神，做好对外工作，意义十分深远和现实。

坦赞铁路是在极其艰难的条件下和极为复杂的国际环境中修建而成，它不仅是友谊的象征、团结的丰碑、合作的成果，它还造就和凝固了一种伟大的精神。要问什么是坦赞铁路精神，我认为，它包含了无私奉献、友好合作、互助友爱、团结协作、重信守义、勇敢果断、不畏艰难、不怕牺牲等诸多的优良品质，这种精神充分贯穿在我国政府做出援助坦赞铁路建设决策，直至铁路全面投入建设和正式运营之后的技术合作的全过程。在我国做出援助坦赞铁路决策之前的 1964 年 1 月，周恩来总理在马里发表了《中国政府对外经济技术援助的八项原则》，原则的每一项都体现了平等相待，真诚无私的崇高思想，坦赞铁路的建设就是忠实地、全面地履行了上述原则，可以说援助坦赞铁路是贯彻执行援外八项原则的典范。习近平主席的讲话号召弘扬坦赞铁路精神就是上述原则的概括和延伸。“坦赞铁路精神”难能可贵，是三国人民的共同的精神财富，对今后开展中非合作和援外工作仍有重要的现实意义。

关于坦赞铁路精神，我在后面的文章《弘扬坦赞铁路精神》中有详细论述。

▸▹ 结束语

参加过坦赞铁路建设全过程的人是不少的，但目前健在的人不多了。在国内为坦赞铁路工作过的同志，他们因工作的局限也不能完全了解坦赞铁路建设的前后情况，更多的同志只是经历了坦赞铁路工作的某个时间、某个阶段或某项工作。我之所以叙述了以上这么多详尽的事例，这是和我长期担任的工作岗位有关，同时年龄和身体也还允许我回忆往事。

我参与坦赞铁路建设的八年时间，如同看着一个幼小生命一天天地成长起来，发展成熟。历程中风风雨雨、大大小小的事情，实在太多了。在这八年的时间里，我见证了坦赞铁路各种极具代表性的事例，从经历和思想上对坦赞铁路感受很深，对坦桑尼亚、赞比亚两个国家的国情、历史、经济、现状等情况有了更深层次的认识。这些了解和认识，与我从书本上得到的和初来乍到时的认识是完全不同的。坦赞铁路给予我个人的经历是丰富的、深刻的。但涉及的事方方面面太多，也很分散，不能全面和深入地叙述。

援建坦赞铁路已经时隔我们五十多年，现在看来，作为中国对外援助的标志之一，坦赞铁路至今仍是中国最大援外成套项目之一。回顾历史，令人感受颇多颇深。由于坦、赞两国及其周边国家经济发展缓慢，加上地区战乱不断，从开始通车的那一天起，坦赞铁路的运量就未达到过设计的初期运量每年 200 万 t 的规模。今天坦赞铁路的运营虽然处于低谷，但铁路基础性工程是完好的，线路是通达的，客运是饱和的。随着非洲政治、经济形势的逐步转好，坦赞铁路在体制上如能得到改革，管理上得到改善，我相信坦赞铁路必将会得到复兴。

坦赞铁路是怎样建成的

铁路工程是一项多专业的系统工程。坦赞铁路又位于距我国万里之遥的非洲，铁路横跨坦、赞两国，所经地区有沿海、平原和山岭，地形、地质、水文、气象等条件不同，尤其是铁路必须穿越世界上最大的裂谷带东非大裂谷，地震烈度高达 9 度，加之铁路标准与我国不同，因之这条铁路不仅工程规模大而且技术复杂难度也大。面临上述诸多状况，我国是怎样将这条铁路修建起来的？

一、领导的正确决策和关注

领导的正确决策是援建坦赞铁路的前提，毛泽东主席和周恩来总理在我国政治、经济都面临很大压力的情况下，做出援建坦赞铁路的决定。毛泽东主席了解了坦赞铁路建设所需的大概资金后，在会见赞比亚总统卡翁达时说："你们修建这条铁路，只有一千七百公里，投资也只有一亿英镑，没有什么了不起嘛。”[1] 这既表明我国的经济实力，更是向西方表明我国援建坦赞铁路的明确态度。坦、赞两国领导人在求助西方无果的情况下求助于中国，既抱有希望也存有疑虑，尤其是赞比亚总统卡翁达，虽然他从尼雷尔那里知道了中国领导人的态度，但是总还是间接的。1966 年他派出了副总统卡曼加作为先导访华，在周恩来总理和他会谈时，明确表明了中国愿意帮助修建坦赞铁路，并说：“……如果他们愿意承担修建，可以让他们修……，如果他们愿意承担，但怠工，我们愿意修。”[2] 这种以心比心的话，使赞比亚领导人很受感动。1967 年 6 月卡翁达总统亲自访华，听到了毛主席和周总理同样的讲话，奠定了接受中国援建的决心。在他访华后的同年 9 月，坦、赞两国同时派出政府代表团到北京正式签订了《中华人民共和国政府和坦桑尼亚联合共和国政府、赞比亚共和国政府关于修建坦桑尼亚——赞比亚铁路的协定》。

期间，西方听闻坦、赞两国领导人相继访华并得到了中国帮助修建铁路的承诺后很不平静，纷纷向坦、赞两国领导人施加影响，有的愿意组成财团帮助建设，有的表示先进行考察再做进一步工作等。坦、赞两国总统决心已下，不为所动。在坦赞铁路正式运营十多年后，我们采访尼雷尔总统时他说：“要是当年听了

[1] 外交部政策规划司编：《中非关系史上的丰碑——援建坦赞铁路亲历者的讲述》，世界知识出版社，2015 年版，第 17 页。

[2] 外交部政策规划司编：《中非关系史上的丰碑——援建坦赞铁路亲历者的讲述》，世界知识出版社，2015 年版，第 10 页。

那些国家（西方）所谓的帮助，今天我们将一事无成，什么也得不到。”

修建坦赞铁路三国协定签订后，三国领导人时时关心铁路建设的进程。坦、赞两国总统时常带领政府官员到工地视察或参加劳动。当尼雷尔总统得知中国勘测队员被野牛顶撞受伤后，立即要下属给勘测队发了大小枪支和子弹，以作自卫之用。我国领导人更为关心铁路建设的方方面面，毛主席询问周总理工期是多长，周总理报告“计划六年，希望能够缩短”，毛主席多次说：“这条铁路一定要修起来。”周总理不仅时常要听取汇报，并做出许多具体指示，如铁路标准要高于坦、赞两国既有铁路的标准；出国人员要少，多用施工机械；要精心设计、精心施工；亲自点名铁道部科学研究院党委书记布克和北京铁路局局长赵文普到国外去担任领导；在三国政府间商谈关于列车制动方式得不到解决时，提出了两种制动方式的方案，从而解开了难题等。

二、三国人民及政府间的紧密合作

坦赞铁路工程浩大，工地指挥部（中国援建坦赞铁路工作组）下设五十几个直属单位，施工高峰时国内派出各类人员一万六千多人，就是这样劳动力还是不够的。通过两国政府在当地招募了数以万计的居民，经我方工地培训班培训后加入施工，如果没有当地工人的加入，仅靠中国工程人员是难以在规定期限内建成铁路的。当地工人虽然文化水平低但体力强，智商不低，经工地短期培训后，再在所任岗位上由我技术工人手把手地教，他们较快地进入到岗位。虽然我国派出的翻译数以百计，但因工点多且分散不可能各工点都配有翻译，尤其当地语的翻译就更少。在这种语言不通的状况下，只能以手势和表情来沟通，自然而然地产生了一种共通的语言，我们称其为“坦赞铁路语言”，就是英语、地方语和汉语的结合。时间长了这种语言也丰富起来了，有时在谈话中还开起了玩笑。尼雷尔总统来到工地看到他们勤奋工作，笑逐颜开地说：“我们有了自己的工人”。铁路线上所需的碎石和路基边坡所需要的草皮量很大，有不少是当地居民从远处用头顶运到线路边，我们按数给他们报酬，他们高兴地说我们也赚钱了。固定在工程队的当地工人，月底拿到工资往往不到一个月就花光了，我们工程人员帮他们建立了储蓄箱，记录下姓名和钱数，帮助他们有计划地用钱，并提醒他们要将积蓄的钱拿回家去。这种共同劳动、共同生活接触，随着时间的推移，相互间的关系更紧密了，在我们工程人员到期回国时，互相都会有一种依依不舍的感觉。

记得马通段施工时，姆贝亚省坦盟党执行书记来工地慰问视察，当他得知工程缺砂，立即亲自与工程负责人一起到铁路沿线走访，用了三天时间，走遍了从姆巴里仔至通杜马的每个村落，发动广大村民去寻找砂源。在当地群众的帮助下，终于在姆奔巴附近河里找到了储量丰富、砂质良好的砂源。但机械无法在河里开采，姆包仔县坦盟党执行书记就亲自动员村民到河里捞砂供施工使用。工程全面铺开后，河里捞砂供不应求，仍需另辟砂场。

在该队工作的赞比亚工人知道后，主动提供线索，在赞境的一片庄稼地附近找到了砂源。经向依索卡县政府报告后，很快就办妥了采砂手续，开辟了砂场，把砂运往各个施工工地，满足了工程的需要。

在一个爆破工地上，几个竖井的引线已经点燃，工人们都到了安全地点，中国工人刘清祥突然发现坦桑尼亚工人乌兰戈没有来，他立即返回去，边跑边喊，在每个竖井中逐一寻找，终于在一个 4 m 深的竖井里发现了乌兰戈，他毅然跳下竖井，用力将乌兰戈拉了上来，进入安全区。

在我们工作中免不了会遇到一些自己难以处理和解决的问题或障碍，例如线路在经过白人农庄时，他们不仅不让我们进入，还放狗来恐吓我们，和我们一同工作的朋友去联系说明无果，由当地的政府官员出面干预和禁止他们这种举动。

例如在我们经多方案比较后选定的坦桑尼亚首都达累斯萨拉姆车站站址，因它是坦桑尼亚境内最大最重要的车站，也是坦赞铁路的门面，位址选定后，知道城市道路部门要在站前修筑一条高架马路，既影响站房观瞻，又影响旅客的进出，明显是对铁路的阻碍。此事也是坦方交通部长直接干预并责令取消。

为了保证铁路修建工作的顺利实施，除了坦、赞两国组建了一个联合机构与我方工作组对口处理有关日常工作外，中、坦、赞三国政府轮流在各自首都召开部长级的关于坦赞铁路建设的会议，商研有关建设中的重大事宜，诸如技术原则、线路走向、工期安排、资金数额、人员培训、竣工验收、办理移交等。历次会议都是在相互信任，相互理解，认识统一的基础上圆满结束的。

三、我援外人员的尽心尽力

我国派往国外的人员，在国内都经过学习班学习，学习的主要内容包括对外援助的八项原则、涉外纪律和中央领导对援建坦赞铁路有关指示等。到国外后又经过短期地结合当地实况和注意事项的学习。因之所有人都以为国争光和为受援国出力的心态去做好承担的工作。

1968 年第一批出国的人员登上远洋轮，船行到马六甲海峡附近时，美国和台湾的军舰向我方迎面驶来进行挑衅，我出国人员和船长商量后决心以勇对敌，一起站在甲板上手拿国旗，高呼不怕牺牲，保卫祖国的口号，船长开足了马力直冲过去，对方舰艇在我气势下避开了。

在工程中，我工程人员都本着不怕苦、不怕累，精心设计、精心施工的指导思想去开展工作。在自然条件复杂的地段，不惜人力和时间仔细做好每一项工作，如线路必须通过的东非裂谷带，在东西长 150 km，南北宽 60 km 的 9 000 km^2 的范围内，爬山涉水，风餐露宿，经过近一个月的实地考察选线，在二十个方案中经过细致的比较，最后选定了现在所走的线路。

在铁路开工之初，施工机械还未到达之前，为争取时间，我工程人员与当地朋友，就是在齐腰深的泥塘里清除淤泥，抛填石块，长达五六个小时。驾驶推土机、铲运机的驾驶员在四五十摄氏度的高温下连续工作数小时汗流浃背，有的臀部发了炎还坚持驾驶，直到换班，晚上不能平躺，只能侧着身睡，第二天坚持上工，半坐半站地驾驶着机械。铁路施工中偶有不慎出现偏差影响质量的问题，一定推倒重来从不马虎，这已成为工地的自律行为。在线路紧靠山坡的地段，山坡松软严重的坡面用十几公斤重的水泥块，手拿肩扛从脚手架上传上去，严丝合缝地砌筑起来，有的砌筑高达近百米，当地人说铁路修得像铜墙铁壁一样。铁路全线共建九十三座车站，这些车站都是根据所在地区、气候和运输作业的不同，设计出不同形式，特别是位于城镇的车站，造型上更为美观，几乎都成为当地的一个景点。

非洲大部分地方都流行有疟疾，我出国人员大部分都得过，高烧到四十多度，有的一年里得两三次，都能坚持下来，我们在工地设有两座配套齐全的医院，工地也有医生，看病吃了药退烧后就上工，从不耽误工作。当地有一种由蚊虫传播的瞌睡病，当地人很害怕，但这种蚊虫很少，我们一面加强预防，一面做好思想工作，大家都有所准备。仲曦东大使到工地看望大家，既肯定大家辛勤的工作，又要求大家注意工程中的安全和疾病预防且不要害怕。他还告诫说："青山处处埋忠骨，何须马革裹尸还。"对修建的铁路提出要三个"经得起"，即经得起大自然的冲击，经得起敌人的挑剔，经得起历史的考验。这些鼓励和教育的话大家都记在了心里。

在坦赞铁路建设中因工程、因病、因车祸牺牲的援外同志有六十多位，他们长眠在坦赞大地上，我们一直怀念着他们。

四、国内各方的大力支持

坦赞铁路如果没有国内各方面支援是无法建成的，这种支持包括人力、物力、财力和技术等各个方面。国外建设所需人员绝大部分是从铁道部及其下属的所有局级单位中选拔出来的。这是铁道部长吕正操当面向周恩来总理承诺的，要将最好的设计和施工队伍派出去，决不保守。所缺的专业人员也是根据需要从全国范围内选派，如翻译大都是从全国各外语院校选派，少数是外交部支援；地质地震研究人员由中国科学院地球物理研究所派出；记录坦赞铁路建设的电影片和相片，分别由中央新闻纪录电影制片厂和新华社选派富有经验，年轻力壮的摄影师，长驻工地采访纪实。建设中所需各类生产、生活物资和各种通用器材、设备在全国范围内选购，各地都为坦赞铁路建设开绿灯，优先保证供应，如山东刚研制成功生产的 8 t 黄河车辆全部供给了坦赞铁路施工用，国内还是用 3 t 的解放牌车等。每年外经部召开的援外需要的物资订货会上的物资首先满足坦赞铁路的需要。

专用性的各类器材和装备，因坦赞铁路标准与我国铁路标准不同，都需根据实际进行研究、设计、试验、试制、试用成功后投入加工生产。例如，线路的钢轨经铁路设计研究部门设计研究定型后，由武汉钢铁公司生产出高硅含铜的耐磨耗、耐盐碱的特殊钢轨；内燃机车是由青岛四方机车厂和研究所专门研究设计的适用于高温、高海拔的柴油机和机身，并在高原地带经过试运行后投入生产的；铁路的钢轨扣件考虑到运行中减少养护维修的需要，专门设计了螺旋式的弹性扣件和钢筋混凝土轨枕到与两国气候接近的海南岛进行试用后投入生产；所有电讯器材都做到三防，即防腐蚀、防雷击、防白蚁等。

在铁路建成后，由于坦、赞两国人员自行管理的需要，从两国学生中选派了两百名学生到北京交通大学学习，并在赞比亚援建了一座中级铁路技术学校，由北京交大轮流派去教师授课。为满足正式运行时运行管理的需要，专门组织专业人员编写了一整套的坦赞铁路运行管理规程。

坦赞铁路需由我国供应的物资总量为一百多万吨，都是我国远洋运输公司先后组织万吨货轮经一百多个航次运往国外；出、回国人员乘坐远洋客轮，是专门从国际上购买的“耀华”“建华”、“明华”三艘远洋客轮，往返在广州港和坦桑尼亚达累斯萨拉姆港间。

五、强有力的政治思想工作

强有力的政治思想工作是建成坦赞铁路不可或缺的重要工作。除在国内选派“三过硬”的人员在出国前进行援外的各项学习教育外，到国外后又进行外事纪律和结合实际的政治思想教育。在国外的各级组织中，都设有专职的政工人员，如政委、教导员等，及时传达上级指示，时刻注意外事纪律等，因之在建设期间很少有发生违纪的事例。出国人员都能按政策和领导指示，尽心尽力地做好本职工作。凡有违纪的一定严肃处理决不姑息，严重的及时遣送回国进行处理，从而保证了坦赞铁路建设的顺利有序地进行。

上述种种方面可以说明，为了坦赞铁路建设的需要，我国付出了多大的代价，有的同志形容说“国外一条线，国内一大片”。确实是为了援助坦赞铁路的建设，几乎动员了国内各个方面为援建坦赞铁路出力，可以说是尽我国之能，这绝不是过分的词句。

坦赞铁路的特点

一、坦桑尼亚和赞比亚两国在1964年相继独立后，为发展民族经济和支援南部非洲的解放和独立，急需修建坦桑尼亚至赞比亚的铁路。

二、坦赞铁路一直受西方所关注，但又不愿意帮助坦、赞两国修建这条铁路。

三、我国援建的坦赞铁路不是一项商业性的工程项目，而是国家指令性的工程项目，必须贯彻《中国政府对外经济技术援助的八项原则》。

四、坦赞铁路所经地区自然条件极度复杂，线路必须通过世界上最大的东非大裂谷带，地震烈度高达9度，技术难度大，工程十分艰巨。

五、坦赞铁路是一项跨国工程项目，一条铁路坦、赞两国共有，中、坦、赞三国合作带来许多复杂的问题。

六、坦赞铁路标准与我国铁路标准不同，不能照抄照搬我国铁路的体系，各项专用设施和装备都要从零开始准备。

七、坦赞铁路长达1 860 km，工程浩大，各项设施又必须配套齐全，一次性建成移交。工期短，按照周恩来总理指示“计划六年，希望能够缩短”，且工程只能从一头开始（沿海向内陆逐步延伸），给施工组织带来极大的难度。

八、坦赞铁路远在万里之遥的非洲，援建人员和各类设备物资都要从我国远涉重洋运至坦桑尼亚。

九、坦赞铁路处在非洲，人地生疏，带来多种未知因素，风险很大。

十、虽然中国愿意援助修建坦赞铁路，但接受援助并不是一件简单的事情。

一次值得回忆的答辩

按照中、坦、赞三国政府议定，在进行铁路详细设计和施工之前先要批准经中国铁路勘测设计队勘测设计后提出的《坦赞铁路勘测设计报告》(以下简称《报告》)。在勘测工作即将结束时，领导指定我负责《报告》的编写工作，并在三国政府审定报告时作为技术负责人负责答辩。1970 年 6 月在《报告》完成并送交坦、赞两国政府后，两国政府各自组织由数名部长率领、有多名他们国家知名的工程专家参加的庞大代表团，于 7 月中旬到北京参加三国政府第四次会谈并对《报告》进行审议。据知，来的人员中大部分是在英国留过学的，有几位是在上一年会谈和工作中曾经相识的，他们熟知和敬慕西方的工程技术，对中国的工程技术一无所知，而且还抱有一定的疑虑。

答辩是在我向全体会议人员报告坦赞铁路勘测设计经过、有关线路走向和工程情况后次晚的专业技术会议上进行的。当时会场气氛寂静而严肃，对方人员面前摆着数叠厚厚的外文书籍连同《报告》，手边还放有工程师们专用的计算尺，看出他们是有备而来的。在我和勘测队的几位同志入座后，双方寒暄了几句就进入了技术问题的讨论。对方专家们向我们提出了有关工程计算中若干理论性的问题，经我一一说明后就比较平静地过去了，这实际是对我们专业基础的一种测试。接着又询问了桥涵的构造形式和受力状况等，这种发问好像一位考官对学生的面试，从中感觉到包含着对我们中国工程人员的不放心甚至不信任。当时我心中虽有一种按捺不住的急躁，但是想到我们的援助是真诚的，没有任何的虚假，工作都是实实在在一步一个脚印，有理有据进行的；同时又联想到西方的科技人员总是好用一种学典式的文字和语言来处理实际工作中的问题，在某种程度上似乎显示他们学问的高深，受西方教育的人往往都有这种习惯，何况他们是初次与我们接触，对我们不了解，这也是情有可原的。专业人员之间总还是可以找到专业的共同语言的，这样心里就平静了下来，耐心地解答他们提出的每一个问题。

一般性问题解答后，问题集中到坦赞铁路坦桑尼亚段落中的姆林巴至马坎巴科间约 150 km 地段的选线问题。这段线路必须通过世界有名的东非大裂谷带，那里地震烈度高，线路又处在近海平原到内陆高原的过渡带，地形、地质、气象、水文条件都极为复杂，工程量大且集中，是坦赞铁路的关键地段。二十世纪六十年代中期西方国家曾做过考察研究工作，认为工程难度大，技术复杂，要付出如此大的代价既不经济也不值得，从而否定了修建坦赞铁路的必要性。这是坦、赞两国政府和技术人员都十分清楚的事。如今，中国帮助建设坦赞铁路，很自然的这段线路必会引起他们格外的关注。

会上，号称赞比亚四大知识分子之一的卡松达要求我们进一步说明这段线路的选线情况。当我比较详细地介绍了亲自参加的在东西长 150 km、南北宽 60 km 范围内大面积选线的经过，并将大面积选线中的六个线路方案资料摆在他们面前一一作了说明后，这些专家们对我的介绍从面容上看比较满意，有的频频点头，只有卡松达连珠炮式的提出质询。

“你们选线的标准是什么？”卡松达问。

“在三国政府议定的基本技术原则的规定下，选出一条便利运营，不留病害的线路。”我回答说。

“怎样才能体现便利运营？”

“比较来说，线路比较顺直，坡道和弯道设置恰当，方便客货运营和运输作业需要。”

“怎样才能体现不留病害？”

“从我国建设铁路的实践经验来看，尽可能避开严重不良地质地段，在工程上采取稳妥可靠的技术措施。”

“通过高地震带你们采取哪些措施？”

“除选线中要考虑尽量避开地质严重不良地段，尽可能减少高填、深挖、高桥、长隧外，在工程结构上采取加强措施。比如提高钢筋混凝土强度等级，加强构件的整体性和对称性，加强桥涵和防护工程的基础等。”

“那么，请问 AH 线路符合以上标准的依据是什么？”（注：AH 线是选定的线路方案）。

“通过与 BS 线的比较，AH 与 BS 线又是从六条线路方案中比选出来的。”

“AH 线与 BS 线比较，可能是这样，但与别的线路比较又是怎样呢？”

提出这样一个问题使我感到很突然和不解，停顿了一下后我立即意识到他另有所指。

随即我反问道：“卡松达先生，您所说别的线路指的是什么？”

卡松达回答说：“如果我没有记错，我们两国政府代表团在北京参加第一次会谈时，曾带来一份材料送交给贵国周恩来总理，那是英国和加拿大联合考察组撰写的有关修建坦赞铁路的论述。我们两国政府代表团要求贵国政府参照这个论述进行选线、勘测设计与施工。请问，你们为何对此置之不理？”

因为在勘测时我曾研究过这份材料，当即回答说：“在我们进行大范围、大面积选线之前，曾用 5 个月时间选出了一条线路并进行了初测，这条线路走向基本采纳的是英国和加拿大联合考察组推荐的线路方案。这里有比较详细的资料。”说到此，在资料中找出那条最早初测的线路材料递交卡松达并继续说：“在做完这条线路初测之后，我们发现有些地方不尽如人意（含意是满足不了如上标准），故而又进行了大范围、大面积选线，选出了这六条线路方案。”

卡松达把最早初测的线路与 AH 线的初测资料认真地进行了对比，看完后，极为诚挚地说：“西方对你们是不了解的，我们就读于西方，对你们同样也是不了解的。你们并不像西方舆论所说的那样。十分感谢！”

据卡松达的一位朋友说，卡松达在前来谈判时是带有偏见的：如果中国人采用了英国和加拿大联合考察组的线路方案，会认为中国人没有本事，只是抄袭了西方的考察成果；如果中国人另选一条线路，必然比不上西方所选的线路方案，他会质问中国人为何放弃有价值的线路方案。但他没有想到，中国人在采纳了西方推荐的方案搞完初测后，发现不足，又进行了大范围、大面积选线，从六个线路方案中选出 AH 线，对此他不能不由衷地表示赞赏。

坦赞铁路自 1976 年正式投入运营至今已经过几十个年头。铁路的建成，对发展坦、赞两国民族经济，支援南部非洲解放运动都起到了直接作用，两国政府和人民称这条铁路为“自由之路”。所建铁路经受了历史的考验、大自然的冲击，现仍完好地贯通在坦、赞大地上。联合国组织经过考察称坦赞铁路是非洲最好的铁路。铁路的胜利建成通车，在世人面前展示了中国政府的真诚援助，也表明中国人民和中国铁路工程技术人员不仅在国内能建设好铁路，在国际上同样有足够的能力建设好铁路。

正确认识坦赞铁路

我国援建的坦赞铁路，是中华人民共和国成立以来最大的对外成套援建项目。铁路于 1976 年 7 月全面建成移交并投入正式运营至今（2009 年），已经历了三十多个年头。鉴于东、南部非洲形势变化，坦桑尼亚、赞比亚两国周围的邻国，尤其是南部非洲国家相继独立与解放，处于内陆的赞比亚，对外经贸往来的通道逐步增加，运量分流，近十多年来，坦赞铁路的运量日益减少，加之管理工作的薄弱，铁路收益锐减，以致连年亏损。这不能不使我们参加过坦赞铁路建设的人们担心。未从事过此项目的人们，知道铁路的这种现状，不免也会提出援建坦赞铁路是否有必要的疑问。

我是一名参加此路建设，从勘测、设计、施工、试运营及至项目移交全过程的工程人员。就我个人经历和所知，可以肯定地说，援建坦赞铁路的决策是正确的，建设是完全成功的。

1986 年在坦赞铁路正式运营十周年庆祝仪式上，赞比亚总统卡翁达说："患难知真友，在我们困难的时候中国帮助了我们"，"坦赞铁路已出色完成了它的政治使命，使非洲前线国家陆续解放，它今后的使命更加繁重，不仅为南部非洲发展协调会议成员国服务，而且还要为东部和南部非洲优惠贸易区做出贡献。”他把这条铁路喻为“生命线”。从历史的事实，早在20世纪60年代初，坦、赞两国领导人为摆脱西方殖民主义的控制与掠夺，并为支援南部非洲的独立解放，他们共商后，向世界银行和某些西方国家多次提出帮助修建坦赞铁路的要求，但都先后遭到拒绝。在这种寻求无果的情况下，于1965年初，坦桑尼亚首先试探性地向我国提出，希望中国帮助修建的意向。1965年2月坦桑尼亚尼雷尔总统正式访问我国，并得到我国政府领导人明确的应诺。1966年8月赞比亚副总统卡曼加、1967年6月赞比亚总统卡翁达先后访华，周恩来总理进一步明确表明我国愿意帮助修建坦赞铁路。1967年9月坦、赞两国政府派出代表团到北京，于9月5日与我国政府签订了《关于修建坦桑尼亚—赞比亚铁路的协定》。我国政府是在坦、赞两国最需要、最困难的时候，帮助他们修建了坦赞铁路。铁路建成运营后的十年中，它为坦、赞两国发展民族经济和支援南部非洲独立解放，起到了直接作用。卡翁达总统的讲话，足以肯定我国援建坦赞铁路的作用和其必要性。

在援建坦赞铁路建设过程中，不仅中、坦、赞三国政府高度关切，就世界范围内尤其是西方国家也深为关注，他们发表过种种言论，有的怀疑中国援建的诚意，有的嘲讽中国的工程技术能力，有的向坦、赞两国领导人施加影响阻止中国的援建工作，有的做出准备帮助修建的虚假姿态。但三国政府领导人不为所动，紧密合作，建设时期每年轮流在三国首都举行关于坦赞铁路建设的会谈，商研建设中的诸多重大问题，并及时做出决策，使铁路建设顺利的实施。长达 1 860 km 的铁路通过五年零八个月的施工和设备配套后全面建成，实现了周恩来总理向毛主席报告的“计划六年，希望能够缩短”的目标。铁路建成交付正式运营后，有记者采访尼雷尔总统，他沉思后说：“要是听了他们（指西方某些国家领导人）的所谓帮助修建的承诺，今天我们将一事无成”，“我们什么也得不到，这就是事实”。

坦赞铁路建成后，联合国曾派出调查组，到坦赞铁路进行过考察，做出了“坦赞铁路建设是成功的，它是非洲最好的铁路”的客观和公正的评价。

坦赞铁路的建设一直得到毛泽东主席和周恩来总理的亲切关怀和具体指导，同时得到我国政府部门的广泛协同和支持，在对外经济联络部和铁道部的直接领导下，使援建工作的各方面都能循序渐进。

坦赞铁路的胜利建成，可以毫不夸张地说，我们不仅是建成了铁路，而且是建成了一条好的铁路，是坦、赞两国称为“自由之路”的铁路，是两国政府和人民爱戴的铁路。

从铁路建设的方方面面来回顾，我国援建人员和各援建部门，自始至终地忠实执行《中国政府对外经济技术援助的八项原则》，一切援建工作都是充分考虑到坦，赞两国的国情和运营中的实际需要，不是生搬硬套地将我国铁路照抄照搬出去。坦、赞两国地广人稀，铁路线路所经过的地带，既有沿海平原又有高山丘陵，特别是线路无法绕避的号称地球大疮疤的东非大裂谷带，地震烈度高，地形、地貌、地质、水文气象都异常复杂。我铁路工程人员本着对坦、赞两国高度负责的精神，遵循精心勘测、精心设计的指导原则，在这些自然条件十分复杂的地区，总是头顶烈日，身背行装，冒着酷暑和野兽、毒蜂的威胁，徒步进行考察、调查。经过多方案比选后，选出一条比较理想的线路。其中，穿越东非裂谷带的姆林巴至马坎巴科段，在东西长 150 km、南北宽 60 km 的 9 000 km^2 的范围内，进行了大面积选线，做了长约二千多公里的方案研究工作（为此段正线长度的十二倍），经过多方案的详细比选后，选定了现在通车的线路。线路所经水文、地质、地形条件复杂的地段，均采取多种工程加固防护措施，使铁路得到安全运输的保证，当地朋友说，铁路修得像铜墙铁壁一样。铁路车站的设置，在不过多的增长线路和满足运输作业需要的同时，尽可能靠近城镇，以方便旅客乘车和货物运输。在铁路开工时，由于国内大型施工机械尚未运达，为争取工期，三国工程人员就是靠人力，在深达半腰的泥沼中清淤填石，在工程中偶有不慎产生质量问题，从不迁就，以高度的责任感推倒重建，保证了工程质量。

因坦赞铁路技术标准与我国不同，铁道部门专门组织科研和设计部门，在了解坦、赞两国既有铁路标准的基础上，研究制订了既高于坦、赞两国既有铁路标准，又符合坦赞铁路所需的线路、桥梁、隧道、路基、机车、车辆、通信、信号等领域的各类技术标准；为了减轻通车后线路日常维修养护作业量和减少养护人员的需要，有关部门专门为坦赞铁路设计、加工生产了防盐雾，低锈蚀的高硅含铜钢轨和不同于国内的弹性钢轨扣件、线路钢筋混凝土轨枕等构件，经设计、试生产后，专门安排到气候与非洲相近的我国海南岛进行实地试验和试用，再到坦桑尼亚设厂加工制造；为适应高海拔牵引列车和运输需要，我国铁路机车车辆研究、设计、工厂单位，设计试制试验后，生产了专用的机车和车辆；铁路通信、信号机电等产品，在国内都经过严格检测，并采取防雷击、防腐蚀、防白蚁的措施后，运往国外安装使用。虽说我国的上述产品与国际上相比不是最先进的，但这是我国为坦赞铁路专门生产的最好产品，对坦、赞两国是实用的。

在我工程人员到达坦、赞工地，总是自己动手，搭建简易工棚，开荒种地，养猪种菜，既满足了日常生活的需要，又减轻了坦、赞两国的负担。坦、赞两国总统和部长们每次到坦赞铁路工地视察，总要到我工程人员驻地看望，并号召坦、赞人民向中国朋友学习。

坦赞铁路工程浩大，工期紧迫，在铁路修筑中我国虽派出大批工程人员，高峰时达一万六千多人，但还是满足不了施工的需要。我铁路指挥部（援建坦赞铁路工作组）在施工组织计划的安排下，通过坦、赞两国政府组织招募了大批坦赞居民参加铁路建设，与我工程人员同生活同劳动。我工程人员总是手把手地教他们施工操作，并帮他们安排好日常生活。在劳动和生活中，三国工程人员共同创造了坦赞铁路建设中的专用语言（中文、英文和地方语言的结合），既沟通了语言方便了施工作业，又加深了互相了解，建立起了友情。铁路工作组在施工现场还举办了多期工地培训班，对参加建设的当地工人进行比较系统的学习培训，使他们较快地掌握基本的施工操作和安全常识。尼雷尔总统视察工地时高兴地说："我们有了自己的工人"。为满足铁路建成后由当地人员自行管理铁路的需要，我国除了组织专门班子编写了一整套符合坦赞铁路运营需要的规章制度外，还在赞比亚境内姆比卡修建了常设的坦赞铁路技术学校，由北京交通大学派出教师教学，培养坦赞铁路中级技术管理人员；在铁路施工期间，我国政府又接纳了两国有高中及以上学历的青年二百名，到我国北京交通大学进行深造学习。这些学员毕业后大都成了坦赞铁路运营管理工作中的骨干。

以上的回顾与记述，仅是援建坦赞铁路中的某些方面，不足以概全。但从中可以比较清晰地看出我国援建坦赞铁路的重要性及我国政府和人民对受援国真诚无私的帮助，体现了无产阶级崇高的国际主义精神。这种真诚无私的援助不仅是在铁路建成后得到受援国的高度赞扬，就是在铁路建设过程中也产生了极大的影响。在坦赞铁路建设时的 1971 年 10 月 25 日，第 26 届联合国大会以 76 票赞成，35 票反对，17 票弃权的绝对多数，恢复了我国在联合国的合法席位，以非洲为首的发展中国家群起欢呼跳跃表示庆贺；1974 年 4 月邓小平出席了联大第六届特别会议，会中向与会者播放了《坦赞铁路在建设中》（第一集）的纪录片，引起了与会国代表的浓厚兴趣与强烈反响，特别是得到发展中国家的高度赞扬与肯定。这是我国外交路线的胜利，也是我国援外政策的胜利。

在铁路建成通车以来的几十年中，虽然坦、赞两国更迭了数届总统，每当我国政府领导人出访该国，在任总统总会盛赞我国的真诚帮助，高度赞扬和感谢我国帮助修建了坦赞铁路。

1999年我们几位参加过坦赞铁路建设的老同志回访坦、赞时，不仅看到铁路工程的稳固完好，同时受到两国政府的热情接待，并与当时共事的政府官员、技术人员，畅谈往事，共叙友谊，倍感亲切。特别是我们所到的铁路沿线，当地居民较远地就向我们招手高呼“起那，拉菲克，你们好！（中国朋友你们好）”的坦赞铁路建设中的专用语言，并邀请我们到家做客。他们中有的已年老，有的是青年，还有的是幼童。老年中有的曾参加过坦赞铁路的建设，青年中有的是在铁路运营中参加铁路工作的。虽然这些青年与幼童没有参与过当年的修建工作，但从他们长辈的言传，知道中国帮助他们修建了这条铁路，中国人是帮助他们的好人。这种友好情谊已经在坦、赞两国人民心目中代代相传，使我们深受感动。

今天，坦赞铁路的运营虽然处于低谷，但铁路工程是完好的，运输是畅通的，客流是饱和的。随着世界经济一体化和非洲政治、经济形式的逐步转好，铁路在体制上如能得到改革，管理上能得到改善，我相信坦赞铁路必将会得到复兴。

2009年8月

授奖感言

——在“中国援外奉献颁奖大会”上代表获奖人员的发言

编者按：此文根据陆大同同志于2010年在中国土木工程集团公司举行的“中国援外奉献颁奖大会”上的发言整理编写，由本文作者提供手稿原文录入。

我国的对外援助工作自1950年至今已经历六十个年头。六十年来对援外人员如此隆重的表彰还是第一次。这是我们获奖人员的光荣，也是我们广大援外工作同志和单位的光荣，是对我们援外工作的肯定和鼓励。几十年来中土公司及其前身铁道部援外办公室承担了大小援外项目数十个，其中有震惊世界的大项目如坦赞铁路、援助缅甸的仰光丁酋大桥、援越的多项铁路工程、援尼泊尔的国际会议中心、援博茨瓦纳的铁路改建工程等，所有这些项目都是按期或提前质量良好的完成，有的项目还得到优质工程的评价。温家宝总理在全国援外工作会议上的讲话“历史不会忘记，祖国和人民不会忘记，受援国人民不会忘记”就是对援外人员和援外单位工作的最好评价与肯定。

回顾我个人的工作经历，前后工作四十多年，其中四分之三的时间是做援外工作。自20世纪50年代后期到越南帮助铁路建设起一直到20世纪90年代前期退休，可以说援外工作伴随了我工作的大半生。通过几十年援外工作的实践有以下几点主要收获：

一是个人得到了锻炼。远离祖国到海外首先是尽快地适应异国的自然、社会、风土人情等诸多条件，这还不是主要的，重要的是在工作中和业务上得到了较多的锻炼。在我国对外援助八项原则的指引下，我经历和参加了坦赞铁路从考察、勘测、设计、施工、设备配套、试运营、检查验收、办理移交、三国政府建设期间关于坦赞铁路的历次会谈等，及至坦赞铁路移交后在技术合作中的国内管理工作的全过程。这样的工作经历作为一名学土木工程和铁路建设的专业人员，在国内的铁路建设中是很少遇到的，这是援外工作给我提供的条件，使我有这样好的锻炼机会，使我思想认识和业务水平得到了提高。

二是通过援外工作使我受到了无产阶级国际主义和爱国主义的教育。坦赞铁路的建成既帮助了受援国发展民族经济又支援了南部非洲的独立和解放，受援国政府和人民感谢中国，在他们最困难最需要的时候中国帮助了他们。坦赞铁路的成功建设在世界上也产生了巨大影响，联合国曾派出考察组考察后评价是非洲最好的铁路，提高了中国在国际上的声誉和地位，这就是爱国主义的具体体现。国际主义和爱国主义是紧密相连的。

三是通过援外工作提高了对援外工作的认识。援外工作是我国对外的基本国策，这是我们党的性质决定的，它是我国对外工作的一个重要组成部分，不是可有可无，我们援助了不发达国家，这些国家同样也帮助了我们。1971 年第 26 届联合国大会以 76 票的绝对多数，恢复了中国在联合国的合法席位，中国派出了代表参加了会议，自此中国成为联合国安理会常任理事国。又如在赞比亚与我国建交的前几年，虽通过外交斡旋，我们的新华社记者一直未能容许进入该国，更不可能在那里设立分社。就是在坦赞铁路勘测期间的 1969 年 11 月，中、坦、赞三国政府关于坦赞铁路建设的第三次会谈在赞比亚首都卢萨卡举行时，赞政府容许了我新华社记者随同我国政府代表团进入赞比亚进行采访。此后，在赞比亚首都设立了新华社分社。以此也可看出援外工作和外交工作是相辅相成的。

1978 年党的十一届三中全会制定了改革开放的政策，号召进入国际为国家积累外汇资金，学习国外先进技术和管理经验，并于国际广交朋友。铁道部援外办公室积极响应国家号召，组建了中国土木工程公司。虽然国家当时对进入国际的公司制订了许多优惠政策，但在激烈竞争的国际工程承包劳务市场中中土公司是难以争得一席之地的，为了尽早进入国际市场，我们就是以坦赞铁路成功建设的实绩介绍了中土公司，寻求到了理想的合作伙伴，逐步扩大了影响，树立了中土公司的形象和品牌。记得在 20 世纪 80 年代初期，我们参加了尼日利亚东部铁路的投标，中土公司顺利地通过了资格预审，当时我见到了 1978 年在尼日利亚相识的招标委员会主席马菲尼先生，他表示十分欢迎中土公司去参加尼铁建设，他还说他们事先去了坦赞铁路考察过，建设工程是一流的。经投标后我们获得了第一标，以后因资金未落实等原因项目没有实施。以上的例子可以说明是援外工程的建设成就带动了公司较早地进入了国际工程承包劳务市场。

今天，随着国家改革开放的不断深化，机构体制也在不断变化，援外项目的承担也采取了国内公司竞标的方式，要求我们既要适应这种变化，更要组织实施好所承担的项目，做到精益求精。国际工程承包和援外工作都是我们的主业，都要取得好的信誉和好的效益。但援外工作终究是国家的需要，不能偏废。中土公司一贯重视援外工作，具有久远的光荣援外史，公司必将继承光荣传统，在搞好国际工程承包工作的同时搞好援外工作，“历史不会忘记，祖国和人民不会忘记，受援国人民不会忘记”。

2010 年 8 月 18 日

援外工作的经历、认识和感想

我是一名学土木工程路工专业的工程技术人员。在党的培养教育和老工程师们的带领下逐步成长起来，在国内参与了多条铁路的建设工作。20 世纪 50 年代后期，在组织的安排下，赴越南援助越南铁路建设，并获得越南胡志明主席友谊勋章和技术荣誉证书。20 世纪 60 年代后期开始二十五年间一直从事对外援助工作，其中主要是我国对外的经济技术援助项目，经手主管工程管理项目有援缅甸仰光丁茵特大桥、越南红河特大桥及河内铁路枢纽铁路通信信号工程、尼泊尔国际会议中心、卢旺达体育场、吉布提体育场、博茨瓦纳铁路改造工程项目等，直接参加和管理的是我国对外援助的最大成套工程项目之一：坦赞铁路的建设和铁路交付运营后的技术合作工作。我经历的援外工作，前后历时约三十年，援外工作占有我工作经历的四分之三，可以说援外工作伴随着我工作的大半生。

通过数十年援外工作的实践，使我得到了许多有益的收获和感受：

一、得到了锻炼。远离祖国到国外首先要尽快地适应异国的自然、社会、风土人情等诸多条件，这还不是主要的，重要的还是在工作中和业务上得到了较国内更多的锻炼。特别是我直接参加了援建坦赞铁路的建设工程，经历了自勘测设计、施工、设备配套、试运行、检查验收、办理移交全过程和参加中、坦、赞三国政府关于坦赞铁路建设期间的第三次至第八次会谈（共计八次会谈中的六次）及若干重大的外事活动。这些经历就是在国内也是少有遇到的，这是援外工作给我提供的条件，使我有这样好的锻炼机会，对我的思想认识和业务水平有较高的提升。

二、得到了对援外工作的进一步的认识。通过援外工作的实践，使我受到了无产阶级国际主义和爱国主义的具体教育，对我国对外经济技术援助八项原则有了实际的体会和感受。坦赞铁路的建成既帮助了受援国发展民族经济，又支援了南部非洲诸国的独立和解放，受援国政府和人民感谢中国，在他们最困难最需要帮助的时候中国帮助了他们。其他的援外项目亦同，对受援国发展民族经济，提高人民的经济文化水平，促进民族团结都起到了直接作用。坦赞铁路的成功建设，在世界上产生了巨大影响，联合国曾派出考察组考察后评价坦赞铁路是非洲最好的铁路。其他的援外项目也都得到受援国好评，提高了中国在国际上的声誉和地位，这就是爱国主义的具体体现。国际主义和爱国主义是紧密相连的。

三、我国对外援助工作的成效。援外工作是我国对外工作的一个重要组成部分，不是可有可无，我们援助了不发达国家，这些国家同样也帮助了我们。坦赞铁路正在建设中的 1971 年，第

26 届联合国大会以 76 票的绝对多数，恢复了中国在联合国的合法席位，当时以坦桑尼亚为首的一些非洲常驻联合国代表高呼跳跃，兴奋不已。此前与我国建交的国家仅有二十几个，至二十世纪七十年代中期已近四十个。又如在赞比亚独立后与我国建交初期，未允许我国记者进入该国（因其怕影响与西方国家的关系），更不能在那里设新华社分社，就是在坦赞铁路建设期间，中、坦、赞三国于 1969 年 11 月在赞比亚首都卢萨卡举行坦赞铁路建设第三次会谈时，赞政府容许了新华社记者随同我国代表团进入采访，此后在其首都设立了新华社分社。这不能不说是因我国外交路线的正确和援外工作的成效带来的结果。以此可以看出援外工作和外交工作是相辅相成的，也说明我们的援外工作是互相帮助，不是一种恩赐。

今天，习近平主席倡导的“一带一路”获得了沿线国家的接纳、赞许、认同和参与，因为这是以合作互利、共同发展为前提，绝不是中国一家得益，更不是中国的地缘政治工具和意识形态的输出。这是互相发展共同提高的需要，是建立人类命运共同体的需要，从广义上讲也是援外工作的一种延伸。

我所在的单位中国土木工程集团公司，前身是铁道部援外办公室，自单位成立起即承担援建坦赞铁路的组织、管理、实施，同时还承担着其他援外项目，从未间断。援建坦赞铁路项目是贯彻执行我国对外经济技术援助八项原则的典范，其他援建项目也都能按八项原则按期保质的完成，均得到上级和受援国的好评。我因担任援外工作前后三十年且认真贯彻执行了国家有关方针政策，所经手参与和管理的项目都能按期保质完成，其中有较多的项目得到上级的表扬和嘉奖。2010 年我获得了“中国援外奉献奖”金奖及证书。这不仅是对我承担援外工作的肯定，也是对我继续做好援外工作的激励，亦是对一同参与工作的单位及同事们所做工作的肯定，我要感谢他们所做出的贡献。中国土木工程集团公司是一个具有光荣援外史的单位，它将保持光荣传统，继续积极承担和实施好每一项援外项目，为国争光，为受援国出力。

2019 年 4 月 7 日

弘扬坦赞铁路精神

什么是“坦赞铁路精神”？我的认识和体会是“无私奉献，友好合作”，也就是国际主义和爱国主义精神。这种精神充分贯彻自我国政府做出援助坦赞铁路建设决策开始及至铁路全面建成和投入正式运营后的技术合作期的全过程。

在我国做出援建坦赞铁路决策之前的 1964 年 1 月，周恩来总理在马里通过记者发表了《中国政府对外经济技术援助的八项原则》。原则的每一项都体现了平等相待，真诚无私的崇高思想，坦赞铁路的建设就是忠实地全面地履行了上述原则，可以说援助坦赞铁路的建设是贯彻执行援外八项原则的典范。

回忆坦赞铁路的建设，事事处处无不体现上述原则和精神：

第一，在坦桑尼亚和赞比亚两国最急需修建坦赞铁路请求我国帮助的时候，适逢我国政治经济面临巨大困难，做出援建坦赞铁路的决定，这是对坦、赞两国的最大支持。国际上特别是发展中国家普遍感到在中国经济并不富余和面临困难的情况下，能付出如此大的待价支援他国，确是值得赞扬和钦佩的。

第二，在坦赞铁路建设中的方方面面，都替坦、赞两国发展民族经济和支援南部非洲国家的独立解放着想，同时充分考虑到两国国情、民情和社情（社会情况）建设一条符合坦、赞两国实际的切实有用的好的铁路。例如在建设工期的多方案中选择了最短的六年工期方案，周总理说："计划六年，希望能够缩短"，实际是五年八个月全面建成投入使用。为加快建设进度，少用人力多用机械；能在国内加工的产品尽可能在国内生产，减少国外的工作量；将国内最新制造的载重 8 t 的黄河车全部供应国外以替换 3 t 载重的解放牌货车等；为减轻铁路运营后的线路维修养护工作量，专门研究设计生产了耐磨耗耐腐蚀高硅含铜的重型钢轨。所用的电器产品均采取了三防措施（防腐蚀、防雷击、防白蚁）。所提供的内燃机车根据当地自然条件、线路标准、所需牵引力，经多次研究、设计、试生产、试验、试用后投入生产供给国外使用。在施工中偶有不慎影响工程质量的，决不马虎，一定推倒重来，这已成为工地的自律行为。在铁路必须通过的东非大裂谷带，不惜人力、物力，投入最精干的专业人员，在野兽出没的原始地区，身背行装，风餐露宿，爬山涉水，在东西长 150 km、南北宽 60 km 的 9 000 km^2 的范围内选出一条好的线路。为了减轻所在国的负担和不致冲击市场，我援建人员自建简易工棚，开荒种菜，养猪养鸡，解决日常生活所需，日常生活用品均由国内供应。

第三，我国所派援建人员，极大部分是从铁道部下属各局级单位根据"三过硬"（政治、技术、身体）条件，层层选拔，经过集中培训后派往国外。他们中不少是国内的劳动模范，单位的技术能手和先进工作者，是各单位的生产骨干，有高度的政治觉悟和明确的援外目标，他们既要为国争光也要为受援国出力，不怕苦不怕累，本着大无畏的精神，克服了诸如高温、野兽、毒蛇、毒蜂、热带疾病（如非洲疟疾、脑炎、瞌睡病等）等种种难以适应的自然条件，每天几乎都是超强度地劳动，在四五十摄氏度的高温下作业，既要完成自身的工作，又要手把手地帮教当地工人操作，确是尽责尽力。在援建工作中因公牺牲的六十多名同志，他们为援建坦赞铁路付出了生命，长眠在坦赞大地上。

第四，按中、坦、赞三国政府议定，援建坦赞铁路按中国无息贷款的方式记在贷款项下，新中国成立以来援外项目的贷款偿还期一般不长于二十年，这已是不短的期限。应坦、赞两国的要求，我国政府破例地延长至三十年，这是体量他们的实际困难而做出的承诺。

第五，在铁路建设过程中，我国即着手为坦、赞两国培养铁路正式运营后运输管理、维修养护等需要的中高级专业人员，除了在当地援建一座常设的铁路学校，定期派出教师授课外，还在北京交通大学专设为坦赞铁路运营管理所需的坦、赞留学生班，以解决铁路通车后两国对各层次专业人员的需要。

第六，除国内派出上万名援建人员组建了各级施工单位外，国内在对外经济联络部、铁道部还设有专门机构，办理坦赞铁路建设中的有关事宜。铁道部下属派人单位和专项产品生产单位均设立援外部门，及时解决涉及本单位需要解决的有关问题。为了满足供应国外所需的各类通用和专用产品以及生活用品的需要，铁道部在沈阳、天津、上海、广州等地专门设立了物资办事机构办理坦赞铁路所需器材、设备、物资的采储运工作。远洋运输部门不失时机地根据货物种类配选远洋货轮运送物资至坦桑尼亚港口。为运送出回国人员需要，经政府特批在国际上购买三艘远洋客轮，往返在广州和坦桑尼亚港口间。

第七，坦赞铁路的建设是在中、坦、赞三国政府和人民友好合作下提前完成的。这种友好合作，互信互帮，体现在各个层面，具体事例不胜枚举，其中尤为突出的是，我国自政府领导人到各级援建人员切实做到平等相待，不凌加于人，同时思想上非常明确的是援助不是恩赐而是一种互助。

以上仅是凭个人认识，概要地引述了弘扬坦赞铁路精神的某些方面，不足以概全，也不一定准确，供阅者评述。

深切怀念李轩同志

李轩同志是我们的老领导，是中土公司和铁道部援外办公室的创建和奠基人。早在 1968 年国家领导人做出援建坦赞铁路的决策后，铁道部作为承建部门设立了援外办公室并任命李轩同志为援外办公室主任。他一方面组建援外办公室的内部机构，一方面筹划坦赞铁路的考察、勘测、设计到施工的全面工作，并亲自参与了坦桑尼亚至赞比亚的路途考察，对铁路的建设做到心中有数，至早的有一个轮廓性的规划。在毛泽东主席和周恩来总理“这条铁路一定要修起来”和“计划六年，希望能够缩短”的号召下，与设计、施工人员共同研究制定了建设的分步计划；与铁路资深的专业技术人员按周恩来总理对铁路标准“略高于邻线标准”的指示，制定了坦赞铁路修建的技术标准。坦赞铁路远在非洲，线路长、工程浩大、技术性强、工期紧迫，线路又必须穿越东非大裂谷带，地形、地质、气象、水文等条件十分复杂。李轩同志安排得有条不紊，环环紧扣。铁路线路长约 1 800 km，赞比亚又位于内陆，工程所需的大量施工机械、物资、器材和铁路各种装备，都需从我国筹集，集中到黄埔港后装船，远涉重洋运至坦桑尼亚达雷斯萨拉姆（以下简称达市）港口卸运至内地。铁路施工只能从坦桑尼亚一端开始。因不能多段展开施工，增加了工程安排上的复杂性。为使铁路较早地延伸到内陆，必须尽早突破位于坦桑尼亚境内的东非大裂谷带。这是坦赞铁路工作量最集中，工程难度最大的段落——姆马段。在施工组织上，他先安排集中力量在一年时间内修通坦桑尼亚境内自港口至内陆的第一段达姆段 502 km，然后再集中大量大型施工机械和施工队伍，用一年半的时间修通姆马段，从而使铁路能比较顺利地向坦、赞内陆延伸。这是一种战略上的安排。因为从某种程度上说，能否在较短时间内修通姆马段，是关系到能否在六年时间内建成坦赞铁路的关键所在。又如为了铁路大型施工机械维修的需要，在铁路建设初期，提前布局修建了与铁路运营配套的达市机车车辆修理工厂等。

李轩同志在贯彻我国对外经济技术援助八项原则上既认真又坚定，无论在坦赞铁路中或是在援建其他发展中国家的项目上，总是充分考虑受援国的实际状况和需要，制定出切实可行的章法。例如坦赞铁路原设起点在离坦桑尼亚首都达市三百多公里的基达杜，达市的旅客和港口的货物必须通过坦桑尼亚既有铁路到基达杜进行换乘和换装（因铁路轨距不同）不仅不便于旅客出行，也增加了货物运输时间。李轩同志经与外经委同志一同考察后，提出将坦赞铁路的起点改到坦桑尼亚首都达市并延伸到港口的建议。无疑，这项建议对提高坦赞铁路运输的自主性和发展两国国民经济是十分有利的。此建议经向中央报批后及时得到了批准。坦、赞两国政府也高度赞扬并欣然接受。又如在铁路线路的构造上，他结合坦、赞两国人口较少的特点，并从降低运营成本考虑，尽可能减少正式运营后的维修养护工作，选用了为坦赞铁路专门设计的高硅含铜钢轨和弹性组合扣件；在各类机电产品上提出了“三防”（防腐蚀、防雷击、防白蚁）要求，既减轻了维修养护工作又延长了使用寿命。再如将铁路两国国境站改选至人口比较密集且交通比较方便的通杜马镇（坦）、纳孔德（赞），改变了两国原定的偏僻过境点，大大方便了两国居民的过境往来和乘车方便，得到两国的完全赞同。对自然条件最复杂的姆马段，提出了大面积选线的明确且坚定的要求，从而选出了一段比较安全稳妥的线段。对中、坦、赞三国政府确定的技术标准中的线路限制坡度，经李轩同志深入研究后，认为有改善的必要，从原定的两种坡度组合修改为一种坡度组合，简化了运输组织，有利于提高运输效率，这项建议得到三国政府认定和批准。以上种种足以说明李轩同志是一位忠实执行我国对外援助方针政策的领导者，充分体现了全心全意为受援国人民服务的崇高思想。

在党的十一届三中全会提出改革开放的方针政策和进入国际的号召下，在铁道、外经两部的领导下，李轩同志积极响应中央号召，在援外办公室的基础上，迅速组建中国土木工程公司。从制定公司名称，拟定公司章程到机构设置、徽标选定、人员安排及市场开拓等，无不亲自具体领导和指点。特别是在思想认识上反复向职工指出进入国际市场的目的和意义，同时要求员工加速从计划经济的模式向市场经济的轨道转变，做一个经国际工程之商的社会主义国家的经营者。对外要符合和适应国际工程市场的规则，内部要遵守国家的政策法令，做到内外有别。中土公司是在 1979 年 6 月 1 日对外开展商务活动的，这也就是公司的诞生日，是当时我国最早成立的四家对外工程公司之一。由于公司缺乏资金，又无国际工程承包的经验，李轩同志以实事求是的精神，提出以工程劳务的方式起步，与外国公司合作进入国际市场，并向铁道、外经两部借得一些流动资金。在听取外贸研究部门有关国际市场情况的介绍后，李轩同志亲自率考察工作组到我国对外经援基础较好、石油资源丰富的伊拉克进行考察和开拓。先后又对占有国际工程承包市场较大份额，且有名声的欧美公司进行访问，其中曾在近三十天中与七十多家国际工程、咨询公司首席执行官会面和交谈。从中既介绍我公司的工程实践，又说明我工程劳务人员的状况，使他们对我公司有所了解。在交谈和参观他们承包的工程项目过程中，学习与了解到许多有益的经验，如信息搜集、市场开拓、队伍建设、工程管理、人才培训和业务范围等方面，从而结合我公司实际，加强信息收集工作，充实市场开拓人员，选择项目管理人员，特别是与公司领导层有计划地对年轻同志在商业英语、汽车驾驶、电脑操作和独立生活等方面进行强化培训，逐步改变我国出国人员队伍庞大、费用增加、成本提高、效率降低、利润较少的落后状况。在项目实施中，李轩同志明确提出“合作互利、重合同、守信用”的经营方针，使中土公司在国际的同行中树立了良好的形象，为中土公司在国际工程市场中逐步树立品牌有了好的开端。

今年（2009 年），我们庆祝中土公司成立三十周年，回顾公司成立至今的历程，是从单一的工程劳务输出到融资总承包；从有限的海外市场到如今的多点布局；从多年未开发出的市场到取得数亿美元计的大型项目；从借用流动资金到积累数以亿元计的资金与资产；从国际工程领域中籍籍无名到列入国际知名工程公司名录等，这是一条从开创经济发展到壮大的成功之路。这是党中央改革开放和一系列扶植政策制订和引导的结果，是几代中土人在上级和历届领导的正确领导下，不断开创、不断实践的结果。在取得如此业绩的同时，我们要怀念我们的老领导李轩同志，他为人正派，有高度的事业心和责任感，他高瞻远瞩，勤于思考，勇于开拓，实事求是，是他带领我们起了步，是他为我们奠定了一个好的发展基础。我们要永远怀念他。

李轩同志简历：1921 年生，直隶（今河北）深泽人。1939 年加入中国共产党。曾任冀中八分区武工队政委、津南支队支队长，解放军第六十三军团长、团政委。中华人民共和国成立后，历任汉口铁路分局政治部主任、郑州铁路局副局长、铁道部第四勘测设计院党委书记兼院长、铁道部基建总局副局长。1969 年任铁道部援外办公室主任，负责坦赞铁路建设的全面工作；1979 年 6 月，任中国土木工程公司副董事长兼总经理；1981 年 7 月，任铁道部党组成员；1982 年 5 月任铁道部副部长。于 2004 年 4 月 6 日在北京因病逝世，享年 84 岁。

坦赞铁路赞境房建的领军者

——记援建坦赞铁路第二建筑队总工程师裴钟棠同志

编者按：本文由本书作者陆大同同志提供手稿原文录入。

裴钟棠同志是我在大学里的同班同学，他学的是厂房建筑，我学的是路工工程，虽同期毕业，都分配在铁路部门工作，但在工作中一直未曾相遇。他的年龄比我稍大，同学们都把他称为大哥、老裴或爱称为阿裴。在班上是一名青年团干部，乐于为同学们服务。记得在20世纪50年代初，我们在治淮工作中，他冒着倾盆大雨，一身泥泞，在淮南八公山为同学们寻找合适的住宿地方，为当时的老师和同学们感激和称道。他把这种乐于为人、不辞辛劳、认真负责的精神意志带到了工作岗位。虽然我们在国内工作中未曾相遇，巧合的是在国外坦赞铁路中相逢。约是在1973年，坦赞铁路建设处在全面建设的高峰期，因坦赞铁路所处的地域只能从坦境一端逐段向赞境延伸施工，因之赞比亚境内的工程在施工组织上只能安排在1973年之后，虽然赞境的地形地质等条件略为简单一些，但工程量仍是不小的，铁路正线长达880 km，有41座大中小车站，约有16万 m^2 的房屋（约占全线房屋的45%），还有一座大型的机车车辆修理工厂，此外还增加了一座铁路技术学校和我国驻赞比亚卢萨卡的新使馆。虽然当时离铁路全面建成还有两年时间，但是铁路的站房和机车车辆修理厂房必须提前建成，以备各类配套设施的装备和调试，这样，房屋的施工工期就非常短暂了。工作组领导与第二建筑队领导开会共同研究如何完成如此紧迫的任务，在这次会议上我与裴钟棠相遇了，相见时的激动是难以言表的。由于大家为坦赞铁路建设目标是一致的，且又多了一层关系，很快就把“分段突击，全面开花”的方案定了下来，裴钟棠同志从中起了关键作用。赞境的站房因气候原因与坦境有所不同，坦境因炎热中小站房是敞开式的，赞境所有的车站都是封闭式的，工作量相对要大，姆比卡机车车辆修理厂厂房又是钢筋混凝土结构（达市机车车辆厂是钢结构）现场的工程量是很大的，再增加了不少额外的工程，施工的紧张程度可想而知。裴钟棠同志分管业务工作日夜守在工地，与工作人员打成一片，及时处理施工中出现的种种问题，赞境的房建施工在我记忆中极少有需要工作组处理的事。记得有一件事是裴钟棠主动和我商量的，就是沿线铁路职工住宅的外墙色彩，特别是职工比较集中住宅量大的姆比卡地区的职工住宅有数百栋，他提出房屋外墙要分区采用不同色彩的涂料，既便于住户识别增加了美感，又符合非洲当地人重色彩的风俗习惯，这的确是一个好的建议。经实施后效果确实很好，得到了广大住户的好评，姆比卡铁路地区形成了一个有丰富色彩的小型城市。

赞境的房屋建筑在第二建筑队领导和全队员工的尽心努力下预期完成了所有任务。这些建筑虽经四十多年的风风雨雨至今仍很完好。坦赞铁路全线五大站中赞境有姆比卡和新卡比里姆博希两个大站，都成为当地的一大景点。

裴钟棠同志于1975年回国后在铁道部建厂工程局任总工程师，以后又赴深圳开展承包业务，于2009年3月因病去世。他为坦赞铁路付出了极大的辛劳，是有很大贡献的，我们要怀念他！

坦赞铁路机车车辆修理厂厂房在建设中

坦赞铁路建设时期现场生活的方方面面

关于坦赞铁路建设工作的事情，虽然在多种书籍和媒体中已有很多叙述和报道，但有关现场生活的内容很少有所描述，这是坦赞铁路建设中不可或缺的方面。我在坦赞铁路建设现场历时八年，那时的生活既单一又丰富，是值得书写的，或许在今后的援外工作中可有所借鉴。

所说现场生活包含面很广，有居住方式、饮食起居、医疗卫生、休闲活动等方面。因为处在万里之遥的非洲，和我国的气候、地理、人文的条件有许多不同，需要因地制宜地进行安排，既要保证工程人员的物质需要，又要充实所需的精神内容，使铁路建设人员有较好的体质和充沛的精力，更好地投入到铁路建设中去。

上述所说现场生活中的单一和丰富，是现场生活的总概括。单一是指活动的场所只能在驻地，不能介入到当地的社会场合中去；丰富是指活动的内容很广泛。以下按建设时期的勘测和施工两个阶段进行叙述。

勘测时期因我人员数量相对较少（与施工时期相比）且流动性大，生活所需的基本条件大多还是由所在地解决，如住房有的靠地方提供，基层（分队）因流动频繁自配帐篷住宿，以适应野外作业经常搬迁的需要。日常的主副食品大多在当地采购，品种虽然不多，但有时也能够买到一些价廉物美的产品，如在坦桑尼亚达市（达累斯萨达姆）的海边市场可以买到新鲜的鱼翅、海参和鱼、虾、蟹等海鲜产品，作为休息日改善生活的一些副食品，有时购买后分送到各分队去。平时的主副食由队内总务采购人员和我们当地语翻译陪同到市场去采购，记得有一次没有翻译陪同去购买鸡蛋，因言语不通，只能用手势比画成一个圆形，店主看后去拿来一个灯泡，我们的采购人员摇摇手不要，店主也弄不明白，这时采购人员急中生智，一边拍拍屁股，一边学喔喔鸡叫，这时店主才恍然大悟去拿来了鸡蛋。这才将鸡蛋买了回来，队内人员听说此事后作为笑料传播开来。

1968 年 6 月，坦桑尼亚勘测二分队分管后勤的副队长周书湘去市场采购，由我们当地语翻译开车，因车速过快，道路条件又很差，发生了翻车的严重车祸，周书湘队长严重受伤，虽经抢救保住了生命，但全身瘫痪，待病情稳定后送返回国，由组织上照看在医院继续治疗，于 1980 年去世。这起事故给坦桑尼亚勘测总队敲响了警钟，立即召开了紧急会议，通报了事故情况，及时制订了安全守则。国内家属们知道这起事故后，一直担心国外的亲人，总队领导嘱咐国外人员要保持与家属的信件联系，传达平安的信息。

勘测时期的工作是十分紧张的，每两星期休息一天，称为大礼拜，这天除写家信外就是洗衣和整理内务。收音机是每人必备的消遣工具，积存三个月的零用线可以买一台日产的收音机，这是每个队员首选的商品，主要是收听国内的新闻广播，每天收工回到住地吃了晚饭就是收听国内广播。当时我国使馆、经代处规定，出国人员不允许买中国的大件商品，如飞鸽牌自行车、蝴蝶牌缝纫机等，这或许是我国为援助不发达国家，为改善他们的生活和工作条件而作的要求。位于坦、赞两国首都的勘测队员们，在大礼拜到我国使馆去做客，使馆准备了各种水果来招待。大使和参赞每次都说：“使馆是中国同志们的家，希望大家来玩”，队员们心里感到很温暖。非洲的水果很多，有芒果、香蕉、橘子、木瓜、菠萝等，在市场上因购买数量有限，价钱也偏高，有的摊贩因文化受限，不大会计数和计价，只能一个一个地卖，难以满足我们的需要。我们的总务采购人员设法联系到当地果农，到种植园内去按果树论价，谈妥后一同采摘下来运回队里，分送给每位队员，水果不仅新鲜价格还便宜，各人的床下都存放着多种果品，作为日常的辅助食品。驻地在海边的勘测队员，有时在大礼拜到海边去游泳，这不是经常的，因为有个安全性的问题，偶然去一次也必须有组织内识水性的同志带队。每逢大礼拜中午都备有当地产的啤酒和北京二锅头酒，还有一些海鲜食品，有时还包水饺以改善生活，这天还要轮流做饭，使厨师能得到一天的休息。勘测工作的早、晚餐由厨师主厨，中午都自带馒头和咸菜，本可以带鱼肉的罐头，但因野外作业鱼肉罐头容易引来毒蜂和大蚂蚁

达累斯萨拉姆医院主楼及病房

（1968 年我国水利专家张敏才同志就是在坦桑尼亚考察期间中午用餐时，开了鱼肉罐头，罐头发出的腥味引来了数万计的毒蜂蜇身，虽经抢救，但因中毒过深而牺牲，我铁路勘测队引以为戒，就带蔬菜了）。和勘测人员一同工作的当地朋友，他们都不带吃的，我们的队员一般都多带一些，到中午分给他们，这已成为常事，可以说我们的队员和当地朋友工作在一起，生活在一起，很自然地建立起了友情。在医疗卫生方面，总队和分队都配有驻队的全科医师，负责日常的医疗保健和治疗疾病，每周督促队员服用防止疟疾的预防药，非洲的疟疾不同于我们国内同类病，有的队员虽服用了预防药还是得了非洲疟疾，以后国内生产了针对性的名为“青蒿素”的药，控制了这种疾病。非洲还有一种瞌睡病，带有这种病菌的蚊虫叮咬后会随着睡眠而死亡，队医及时给每人打了预防针，防止了这种可怕的疾病。队医除给队内做保健工作和治疗疾病外，还给队里的当地朋友治病，效果很好，在当地就

自己动手，鸡鸭成群

种植菜园，蔬菜基地

传播开来，陆续引来了当地的病人纷纷来求医，都得到较好的诊治。记得勘测二分队迁至姆潘加后，当地县长慕名，将他的聋哑女儿送到分队请求治疗，经队医采用中西医结合，特别是用了针灸的办法治疗一段时间，她能听到了一些声音也能简单的发声了，取得了明显的疗效，自此队医名声大振，当地居民将我队医称为"中国的神医"。赞境也有类似的事例。

为保证援建人员的身体健康和有病能够得到及时治疗，国内在坦桑尼亚的达市和赞比亚的姆比卡组建了两处综合性的工地医院，由国内各铁路医院选派各科医务人员到国外，医院的规模和水平不亚于国内二级医院，既为工程人员治病，也为当地居民治病，为坦赞铁路成功建设起到了保驾护航的作用。

1970 年勘测即将结束进入施工阶段，出国的施工人数大量增加（施工高峰时达 16 500 多人，总共计出国 50 000 多人次），分散在各个施工现场，工程指挥部（坦赞铁路工作组）下设有五十多个单位，生活方面的事工作组专设有生活卫生组，负责各施工单位生活所需的物品供应和医疗卫生方面的事宜，定期向国内申报生活物资计划。施工中的住宿用房都是各施工单位用当地采伐的木材和国内供应的瓦楞铁盖的简易工棚，称为施工临时房屋，总数达数十万平方米，施工结束后这些房屋大多留给了当地居民。因施工队伍庞大人数又多，所需生活物资主要靠国内供应如大米、白面、调料、干制品、罐头食品、白酒、生活日用品等，国外所报的计划，国内都按计划满足供应，当年国内正处在经济调整时期，生活物资还不丰富，大部分生活物资都是凭票供应的，但为了援助坦赞铁路的建设，不仅是满足国外需要而且是将最好的商品供应国外，确是做到保质保量按时供应。记得有一次国外申报的计划中有 1 t 肥皂，国内错看成了 10 t，1 字后面多加了一个 0，运到国外后使人感到很意外，数量大得惊人，后来将多余的退回了国内。日常生活中所需的蔬菜、瓜果（香蕉、木瓜）、猪肉、家禽、蛋类为不致冲击市场，大部分施工单位都在驻地开荒种菜，养猪养鸡，满足了日常生活的需要。坦桑尼亚总统尼雷尔每次到我们的施工单位去看望，都要到菜园去参观，并号召随同官员和当地居民学习中国朋友这种自力更生的精神。这些种植园地在施工队撤离后，都由当地居民继续种植。这也是中华文化带给了所在国人民，使他们用自己的双手改善了生活。工作组和各施工单位定期杀猪斩鸡，由各组轮流操作，斩杀后的少量猪下水和鸡翅、鸡爪带回组内烹成酱制品，在组内打牙祭，这已成为惯例，对轮值人员既是一种报酬也是一种鼓励；每两周休息一日，休息日大都在中午大家一起包水饺和喝酒，这也是施工人员最高兴的事，过年过节都要聚餐，以淡化思乡之念。援外人员按国家规定每月发相当于人民币四十元的当地货币，大多数人员都积存起来，到生活卫生组所属的生活供应站购买自己所需商品，如手表、收音机、尼龙布、袜子等带回家去。由于自行开荒种地节省了生活费用，由生活供应站统一采购如奶粉、麦乳精、咖啡之类的商品以做平时补充食品，这些食品发给个人后，除少量在国外消耗外大部分积存带回国内家中去了。

坦赞铁路长达 1 860 多公里，线路长、工点多、为了工作需要流动的人员很多，为满足这类人员途中食宿的需要，自坦桑尼亚的达市至赞比亚首都卢萨卡一线共设立了十一处生活接待站，配有站长和服务人员，随时提供食宿服务，为坦赞铁路建设起到了很好的辅助作用。

各施工驻地在休息日普遍开展文体活动，有的还修建了简易篮球场，和当地工人混编组成篮球队进行比赛，观看的群众自发地组成小型啦啦队为比赛助兴，有的驻地还开展了拔河比赛，真是热闹非凡。国内为丰富工地的文化生活，派出了几个电影放映组，到工地轮流放映，每到一地放映时，当晚坐满了施工人员和当地观众，有时因场地有限，只能坐在银幕背面，看得也很高兴。因片源有限，反复放映的是革命样板戏和《地雷战》《地道战》《南征北战》等几部电影，大家还是很有兴趣的，因为看了多次，当地朋友特别是孩子们都会背出电影中的某些台词了。1972 年 4 月国内组织了铁路文工团中的杂技团和歌舞团到国外慰问演出，演出历时五个多月，演出近百场，我们建设人员真是兴高采烈并体会到国家对援外人员的关怀，更加激发起了建好坦赞铁路的热情。

坦、赞两地每月都有一次由外交部信使队送来的信件，国内家属将信寄到外交部或铁道部援外办公室，集中由信使送到国外使馆。每月国外人员都盼望这一天，施工单位派专人、专车到达市或卢萨卡取信，有的队距首都近千公里，派两个司机接连不断地开车，不分白天黑夜，真是马不停蹄，因为队内的同事都在昂首盼望着家信。接到信后，紧急着要写回信，因信使在短期内就要回国，将写好的回信再送至首都。到施工后期为减轻信使负担，改为邮寄或由出回国人员捎带的办法。未收到来信的同事或信中有不愉快的，队内领导和政工人员都会及时做相应的安抚工作。国内外信件往来是援外人员生活中的一件大事，各级组织都很重视，从没有懈怠过。

以上叙述只是个人在八年现场生活中接触和所知的若干方面，虽不足以概全，还是可以侧面反映坦赞铁路现场生活中的一个大概的情况。

援建坦赞铁路建设中的附属史实

坦赞铁路建设中的史料已有许多回顾和叙述，这里不再重复。因建设期间方方面面的事很多，可以回顾和记叙的事也就多了。今凭记忆，在史料中未予记载，而在建设期实际发生的某些往事，以附属史实的方式记述下来。这些往事都是与当时人们友好往来中发生的，内容很多，不胜枚举，这里只是概略地作若干回顾。

一、一次错位的礼宾接待

1968 年 4 月，我国坦赞铁路勘测设计队先遣人员赴坦桑尼亚做先期准备工作，人员中有坦勘测总队副总队长、事务员、翻译等数人。到坦桑尼亚后受到坦方交通部门高级官员接待，因我出国人员统一着装，其中这位事务员人高马大，副总队长长得较瘦小，在见面时我翻译又缺少外事经验，未事先介绍各人身份，对方将我们这位事务员迎作主宾坐到主位，待到互相致辞时，我副总队长站起来发言，由翻译介绍了身份，对方才发觉迎错了主宾，表示了歉意，相互对笑，握手致意。

二、在当地旅馆住宿用餐时的风情

勘测期我铁路沿线未设生活供应点，在来往各分队时中途要在当地（伊林加）旅馆住宿过夜并用餐，初期有翻译陪同办理住宿和用餐手续，以后来往多了，翻译就没再陪同了。在初始陪同用餐时，翻译点菜时和服务员用当地话说按菜单上所列上菜，同时将这句当地话的意思告诉了同事说“统统要”。这时服务员还没有离开听到了这三个字，然后给大家逐项上了菜。可能他将这三个字理解为“中国朋友”，并告诉给了他的同事们了。以后每当我们的人员去旅馆住宿，在远处就能看到旅馆服务人员向我们人员招手，嘴里还喊着“统统要”，将我们的人员友好地迎了进去，到餐厅用餐时也不用我们的人员说话，按惯例上菜了，同时他们随着菜上时还在说“统统要”，表示友好。此事，我勘测队同事们知道后，将它作为一种茶余饭后的笑料传播开来。

三、撞碎了东非大学的玻璃大门

东非大学是非洲有名望的一所大学，位于坦桑尼亚首都达累斯萨拉姆，有规模较大设施完备的建筑群。我勘测队在 1968 年 4 月到时，学生正在放假中，坦交通部将我勘测队安排在东非大学学生宿舍住宿。宿舍是多层建筑，通道中有大的玻璃门相隔，每天有清洁工打扫，玻璃门擦得透亮，上无标记。曾有两次我人员因开会急匆匆地走出去，未看出有玻璃门，撞得头破血流，玻璃门也撞得粉碎，此事被校方和政府知道后批评管理部门没有照顾好中国朋友，我勘测队领导做了自我批评，说明是我们自身的责任，并愿意赔偿损失。坦交通部门紧急联系了其所属航空公司，将我人员迁至东非航空公司高级招待所驻地，此后即为我坦境勘测总队驻地，技术合作期为我坦分局专家组驻地。

四、“耀华”远洋客轮上的总务长

“耀华”客轮是我国政府向法国购买的一艘远洋客轮，以输送我援建坦赞铁路人员往返于广州和达累斯萨拉姆海港间。船上各类生活设施齐全，用餐时既是一种欣赏也是一种享受，我人员赞扬有加。初上船时兴致勃勃，用餐时说说笑笑，品尝着船上厨师所做的美味佳肴，可是船离广州后不足一天遇到南海的潮涌，队员普遍站立不稳，有的头晕呕吐控制不住立即回船舱躺下，每当用餐时餐厅只有稀稀拉拉的几个人，也只是吃一些酱豆腐或腌菜，荤腥的菜肴都吃不下去。这时船上的总管（总务长）到各船舱去看望，动员队员们去用餐，甚至说我求你们了，工作已做到了极致，但未得效果。无奈下他想了一个办法，就是给每个躺着的队员发苏打饼干，但因呕吐也无法吃下去。船进入印度洋后风平浪静，队员身体很快恢复正常，有的队员将饼干留下来以作纪念，在日常生活中还怀念着这位待人诚恳、尽心服务的“耀华”客轮总务长。

五、头顶拖鞋，光着脚板的当地人

在国外的工作中我们通过驻队官员雇用了一些当地人做勤杂和辅助工作，在共同劳动和生活中除日常吃食与他们分享外，看到他们总是光着脚走路，有的队员出于好心，将布、皮鞋送给他们，他们总是摇摇手，通过翻译知道他们不习惯穿鞋子，习惯穿拖鞋。我们就将拖鞋送给他们，就是上工地他们也不穿，有时脚被石子等划破了很深的口子倒也不出血，有的队员称他们是“象皮脚”，意思是脚底的皮像象皮一样厚。他们宁可将拖鞋顶在头上，光脚板走在地上，以减少拖鞋的磨耗，这是生活困难中形成的一种习惯，也是节俭的一种表现。

六、夜半来的蚂蚁群

1969 年第 3 季度，在我们完成姆马段大面积选线工作后，位于姆潘加的坦勘测二分队的队医，接待了当地县长的女儿来治聋哑病，队内专为她支了一个帐篷，白天治病，晚间她一人住宿。一天晚上后半夜，我值勤人员只听到她帐篷里有拍打的声响，随即报告了队长，队长即去叫来两名女翻译拿了手电筒进聋哑女的帐篷，用手电筒一照，只看到蚊帐上黑压压的一片全是蚂蚁，这时一些队员也进来了，有的用棍棒打，有的用扫把扫，不但驱赶不了蚂蚁，反而越来越多还到处乱爬，怎么办？这时有一位队员说他有经验，就是用洗衣粉可以起作用，因为他在洗衣服时曾碰到过蚂蚁，就是用洗衣粉将蚂蚁驱赶走的。这时一些人就拿来洗衣粉撒上去，有的将洗衣粉用水化了泼上去，果然见效，蚂蚁开始退去，大约过了一个钟点蚂蚁有序地全部退走了。这时这位聋哑女向我们每位队员一一作揖表示感谢，同时我们也学到了驱赶蚂蚁的一种方法。第二天她的父亲来队，她将此事用手势告诉了她的父亲，她父亲向我队长表示了谢意。此女经我队医一段时间的针灸治疗，聋哑病有一定见效，能简单的发声，也能听到一些声音了。

七、饮血和熏烤野味

在姆马段大面积选线工作中，与我们随行的当地朋友和猎警日常的生活饮食除我们略供一些给他们外，主要是靠狩猎。他们在捕杀到一头猎物如野牛，立即津津有味地喝它的血，并架起柴火，熏烤不洗的剥了皮的野牛肉和内脏，未烤熟时就拿匕首割下来吃，有时还给我们一块，同时还说斯瓦希里语“姆坐里，刹那！（非常好的意思）”，我们盛情难却，又不敢吃，怎么办呢？灵机之下，拿出来一包饼干递了过去，他们拿着饼干和烤肉一起吃起来。

八、吃来无味的疙瘩汤

在姆马段的大面积选线时，我们自带食品，每天清晨由一名小分队队员轮值做早点，轮到我的那天早晨要用面粉做疙瘩汤，这是我上一天晚上许诺大家的。起早后我用江浙一带粗线条的方法（大块的面糊）和酱油清汤做出了一锅疙瘩汤，因没有更多调料也没有辅料，确实是淡而无味，自感逊色，好在大家都能包容，哈哈大笑和着饼干吃下去了。

九、只吃“篮子鸡”

1969 年 11 月，中、坦、赞三国政府第三次会谈在赞比亚首都卢萨卡举行。赞比亚政府将我国政府代表团安排在最高级的洲际旅馆住宿和餐饮，吃的都是西餐，头几天还感新鲜，过了几天有的吃不下去了。因赞比亚政府有交代，要满足中国政府代表团的一切需要，对方征求我们对餐饮的要求，我们伤了一些脑筋，商量一番后比较多的意见还是只吃鸡，这样餐厅每顿就给每人上一只“篮子鸡”，我因平时就不爱吃鸡，上了鸡后我只吃两只翅膀。初始因是童子鸡大家基本还能吃完，日子长了也和我一样只吃两只翅膀和一些沙拉类的东西，大多数都剩了下来。实在无奈之下，有时就借口到我使馆去打一次牙祭，以调剂胃口。

十、大使为我们做后勤工作

第三次会谈期间，会谈内容的准备工作都要在我国使馆进行。当时赞比亚已进入热季，室内没有空调只有电扇，难以解热。我因要连夜起草布克同志在会上的发言报告稿，一边写稿一边擦汗，第二天凌晨三时许完成了初稿，晚饭后代表团全体成员集中在使馆机要室讨论并定稿，因房间四周密闭，大家都气喘吁吁，半夜秦力真大使将准备好的糕点拿出来做夜宵，同时还拿出在白天叮嘱购买的冰制品如冰淇淋和雪糕给大家解热，大家都感谢大使的这种周到安排。约在次日凌晨二点多将稿讨论完后，接着翻译成英文，于当日准时参加了会议。

十一、中国人的神奇医药

20 世纪 50~70 年代的援外人员，出国人员都不能带家属，两年回国休假一次。援建坦赞铁路的所有人员同样不带家属。当地聚居的西方人眼里认为不带家属是不可理喻和不可理解的事，因为他们到所在国去必定是带家属的，因此他们询问了在我队工作的当地人员，中国人是怎样生活的。当地朋友并不知道我队内情，只看到每周由队医发给每位队员两粒粉红色的药片，就告诉了西方白人，西方人证实了中国人是吃了神药的，所以可不带家属。此事被我翻译知道后告诉了朋友，我们每周吃的是预防疟疾的药不是什么神药，有时也给他们吃，从而解开了这个迷。

十二、保驾护航的工地医院

坦赞铁路建设时期国外组建有两座全科的工地医院，一座设在坦桑尼亚的达市，一座设在赞比亚姆比卡，医务人员是在全国各铁路医院选派。因医院设在工地，有伤病能得到及时治疗，确实起到了对援建工作保驾护航的作用。在铁路铺轨进入赞比亚的 1974 年 10 月，我得了比较重的胃溃疡，住进了姆比卡工地医院，当时铁路建设正处在设备全面配套的高峰期，我又是负责这方面工作的领导人员，心里很着急，医院安排了专门医师治疗，又安排了专用会议室以备召开工程中紧急会议的需要。南昌铁路医院选派的吴医师负责给我治疗，并告我不要着急，胃溃疡是可以治好的，同时还保证我安全地参加了会议，确实使我做到了治病工作两不误，我感谢他们的这种负责精神，不到一个月我治愈出了医院。在医院治病期间，外经部方毅部长在参加完赞比亚的庆祝活动后，专程到姆比卡医院去看望和慰问病号，也去看望了我，叮嘱我安心治疗不要着急。

十三、使人痛心的亚米茄手表

按国家规定出国人员每人月发相当于 40 元人民币的当地货币以作津贴，用来购买一些日用品，但几乎所有的出国人员都将它积存起来购买外汇商品，如洗衣机、收录音机、手表等，也称为大件商品。有这样一位援外人员，将积蓄的钱买了一块亚米茄手表，平时放在箱子里，休息日拿出来看看。两年的工作假期到来，坐上远洋轮回国休假，船进入珠江后风平浪静，他和同伴们到甲板上去观光，将包在手帕里的表放进口袋里站在船舷边，把手帕从口袋中抽出时不慎将表掉进了珠江里，这时他大喊了一声，同伴们过来询问究竟，知道是将表掉进江里去了，大家都无奈地叹息了一声。他本人呆呆地站着，直到同伴们招呼才下了船。

从嫩林铁路到坦赞铁路的一支勘测队

——在嫩林铁路勘测中的艰辛岁月

编者按：中、坦、赞三国政府签订了中国援建坦赞铁路协议后，铁道部选择了第三勘测设计院组队，以东北大兴安岭嫩林铁路勘测设计总队中的勘测设计人员为主，组成了援建坦赞铁路中国勘测设计队赴坦、赞。这是由政治、技术、身体“三过硬”条件的人员组成的一支能吃苦，不怕累，精于铁路勘测设计的队伍，高效优质地完成了坦赞铁路勘测设计任务。这是怎样的一支队伍？在国内是怎样工作的？本文详细介绍这支在嫩林铁路勘测中的队伍，在文中可以看到这支勘测队伍经历了艰辛岁月，一步步成长的过程，给我们讲述了一段在组成援建坦赞铁路中国勘测设计队之前，他们在工作、生活中的逸闻趣事。

20世纪60年代初，我在铁道部第三勘测设计院担任东北大兴安岭嫩林铁路勘测设计的总体设计负责人（项目总工程师），历时近五年。

嫩林铁路是一条森林铁路，有着“林海苍龙”的美称。南起黑龙江的嫩江县，向北延伸经大杨树、加格达奇、林海后越大兴安岭经塔河至我国最北部的县城漠河县所属西林吉，终止古莲，全长680 km（另有林海至碧水支线115 km）。铁路沿着大兴安岭东南坡和北坡，横切大兴安岭的绵延山地，地处高寒地带，自每年九月至次年四月为冰冻期，长达八个月，最低气温零下 50 ℃以下，有常年不化的冻土层，交通闭塞，大部分是人迹未到的地区，狍群黑熊经常出没，人们都将这一地区视为人类不可征服的高原禁区。茂密的森林，有白桦树、樟子松、落叶松、柞树、杉树等多种树种，可称是碧波万顷的绿色宝库，真是“千年沉睡不见人影，狍群黑熊出没无常”的原始地带。

铁路自 20 世纪 50 年代后期进行考察，1961 年开始勘测，当时由铁道部东北工程局五处担任施工，1962 年国家作出开发大兴安岭林区铁路大会战的决定，1964 年改由铁道兵担任施工任务。为了紧密配合施工，第三勘测设计院相应组建了一千人的勘测设计总队，李文毅同志任总队长，我任副总队长兼总工程师，勘测后在现场进行设计。铁道部也派出了设计文件鉴定组进行现场鉴定，以加快建设进度。可以说嫩林铁路是一条发展国民经济的铁路，也是一条保卫国家边境的国防铁路。因之，对参加这条铁路建设的人员，都要具备三个过硬的条件，即政治、技术、身体三个方面都过硬。

铁道兵派出第三、第六、第九三个师，分段担任施工，至 1972 年 8 月 15 日全线建成通车。

俗话说“兵马未动，粮草先行”，就铁路建设的作业程序而言“工程未动，勘测设计先行”；就勘测设计工作而言“后勤工作先行”。

这里叙述的是勘测工作中的许多往事。

勘测工作的后勤工作，主要是为勘测所需的各类物资利用每年九月开始的封冻季节，组织数十匹马匹作为运输工具，将所需物品输送入林区每百公里的供应点，将其中的肉菜类埋入冻土层中的地窖内以保持新鲜状态使不腐烂。每匹马所驭的物品中，有一半是其自身所需的草料，因之每次组织的马队是一个庞大的群体，犹如沙漠中的骆驼商队一般浩浩荡荡。数十人的后勤人员，身背行囊，风餐露宿，长途跋涉在冰天雪地中前行，确实十分艰辛。勘测队的工程技术人员，是在每年一季度末的四月初地表临开冻前陆续进入勘测现场，大部分人员是背着行装和工具徒步进入，少数人员将勘测用具等放在林区中特有的大轱辘车上（俗称“草上飞”，是一种用硬木原料制成一米多直径的车轮，上搭架具的车具），牵上马匹前行。林区内普遍是沼泽湿地，生长着如头盖样的草群（又名塔头草），形成墩状，墩与墩间相隔二三十公分，中间结着冻冰，开化后就成冻水，在前行时仿佛是少林寺练功中踩踏梅花桩一样吃力，稍不慎就会陷入冻冰水中，这时就需要同伴们帮助，逐渐将两腿从草墩的间隙中拔出来，这是经常会碰到的事，也曾有过马匹陷入无法救出而死亡的情况。

在一年中勘测后期的七、八月份，存在地窖的肉菜类副食已经吃尽，每天只能吃干豆角、干土豆片、粉丝、黄豆熬的汤菜，顿顿如此，有似中草药的味道，难以下咽但也只能勉强吃下去，大量剩下的这种汤菜连马都不爱吃。进入九月开始封冻，勘测队员陆续撤离，返回设计院进行内业设计工作。在原始密林中勘测，为了不致迷失方向，备带有罗盘仪，还要在树上做出标记，逐步前进。林区内气候变化极大，早晚很凉，中午闷热，温差很大，穿着厚厚的工作服，头戴防蚊帽，为防止夏虻等的叮咬不能脱下，只能忍受，实是难熬。有时早晨上工地还是大好天气，傍晚收工时突然大雪纷飞，很难辨别方向，曾发生有个别队员离开队伍单独归队，因迷失方向而不幸牺牲的情况。自此，勘测队制订了守则，勘测中必须结伴而行，不容许单独行事。勘测中的这种艰辛状况及至大批施工队伍进入，才有了一些改善。

我因是总体设计负责人，在外业勘测期间，需要到各分队去了解情况，不能固定在一个队里，就采用由我和几位专业负责人结伴，身背行装，来回在各队间处理有关技术问题。因队与队间相隔较远，我们经常一天要步行数十公里，有时住宿在生活供应点，有时住在勘测队内，来回奔波确很劳累，好在当时还年轻尚能支撑。

以下叙述在勘测中所做，所遇，所见，所闻值得回顾的若干往事。

一、认清自然，掌握标准，精心勘测设计

以精心勘测为前提，充分认清自然特点，按此在施工组织设计上采用了保护永久冻土层的方法，使线路稳固地通过高寒地带；各项基础工程，普遍采用入冬开挖的方法，砌筑后及时封闭回填，保持其稳定状态；在运输技术标准上，按上下行列车载重的不同，采用了两个不同方向的不同的限制坡度（或称均衡坡度），既减少了工程，又节约了投资，且得到均衡运输，使铁路运行几十年

至今一直状态良好，起到了发展国民经济和保卫国防的作用。

二、超低温中的考察

1962 年第 4 季度，我们组织了一个五人小组，对漠河县所属西林吉至古莲段进行考察，为以后阶段的勘测做准备。此段线路虽不长约 20 km，但线路位于黑龙江南岸，是我国最北部的铁路。黑龙江对岸即是西伯利亚，因其在北岸面向阳，我方是南岸面向北，属于阴面，气温自然要低于对岸，因事先知道这种自然现状，且又处在冬季，做了许多防寒准备，如皮帽和皮手套内加了绒线垫层，皮大衣内加了厚棉衣等，准备了一些简易工具如罗盘仪、地温表等，每人手持拐棍，脚穿长筒皮靴，眼戴墨镜，踩踏在厚约 1 米的积雪中，四周是白茫茫的一片，艰难地步步前行，因白雪覆盖，只能看到起伏的山岗，作了简要记录。在记录的过程中，因手套过厚脱了下来以便记录，过不了五分钟手就发僵，继而手指发黑，随即用雪挫手，不能用火烤，否则手指就会坏死，这是常识，过了一段时间慢慢才恢复过来。个别队员为了便于看清周围状态而将墨镜拿了下来造成雪盲，什么也看不到了，在同伴们的搀扶下，继续慢步前走不能停顿，这也是冰天雪地中的常识，如停顿下来身体会发生僵硬，以至死亡。带地温表的队员将地温表插入地表不到三分钟，只听到细微的开裂声，地温表断了七节，所带地温表最低可显示温度是零下 57 ℃，可见当时的地表温度低于零下 57 ℃。因戴口罩，呼吸的热气到眉毛上立刻结成了霜，影响了视线，是无法用测量仪器的（如经纬仪、水准仪等观察用的仪器），好在是考察，尚不需用多种仪器。这次考察后得到的收获是很值得的，即安排下阶段勘测作业的时间必须离开寒冬，同时也确定了线路的走向。

三、部长到现场视察

1963 年第 3 季度，铁道部部长吕正操到嫩林线现场进行视察。东北工程局为使部长所乘专列到达工地，紧急抢通牙林东线自甘河经阿里河至加格达奇的铁路（我也是牙林东线的总体设计负责人）。专列到达加格达奇的当晚突降暴雨，将加格达奇站端的涵洞冲塌，列车只能停在站外等待抢修。我当时在离加格达奇以北二十多公里的勘测分队中，连夜乘吉普车，半坐半推在泥泞中前行，身上沾满了泥浆，好不容易清晨到达了加格达奇，这时被冲塌的涵洞已经修复，专列已停在站线上，我见到了吕部长和第三设计院院长。他们随即在我陪同下，乘上吉普车去勘测队。途中，吕部长说东北的天气（他是辽宁海城人）的特点，一朵乌云下一场大雨，可以将一座桥冲垮了，要我们知道这种自然特点，途中还询问了一些林区树木的情况。到了勘测分队，在帐篷里听了队长的工作汇报，看到勘测队艰苦的生活状况后讲了一些表扬和鼓励的话，接着询问在场的队员有什么困难和要求，队员们除感激部长来队看望和视察外，提出了工地一是听不到中央的声音，二是吃不到新鲜的蔬菜，三是缺少文化生活。吕部长听后当即嘱秘书通过队里的手摇无线电发报机，嘱广州局组织蔬菜，上海局采购电子收音机速运工地，并指派铁路文工团迅速组团赴工地慰问演出。我随吕部长专列回京，途中他嘱秘书询问上述三件事的落实情况，反馈的消息是铁路文工团的说唱、歌舞、话剧团已准备出发，蔬菜、收音机已由两局采购即刻发运。途中还停车到几个小站慰问和看望铁路职工和家属。部领导的这种雷厉风行的作风和关心属下的行为，使我们深受教育和感动。

四、林区后勤工作的英雄

林区后勤工作量大而艰辛，为铁路勘测起到保驾护航的作用。后勤人员中有一位近三十岁的青年人名卢德禄，身体瘦长而强壮，待人亲切而诚恳，是筹办物资和入冬运输的牵头人。在封冻期完成供应工作后，地表逐渐开冻，形成大片沼泽湿地，在人马难行的状况下，他继续独自来往于各队各点之间，做着了解情况、传递信息、发送文件的工作，独身一人手持棍棒，有时一天要步行上百公里，有时会遇到黑熊，用棍棒搏斗逃生，这是一般人不能担任和难以做到的，大家称他为“林区英雄”，也有人称他为“林中侠客”。我在现场时曾得到院里开会的通知，就是卢德禄同志陪同护送我走出林区，他在前为我探路，有时搀扶我蹚水过河，真是无微不至，使我安全地走出林区。多年来我们保持着联系，一直到我离开第三设计院，我还怀念着他。据说他后来还一直担任着后勤工作，确实可称得上是一位林区工作的孤胆英雄。

五、森林火灾

林区发生火灾的原因一是天灾，就是雷击引起；二是人祸，大多是吸烟引起。救火是林区压倒一切的大事，凡遇火灾，手上工作都要停下来，服从救火指挥部的统一号令。所在林区的人员都要奔赴火灾现场，留下少部分人员在驻地做后勤食品供应工作（做大饼为主）。去参加灭火的人员必备的用品除棉衣、棍棒和食品外，就是火柴。火柴是以备火场火势转换，救火人员处在下风头时，可向前方点火开路时用，以逃避火势。大火有的持续天数数天，灭火后还要守着火场，以防余火复燃。救火人员出去时只向着火点奔去，火被扑灭后辨不清方向，就要探寻回归的途径，这是一件很艰难的事，好在火场灭火人员大多能结伴而行，相互照应，也有少数人员单独回归而迷失方向，数日不归，经报告上级后动用军用直升机，带着防寒用品和食品在空中探寻，得以营救回来，也有个别的无法寻到而牺牲在外。我在勘测队时曾遇到过两次火灾，队里照顾我让我做后勤工作。上述情节，都是去火场的同志回队后叙述的实际情况。

六、打一次牙祭

近半年的现场工作是艰苦和劳累的，尤其是饮食十分单一，后勤运入的新鲜副食吃尽后的近两个月，只能吃难以下咽的干菜。九月入冻后队员陆续撤出林区，到齐齐哈尔集中。有相当数量的队员抓紧时间到烤鸭店去吃一餐饱饭，在饭店坐下后呼服务员每人要一只烤鸭打一次牙祭，服务员看到这一群身穿大皮袄，头戴狗皮帽，脚蹬长筒靴，有似土匪模样的来客，就犹豫起来，生怕是来了一群吃白食的土匪。队员们看到这种状况，知道他是看错了人，就将身边带的钱拿出来放在桌上，服务员收了钱陆续给每人上了烤鸭，每人大饱了一顿。离开饭店前服务员了解到是铁路人员后，有礼貌地送走了这批来客。

七、黑熊袭击供应点

勘测阶段因人员较多且流动性大，林区中的野兽少有出没，进入封冻期后，勘测人员陆续撤离，只留下供应点上的少数人员留守，一般每点留两人，也有一人的。天黑前将帐篷封严密，以防野兽来袭。偶有一次大雪纷飞的夜晚，听到外面有野兽的脚步和呼吸声，同时还在拱动帐篷，独自留守供应点的人员起身拿着棍棒以防野兽来袭击，只见一头黑色的野兽已将帐篷撕裂钻了进来，我人员用棍棒打击时不慎脱手，赤手空拳无法应付。好在白雪的反光下看到是一头黑熊，凭着平时在林区的常识，灵机一动躺了下来，同时憋住了呼吸，装着死去的模样，等着黑熊来嗅闻。因熊类是不吃死去的动物的，过来闻了一番未见动静就走开了，我留守人员幸运地躲开了此劫。事后他将此情况报告了上级，经林区人员共同出主意想了许多办法，如准备了火把和锣鼓来驱赶它们，这还是可以起到一些作用的，同时作出必须要有两人或以上人员共同留守的规定。

八、林区中的“野鲜”

“野鲜”是指多种可食用的果类、菌类和菜类。每年七八月份多种野生植物成熟，果类有野梨、野苹果、野山楂、酸枣、野葡萄等，都可食用。虽然这些果类都是野生，但都有不同风味，其中尤其是野葡萄（又名“都司”“牙格达”），呈紫红色，当水壶中的水喝干后，可以用它来补充水分，吃到嘴里有酸甜味，吃后嘴里呈紫色，一个多小时后方能消退，这类野葡萄现已被开发成野葡萄汁，有的超市里能够买到。菌类是长在桦树根部形似耳朵模样的蘑菇，还有长在草丛里的草菇和柞树上的猴头蘑。还有野韭菜，都是可以作为补充的副食品。这应是大自然对我们的恩赐。

九、特有的猴头蘑和飞龙

猴头蘑和飞龙是大兴安岭特有的野生食物，也是一种珍品。

猴头蘑也称猴头菌，形状似猴头，有纤维状的头饰、眼、鼻、嘴，十分逼真。此类菌种富含较高的植物蛋白，属高级营养食品，因产量不高，一般副食店无法买到，其价格高于其他菌类两至三倍。生长方式也很特殊，凡是在柞树枝叉上找到一个猴头蘑，在其十多米直径范围之内的柞树上也可找到相应的一个，这是很神奇的自然现象。我们在林区采集到后如获至宝，和耳蘑一同切片后炖煮食用，与吃肥肉相仿。

飞龙是类似鹌鹑的一种野生禽类，这也是林区的一种特有的野生禽类，据当地的老者们说，早年将飞龙送进宫内作为上品供给皇上食用，是一种贡品。因其繁殖有限，因之数量也有限，更属稀品。我们虽在林区多年，从未捕到过一只，只是听当地居民描述过这种飞禽。这应是国家保护动物，是一种稀有物种。

十、少数民族——鄂伦春族

嫩林铁路所经大兴安岭地区，除有少数汉族外，以鄂伦春族居多，集中在加格达奇和漠河两地。鄂伦春族一年中大部分时间是骑在马上，刚出生的孩子用蝇兜挂在树上。男女老少都一样，身背自制的火枪游牧狩猎，大多数的猎物是野兔、狍子和黑熊，就地剥皮熏烤后作为主要食品，夜晚用狍子皮铺在冰冻的地面上睡觉，用皮囊做的水袋作为水壶，用白桦树皮做成方盒用具，也有用桦树皮做成小船捕鱼。我们曾在勘测时相逢，他们送给我们用桦树皮做成的烟盒，我们也回送一些食品给他们。我曾遇到过一件看来很惊人的事，有一位鄂伦春族男子，手持火枪，身佩匕首，到铁路供应站购买了一大碗白酒，当时他左手大拇指被火枪炸伤，不顾流血和疼痛，大口喝下这碗白酒，右手拔出匕首，将左手拇指在柜台上砍了下来，豪爽地离开了供应站。我感到很惊讶，被他的这种豪爽所折服。铁路通车后，国家在漠河为鄂伦春民族盖起了成批的固定住房，使他们有固定住所定居下来。

今天的嫩林铁路所经的大兴安岭地区，经过多年来的开发建设，已经不是当年人烟少见、野兽出没的原始状态。加格达奇原来仅有三百多人，现已成为拥有十几万人的繁荣城市，是大兴安岭地区的政治文化中心和交通枢纽，设有铁路的一等车站。铁路沿线已开发有多处旅游景点，每年冬季有大批中外游客来这里游览，盛享北国的冰雪风光。

亲历援建全程　期待铁路振兴

访谈时间：2013 年 5 月 27 日、28 日

访谈地点：北京

口 述 人：原援建坦赞铁路工作组副总工程师、中土公司总经理、总工程师　陆大同

访 谈 人：外交部政策规划司外交史研究处

▶▷ 坦赞铁路的规模

这到底是个什么样规模的项目？从铁路本身而言，铁路不是单一由两条钢轨组成的，是多专业的系统工程。所谓多专业的系统工程是什么意思？铁路从专业上来讲包括近 20 个专业，比如线路、桥梁、房屋建设、隧道等，这属于土建方面的，此外还有电力供应、通信信号、机车车辆、给水排水、行车组织等多个专业。在国外修建铁路又增加了一些复杂性，特别是这个“国外”还不是我们的邻国，而是远在万里以外的非洲，我们要面对更多未知的因素。这条铁路建成后的长度是 1 860 km，作为线路而言

还有车站的线路和联络的线路，加起来延续的长度有 2 200 km。仅按 1 860 km 来算，差不多是从北京经过上海、金华一直到南昌这么远。这么长的铁路放到国内来说也是一个大工程，不是一般的工程，放到国外来说更是一个大工程。所以说，这是一个规模相当大的大工程。

还有一些数字可以说明规模之大。关于这项工程所需要投入的人力，周总理是有交代的，要尽量减少人力。即便这样，我们在坦赞铁路的人力投入是多少？最高峰的时候投入 1.65 万人。按照人次算是 5 万人次，就是说一个人去一次算一次，一个人去两次算两次。光中国工人还不够，还要雇佣当地人一起干，一共投入 10 万人次。这是从人力上来说。

再有，工程器械设备的数量是非常大的。在国外建工程跟国内还不太一样。我在国内也参与修建过一二十条铁路，还从来没有经历过像坦赞铁路那么完整，装备那么齐全，一次性建成的铁路。我们国内修铁路是怎么修的？一般是把线路、桥梁、隧道都修好，房子都盖好，但一些办公设施，比如桌椅板凳是谁来配呢？是由分管的铁路局来配备。像北京段的就由北京铁路局自己去配。从勘测、工程单位的角度来说是不会去管办公设备配备的问题的，只是在预算里划出一笔钱，由各路局自己解决。而我们援建坦赞铁路就不是这样的情况，所有的办公设备我们都给配置好了。细致到什么程度呢？举一个非常小的例子，连垃圾桶都给配了。光给坦赞铁路局配置的办公家具接近 1 万件，桌椅板凳都配全了。铁路运输的车、机、工、电各个部门的用具当然也要配齐了。大到机车车辆小到一个票夹子全部都给配上，因为坦、赞两国什么都没有。这个数量和工作量是很大的，比起我们修国内任何一条铁路都大。坦赞铁路的完整性是国内修铁路没有过的。这是大的概念。

还有设计图纸的量也非常大。这些设计图是我亲手移交给对方的，装满了两节火车行李车厢。想想看，火车行李车厢有多大啊！两节火车行李车厢拉的都是我们的设计图纸和文件，恐怕有几吨重，真是不得了。从这个方面引申出来就能知道施工工程量有多大了。

再一个，坦赞铁路的技术难度大，这也是大的概念。技术难度大在哪里？一是铁路标准跟国内标准不同。我们国内用的是世界通用的 1 435 mm 标准轨距，而坦赞铁路的轨距标准是 1 067 mm。修铁路的其他标准都要按 1 067 mm 这个标准来处理，机车等设施和装备也要按照这个标准来设计、试制、试验、试用、修改和投产。一切都要从零开始。还有限界，如建筑限界（所谓建筑限界指旁边的东西不能够进入到这个界限里面去，否则火车就会撞上）、机车限界，以及其他的一些标准都要改变，连轨枕的标准也都变了，跟我们国内的全部不一样。所以国内这一套不能够照搬出去用，这样就带来很大的复杂性。我们要从零开始，这个难度就高了。

另外，有一个大的概念是指自然条件上的。坦赞铁路必须穿过东非大裂谷，裂谷带是东北到西南纵向，坦赞铁路从东边一直到西边。铁路穿过沿海的平原到姆林巴，从这个地方开始进入裂谷带，东非大裂谷是世界三大裂谷带里面最大的一个。这个裂谷带里是什么自然状态呢？这里的地震烈度很高，高达9度。世界上其他地方很少遇到这种环境状态。从地质来说，我们工程上应该怎么搞？不是给我们带来很大的问题吗？

此外，铁路是从沿海平原海拔0 m开始，后来升到接近300 m的高度，从这个高度又开始爬坡，再到1 200 m的高原，相当于有1 000 m的落差。从沿海平原进入到高原，上面还有更高的海拔，地形出现一个过渡带，这里除了裂谷带的地质问题以外，还有气候问题。这里气候变化很大，属于温带气候。气候变化，再加上日晒雨淋，造成了相当复杂的地质条件，上面讲的地震就属于地质条件的一种。裂谷带岩层风化破碎很严重，地形很不规律。有两句话可以说明，就是“山不成脉，水不成系”。山是要成脉的，但在裂谷带不成脉，因为风化严重，破损厉害，不成一支脉。在这里水也不成系，看不到水系。可想而知这个地形是非常复杂了。可以说，铁路要跨过东非大裂谷带，要花很大的代价，技术难度大，投资量大，是不经济的。还有个别专家认为这里是禁区，修铁路是不可行的。

东非裂谷带的很大一部分是无人区，原始地带。不是说一点人都没有，我们进去的时候，看到过当地土著人茹毛饮血，刀耕火种的情况。自然条件的极度复杂对我们铁路的选线带来相当大的困难。标准是一个方面，加上复杂的自然条件使我们技术上的难度增加了，这是当时我们修建坦赞铁路比较大的难题。

▶▷ 坦赞铁路意义和作用

我再讲讲坦赞铁路援建的意义、影响和作用。这些都是我个人的一些感受和认识。

第一，我们帮助坦、赞两国有现实意义。举一个例子，不是说线路全部修通以后我们帮助他们解决困难，在线路还没有完全修通之前，就解决了赞比亚当时粮食困难紧张的情况。那是在1974年，铁路已经从坦桑尼亚修到赞比亚境内。当时赞比亚发生了一次粮荒，需要进口玉米。我们就利用坦桑尼亚铁路已经修成、但未正式启用的段落，从海外运进粮食，解决了赞比亚全国粮食的紧张。还有就是支援了南部非洲的独立解放。

第二，这是一条战略性的铁路，不是一个单纯战术性的项目。坦赞铁路位于非洲的中段，位置很重要。而坦赞铁路一通，非洲的南北通道就贯通了，这是铁路的战略意义，其作用不是供殖民主义者掠夺资源，而是有利于整个非洲经济发展。条件允许的时候就可以在它的基础上修一条南北纵向的铁路，这样从南非的开普敦可以一直通到北非的亚历山大港了。所以说，这是一条战略性的铁路。

另外，通过援建坦赞铁路，我们帮坦、赞两国培养了一大批管理人才，同时还宣传了中华文化。我们在帮助他们培养人才方面确实下了很大功夫。除了在工地办一些培训班培养以外，我们还专门选拔了200个留学生到北京交通大学学习。这批学生毕业以后就相当于中高级管理人员。还有，我们到坦、赞两国，把我们的工作方式、生活方式也带过去了，中华文化在当地也产生了影响。我们自己在工地上盖工棚，自己种菜、养猪、养鸡，这些是当地人从来没有做过的。尼雷尔总统除了看工程、看我们专家以外，还专门到我们的驻地看看我们种的菜、养的猪和鸡，他还告诉当地官员们要学习中国朋友的这种生活方式，自力更生。我们离开工地以后，当地人就接着去种地。这对坦、赞两国来说作用很大。这样延续下去，他们就可以自力更生了。我记得，尼雷尔到了工地，看到他们的工人和我们中国的工人在一起施工，讲了一句话说："我们国家有了自己的工人！"原来坦桑尼亚是没有自己的工人的。这也是坦赞铁路修建的意义和作用。

第三，中国援建坦赞铁路影响了世界。除了在坦、赞两国，这个项目同样在很多发展中国家获得了好的、积极的反响。对于这些发展中国家来说，中国并不是富裕的国家，却帮助非洲国家搞这么大的项目，很感动。他们认识了中国，主动跟中国建立了外交关系，建立了友好合作关系，这都是坦赞铁路起到的积极作用。所以说我们援建坦赞铁路对发展中国家产生了积极影响，促进了我国外交事业。

第四，巩固和发展了中非友谊。这是潜移默化的效果。我们在施工过程中，吸收了当地工人。称他们为工人是带引号的，因为他们没有技术，都是靠我们手把手教，从短期培训班里带出来的。而且，我们把当地工人的生活都安排得很好，因为他们都跟我们生活在一起、工作在一起。刚接触时，当地工人有一种情况，就是没有什么计划，有点钱马上花掉，比如喝酒、跳舞等。他们参加工作以后，我们都给他们发工资，经常是半个月就花光了一个月的工资，怎么办？我们工地同志们，给当地工人弄了储蓄箱，每个人有一个户头，让他们把钱放进去，要多少就拿多少去，像一个小银行一样。我们告诉他们，要把钱积累起来，不要上半个月用完下半个月就没有钱了，要把攒下来的钱带到家里去，给家里人用。我们连这方面的工作都给他们做了。这种友谊就是在工作和生活中间逐步建立起来的。刚开始工作的时候双方语言不通。我们的施工队伍最高峰的时候有约 1.6 万人，不可能配那么多翻译。当然，我们翻译数量还是不少的，大概有 100 多个翻译，多数是英语翻译，少数是当地语翻译，这些翻译大部分是我们国内院校的毕业生，还有外交部也派了翻译人员来支援坦赞铁路。但工点太多了，不可能每个工点都配上翻译。我们的工人就跟当地的工人在一起，靠手势、靠表情来表达，逐步逐步形成了一种语言，我们称为“坦赞铁路语言”。什么叫“坦赞铁路语言”？它是英语、当地的斯瓦希里语和中文这三种语言的结合而创造出来的语言。以一句很简单的句子为例，“中国朋友好”，“中国”用英文说是“起那（China）”，“朋友”用斯瓦希里语说是“拉非克”，“好”就是中国话的“好”。这样联起来就是“起那，拉非克，好”。这不是三种语言的结合吗？当然工作中还有很多例子，比如怎么施工，用什么工具，都可以用这种语言把它们表达出来。这么结合以后，互相之间的感情浓厚了，不仅在工作当中解决了交流问题，就是在平时生活当中大家也能开开玩笑，用这种结合的语言开玩笑，非常融洽。有的同志到了两年要回国，临别的时候，中非朋友互相拥抱，有的还掉了眼泪。还有老师傅带着徒弟，双方结下的感情很深，这已经不是一般的友谊了。

1999 年，我们这些参加过援建坦赞铁路的同志包括对外经济联络部的一些老领导，一起组团回访，很受感动。坦赞铁路 1976 年 7 月建成，到 1999 年已经过去 23 年了。我们到了那儿以后，当地政府给我们作了很好的接待安排。我们到铁路沿线去，有一些沿线的居民很远就跟我们招手，就是“拉非克、拉非克”这么叫着，欢迎我们回去。我们看到年纪大的，年纪比较轻的，还有一些小孩，和我们都很亲热。他们当中有不少老人都参加过铁路建设。这些人的孩子，甚至他们的孙子，虽然没有参加过铁路建设，但是他们都会讲“坦赞铁路语言”。这是怎么来的？这是他们的祖辈、父辈向下一代，下两代传播的。老辈人告诉他们的儿子和孙子，这条铁路是中国帮助修建的，中国人是好人。这对他们的儿子和孙子都直接起了作用。所以我们去了以后不只是老人对我们这样叫，他们的孙子也会对我们喊“起那，拉非克，你好！”通过援建坦赞铁路建立起的这种友谊，不是一天两天形成的，而是多年积累形成的，而且一代一代传了下来。这种友谊不是简单的友谊，应该说意义很深刻。

第五，坦赞铁路的影响和作用也和我们中土公司有着直接关系。我们原来是铁道部援外办公室，改革开放后改制成为“中国土木工程公司”。公司成立后，我们要打开国际工程劳务市场。进入国际市场是很难的，因为传统的国际承包商都是美国、英国、法国、意大利、日本公司，他们都控制了，很难打进去。当时中国有 4 家公司进入国际市场比较早，我们公司是其中最早打开局面的。什么原因？靠的就是修建坦赞铁路的声誉。

进入国际市场搞承包，首先要有资格预审，就是一个工程公司有没有承担工程的资格，通过资格预审才能去参加投标。我们公司进入国际市场，当时是通过外国公司的关系进去的。我们进去以后首先要宣传自己，介绍中土是个什么样的公司，做什么工作，曾经做过什么工作，其中有一节专门介绍坦赞铁路。一提起坦赞铁路，外国人的概念就比较清楚了，因为坦赞铁路影响很大，在世界上这个工程不管从援外还是商业角度看，都是大项目，外国人是比较清楚的。只要一讲到坦赞铁路，他们马上就知道你这个公司有多大的实力了。所以，他们比较主动愿意跟我们建立关系。我们在一个月里接触了 72 家外国公司。1979 年底就拿到项目了。我们跟日本公司合作在伊拉克拿到项目，《人民日报》都登出来了，通过民间合作的办法搞到项目，中土公司是第一家。

我曾经碰到一件事情，在西非尼日利亚的一个项目投标过程中，我们公司和瑞士一家搞商贸的公司合作组成财团，这家公司主动要和我们合作，原因就是我们有实力。我们为投标去了尼日利亚，我去拜访这个招标公司的主席，此前我曾到尼日利亚做过调查，帮他们考察过一些工程。这位主席很欢迎我，他说欢迎你们来投标。为什么要欢迎你们呢？因为他们到坦赞铁路专门去看过，看到工程质量很好，所以不需要资格预审。所以，我们公司的声誉就靠的是坦赞铁路，最后招标结果我们公司也是第一位。我们公司现在在尼日利亚的规模很大，在工程承包领域里最大的一个项目总额是近百亿美元，就是在尼日利亚。这些不能说跟坦赞铁路没有关系。可以说，坦赞铁路影响和作用很现实，也是长期起作用的。

坦赞铁路现在的状态虽不好，但不能说工程有什么大的问题。当然也不能说这条路一点问题没有，因为那么多年过去了，不好好维修养护肯定会出问题，但在最基础的一些项目和工程上不会有问题。因为我们在这条路上采取了一些工程措施，是跟国内不一样的。可以说，我们完全按照对外经济八项原则，真心实意，不惜代价，不惜时间和人力去搞的。所以从工程角度，一些根本性的工程不会有多大的问题。我们国内的铁路专家考察过坦赞铁路，举个最最简单的一个例子，坦赞铁路旁的排水沟，和我们国内铁路比比看，这要比我们国内好得多，我们国内铁路有些水沟里都堵了，水来了以后排不下去，坦赞铁路却没有这种情况，这说明一些基本性的工程都是非常牢固的，状态是比较好的。我们1999 年回访坦赞铁路，大家一致的看法工程是稳固的。

▶▷　勘测设计和工程管理

下面我讲讲坦赞铁路的勘测设计和工程管理。

我先讲一下勘测设计的程序。铁路勘测设计跟其他工程项目可能有一些雷同，但也不完全一样。铁路的勘测设计，大体分为三个阶段。

第一阶段叫考察草测，还有一个说法叫踏勘。主要是大概知道一下沿线的情况。这件事做完了以后，要写出草测（考察）报告。

第二个阶段叫初测。初测以后，就会提出初步设计。初步设计本身是个什么性质的一项工作呢？是一项定位工作。解决一个位置的问题。这都是在我们铁路工程里面的或者是教学方面讲的。大家常听到一个词，叫“勘测设计报告”，勘测设计报告出在哪个地方？就是这个阶段以后出来的。解决的就是定位问题。就是说这个线路本身走的位置基本都定下来了，哪个地方是桥，哪个地方是隧道等等，在这个阶段就确定下来了。这就是我们铁路勘测的第二阶段，或者铁路工程前期的一些工作。

第三个阶段叫定测。定测是什么意思呢？就是初测的基础上，我要把这些东西全部定下来，编制出一个技术设计。技术设计也有人称它为施工图设计，还有的叫详细设计。

勘测次序就是这样的。设计定位后，接着要定型。就是说一座桥用什么样的跨度，用什么样的结构。这个阶段定出来后，就交给施工部门，按照图纸去施工。这是总体的概念。

坦赞铁路也是按照这样的三个阶段来进行的。但坦赞铁路的考察阶段实际上是又分了两个阶段进行。1965 年的那次考察，是尼雷尔总统访问我国，周总理和他商谈以后，同意我们先派出一个考察组去。这是个综合考察组，里面包括有铁路考察组，就是考察坦桑尼亚的这一段。当年考察坦桑尼亚这一段的时候，不是从达累斯萨拉姆开始的，而是从基达杜开始的。基达杜是个什么地点呢？它是坦桑尼亚既有铁路的一个站，它是属东非铁路系统里的一条铁路的一个终点站。考察组是从基达杜这个地点开始考察，一直考察到边境，那是在 1965 年。1966 年的时候，完成了考察报告。1967 年中坦第一次会谈就达成一个协议，之后我们就按照考察报告进一步研究，这条线从基达杜怎么走，大体上把各个点都定下来了。在这个基础上，再研究主要的技术条件，研究完成之后我们组织勘测队出去。这是在 1968 年了。我们派出了铁道部第三设计院的勘测队。

当时派第三设计院勘测队的时候，中、坦、赞三方已经确定赞比亚这一段肯定要搞了。因此，1967 年的 4 季度，我们组织了一个赞比亚段的考察组，去考察从坦、赞边境一直到赞比亚卡比里姆博希这段线路。在这段时间里边，要组织勘测队了，就由第三设计院来组织。

怎么组织法呢？就组织两个总队，一个总队是担任坦桑尼亚这一段的勘测，一个总队担任赞比亚的勘测，这两个总队，总数 680 人，就是说，坦桑尼亚这边 340 人，赞比亚那边也 340 人。两个总队下面各设了 3 个分队。国内直接分别派出两个总队。坦桑尼亚的是 1968 年的 4~5 月派出去的，赞比亚的是 1968 年 11 月份派出去的，两个总队是不同时间派出去的。这样的话，去坦桑尼亚的勘测队是先派出去的，好多我们对当地不了解的情况，他们都知道，为后人再进入开辟了一些路。

从管理上来讲，两个总队各自管理自己的，互相之间在行政上没有关系，都受国内铁道部援外办公室直接领导。从管理上来讲，因为是国内直接管理的，他们互相之间也不通气，但是有一个项目是要通气的——技术。在主要技术原则的前提下，这个技术原则是三国商定好的。我们国内事先研究好，1968 年 4 月份中、坦、赞三方举行第二次会谈，在这次会上定下了主要的技术原则。这一次会谈时间是在历次会谈里是最长的，为什么？因为除了要谈一些我们勘测队的工作，一些人员的配备，怎么样开展工作等，还要把技术原则的内容全部定下来，因为这些原则是我们在国内研究的，需要三方商定，最后才能确定。这个就是需要花时间。花在哪里呢？就是我们代表团去后，李轩、吕学俭要去看一看沿线，然后再返回头来去和坦、赞方面谈。同时，赞比亚那边还在考察，代表团想等到赞比亚考察组完成工作后，把情况汇总一下，这样全线可以一起来谈。所以第二次会谈的时间拉得比较长。

第二次会谈在历次会谈里面，大概是这样的情况，会谈时间 1968 年 4 月 1 日～4 月 27 日，差不多花了一个月。会谈这段时间里面的工作我没有介入，因为我那个时候在国内，没有随团出去。但是代表团出去之前，有些事情我们商量过，我也知道一些。

到了 1968 年年底，坦桑尼亚这一段从基达杜到通杜马，初测已经基本定了，第三个阶段已经开始了。这个时候，国内收到勘测队的勘测进度报告，里面谈到勘测大概什么时候可以结束，预计近日到定测阶段。援外办公室的李轩同志接到报告后，感觉到工作还做得不够。问题在哪里？就是最困难的姆林巴到马坎巴科这一段，一共有 150 km，这就是要跨越东非大裂谷的那条线路。李轩同志认为，勘测队的工作做得还不够细，不够深，方案不够多。

于是，李轩同志就想到我了。我那个时候虽然也参与过一些技术问题研究，但终究没有完全介入这个项目里面去。当时李轩同志就跟我说，你赶快把你现在的工作脱手。我当时管的是部里军管会的一些工作，我就赶快把我手头的工作了结了，并做一些准备，我在 1968 年的第 4 季度，看了一些历史性的材料，还做了一些研究。我特别研究了“英加报告”。“英加报告”是英国跟加拿大在 1965 年做出来的，这是他们阻止中国介入坦赞铁路采取的一种手段。

当时派我出国的名义不是勘测队工作人员。我们勘测设计完了以后，就是定测了以后，要做施工图交给施工单位。施工单位在施工之前要做准备，我是作为施工考察组的成员去的。

到了坦桑尼亚，我按照领导的意图，首先了解了姆马段线路的勘测情况。勘测队的队长叫李文毅，我们俩在国内原来是一个班子里的。我们搞东北铁路，他是总队长，我是副总队长、总工程师，有这样合作的经历。再往前说，20 世纪 50 年代中期，苏联专家来援助中国，在一些大型的企业里边，都派有苏联专家，苏联专家到了我们铁道部第三设计院来指导我们的工作，院里把我派到苏联专家那儿向苏联专家学习。当时，苏联专家办公室主任恰恰又是李文毅，所以我和他的关系不是一个短时间的交情，而是有个相当长的延续的时间。特别是在东北林区铁路的这段时间里，那时国家组织了林区铁路大会战，除了勘测人员进去以外，把设计人员也派出去，组成了一个总队，这是以前没有过的。大会战的施工力量是什么？铁道兵。铁道兵进去，然后我们要组织一支总队进去。过去我们做勘测设计，勘测是由勘测队完成，设计是回到设计院里面做。而唯一的例外就是这条林区边境铁路，是既包括勘测，又包括设计，成建制的一个总队去的。所以说，我跟李文毅搭班子时间就很长了。在林区铁路工作了一段时间后，铁道部下令把我调到铁道部去，这样我从林区铁路直接到了铁道部。

我到铁道部的前半年，李轩同志就是铁道部第四勘测设计院的党委书记、院长，调到铁道部基建总局任副局长，后任铁道部援外办公室主任。我们都在基建总局工作过，他对我也了解。因为这个关系，有些事情我们时常接触。在研究坦赞铁路一些技术上的问题时，他经常跟我沟通。他也知道我在三院做什么工作的。可以说，他是有目的、有对象地选择了我到国外去。

因为坦赞铁路这支勘测队伍基本上是我当时所在的那支队伍，大家都曾在一起工作过，所以我去了以后，进一步做好线路选线工作的难题很快得到了解决。大家一致赞同赶快做进一步工作。我就跟他们商量，这个进一步工作该怎么做，要做到什么范围，做到什么深度。姆林巴到马坎巴科这一段线路确实是非常复杂的。应该讲，这一段工程的桥梁隧道很密集，整条线 80% 的隧道都集中在这一段里边，坦赞铁路的高桥全部集中在这个地方。填土和深挖的路基，我们叫高填深挖，大部分都集中在这个地点。所以这个地方是整个坦赞铁路工程最集中、难度最大、花费的工期最长的控制工程段落，也是坦赞铁路建设成败的关键地段。

当时勘测队最主要的任务，就是怎么把线路的位置定好。初测后的初步设计叫定位，定位实际上我们叫铁路选线，我去主要是帮助他们选好线的位置。因为只有位置定好了以后，才能去做详细设计。我们把选线的范围首先确定下来。确定什么范围呢？就是在东西 150 km，南北 60 km 的一共 9 000 km^2 的范围里做方案。一个方案一个方案地比较。一气做了多少方案？ 20 个方案。总共多少千米？ 2 000 km。这段 150 km 长的线路，我们做了 2 000 km 的共 20 个方案。在这 20 个方案的基础上，我们一步一步来比较，最后确定了 6 个方案。再在这 6 个方案的基础上，进一步做工作，把工程量基本上算出来了。在这 6 个方案里边，我们最后再选出两个方案，一个叫 AH 线，一个叫 BS 线，再做进一步工作，最后确定了 AH 线。

在这个过程中间，1969 年的第 2 季度，仲曦东大使被派到坦桑尼亚去工作，当时周伯萍在使馆当临时代办。当我们选定了线后，这个方案基本上大家都认为可以了，仲曦东大使亲自到现场了解情况。仲曦东大使当时跟我们讲了一些鼓励的话，他这个鼓励的话对于我们今后工作起了很大的作用。他说了两句话，很有分量。他知道我们工作很困难，而且工作条件很恶劣，甚至于有危险。他说的第一句话是什么呢？他说“青山处处埋忠骨”。意思是讲，要有这样一种胆略，把工作做好，不怕牺牲。你牺牲了，在国外牺牲在国内牺牲没有什么区别，哪儿都可以算，有什么不可以的？第二句话，对我们起的作用更大。他讲了“三个经得起”，这是什么意思呢？第一个“经得起”，是要经得起大自然的考验。坦赞铁路不同于其他工程，它是暴露在自然中间的，有个跟自然界的关系问题，要经得住雨啊、太阳啊、干旱啊等等，要经得起大自然的考验。第二个“经得起”，是要经得起敌人的挑剔。这是很明显的。中国援建坦赞铁路，敌人肯定是要挑剔的，最大的挑剔是什么？从工程角度来看，他们会说中国没有技术设备，一些技术设施都是落后的，产品质量不高，技术水平也不高，修不成一条好的铁路。这不就是挑剔吗？我们的工程要经得起敌人的挑剔。第三个“经得起”，是要经得起历史的考验。

仲大使这三句话对我们是很起作用的，印象非常深刻，我是在我们的工地亲自听他讲的。我们整个工程期间，大家思想非常明确。仲曦东大使去了以后，针对坦赞铁路提出这么几句话，对大家起的作用是很大的。

坦桑尼亚段勘测是从基达杜开始，一直到通杜马。这一段距离共 600 km。勘测队分了三个分队做完了初测。进入定测的时候，李轩和吕学俭同志经过全线考察后，在同坦、赞方面谈主要技术条件的时候，就意识到了铁路通道的问题。所谓铁路的通道是什么通道呢？就是说，如果坦赞铁路以基达杜为起点，那么从赞比亚过来的货运要经过东非共同体铁路的基洛萨才能到达累斯萨拉姆。这样路程就迂回了，不是直线啊，这样走不就远了吗？还有一个原因，就是这一段是东非共同体的既有铁路，它的轨距是 1 000 mm。而坦赞铁路的轨距是 1 067 mm 的。就是说，两条线不能接上。在基达杜这个地方货物要换装，旅客要换车，在这个地方就要停顿。停顿下来的话，时间就损失掉了，成本就要提高，对旅客来讲也不方便。如果不受同既有铁路换轨的周折，直接通到达累斯萨拉姆港口，对坦赞铁路的运输，对旅客的出行都是很有好处的。

这个问题不是李轩和吕学俭考察提出来的，而是在 1967 年的 9 月第一次会谈时，对方的财长跟我们李先念团长谈的时候，已经提到了这个问题。因为当时我们对这条线没有更多研究，李先念同志就表示了一下，说我们把这个问题记录在案，到了一定的时候，可以考虑。但是我们并没确定，留了一个尾巴。

1968 年，李轩和吕学俭他们考察了以后，认为从基达杜到达累斯萨拉姆这条新加的线需要提前修建，而不是说等到修完坦赞铁路全线后以后再考虑修这条线。如果要等到那时修，我们所有的货物、工程设备机械都要走既有的东非共同体的铁路，到基达杜这里还要换装。时间、进度都会受影响，带来好多不方便，对施工不利，对今后坦赞铁路全线贯通后赞比亚货物的进出也不利。当然对坦桑尼亚来讲，也有点影响，因为坦桑尼亚是要开发南部地区，而既有铁路离南部地区较远，不利于南部开发。而修一条从基达杜直通达累斯萨拉姆的铁路，就离坦桑尼亚南部地区近了。

这样，李轩和吕学俭就立即报告国内，把基达杜到达累斯萨拉姆这段线要一同考虑进去，作为坦赞铁路的坦境全线统一考虑。这样一来，坦桑尼亚境内线路不是 600 多公里，而是要再加 300 多公里。国内马上批准了这个方案。因此，勘测设计工作就延长了 300 多公里了。

可以说，这新加的 300 多公里是我们出于利他的考虑，完全是站在对方的立场上做出的决定。对我们来说，肯定我们要付出更多的代价。但是从整体来讲，对坦、赞两国都有利，我认为，这确实是我们无私奉献、国际主义的精神贯彻的结果，就是替人家着想，完全是这么个情况。在援建坦赞铁路方面，我们无私奉献的典型事例很多，但这一段是最有代表性的。如果走既有线路，要受到很多条件上和手续上的限制，特别是到海港这块儿，实际上是由英国人控制的，坦桑尼亚政府并不能直接管理。我们坦赞铁路修建的过程中，把这条线考虑进去，跟坦桑尼亚方面商量后，我们在海港这个地点增建了码头，把铁路一直延伸到码头里面去了。这样就不需要经过既有铁路来倒运了，当然是方便得多，顺畅得多了，这就是我们无私奉献一个很典型的例子。因为 300 多公里也不短啊。

我们整个勘测在原来的 600 多公里基础上延伸了 300 多公里，坦桑尼亚境内最后定下来的长度约是 977 km。赞比亚这一段，经赞比亚勘测总队的测量，最后定下来的线路长约 883 km。赞比亚这条线路比坦桑尼亚短了约 94 km，两段加起来约是 1 860 km。

相对而言，赞比亚这一段的勘测，因为地形都处在高原，没有坦桑尼亚那么复杂。坦桑尼亚段是经过沿海平原，经过东非大裂谷这个过渡带，再进入到高原，之后全部是高原。所以赞比亚这边的自然条件要比坦桑尼亚这边相对来说要简单一些。整个勘测一直到 1969 年末结束。

1970 年就进入设计阶段。我们编写了勘测设计报告。这个报告就是在第二个阶段完成后所写出来的勘测设计报告。这个勘测设计报告为什么让我来主编呢？这是有原因的。首先，我是从铁道部派出去的，有些事情比较好跟两个勘测总队协商，这并不是主要的，主要的原因是坦桑尼亚段的工作是独立成体系的，赞比亚段也是独立成体系的，但是技术上要统一起来，整个布局要统一起来，要按照原来确定的三个技术原则把线路安排好，把运输作业点安排得更好一些。

1970 年以后，全线都统一起来了，那个时候的勘测队的工作基本上结束，工程实际上进入到设计阶段。我就成为整个全线勘测设计的总工程师。两段分开的时候，各有各的总工程师，坦桑尼亚总队是独立的，赞比亚总队也是独立的，他们各自配有队长，各配有总工程师。把全线统一起来，两个总工程师怎么统一呢？还需要一个总的。这样的话，我就变为整个铁路的勘测设计的总工程师，我在那儿的工作也是这么延续下来的。

设计工作一直延续到整个坦赞铁路完全建好。所以，我在坦赞铁路那儿待了八年。从勘测设计来讲，设计过程中间的一些图纸要及时提供给施工单位，同时施工的过程中间，总有一些设计需要改动，比如填土填得很高合适呢还是修桥合适？设计人员必须要下来实地看。比如说，可能要修桥，一是可节省时间，二是稳定程度更高。那么这种变更就要由设计人员来做，而不是施工人员做。因此，叫设计队也好，叫设计组也好，在整个铁路完工要交给对方之前一直是存在的。勘测设计这个工作是整个坦赞铁路从考察开始起，一直到最后移交一直存在的，所以我在那儿待了八年。当然，中间我回来休过假，之后又返回去了。我的这种经历恐怕在参加援建坦赞铁路的人员里很少，这也是由于我的工作性质决定的。

到最后，铁路全部建成以后的移交，是我跟工作组的一位副组长王惠民一起来办的。移交工作很不好做，因为里面的事情太多了，要接受坦、赞两国政府的技术人员和政府官员的检查，这里面涉及的事情很多，这都是我亲自经历，而且来组织的。我在那儿为什么那么长时间？因为工作性质决定了我离不开。所以说，我经历了坦赞铁路建设从开始一直到最后移交的整个过程。

至于勘测队工作的管理，就是分别管理。技术问题，我和两个总队的总工程师一块儿来碰头研究。根据国内研究的主要技术原则和三国议定技术原则，我们在国外现场勘测时把它统一起来，两段不能你搞你的，他搞他的，最后统一不起来。行政上的事以及人事、吃喝拉撒睡等后勤安排，那全部都是国内分别直接领导两个总队，这就是我们勘测队的管理状态。

勘测总队配有政委。在坦桑尼亚，靳辉是坦桑尼亚总队的政委，李文毅是队长，还有一位副队长，是第三设计院派的，他分管后勤，此外还有一个总工程师。这就是总队的领导班子。下面就是三个分队，赞比亚那儿也是那样的情况。这些在总队和分队里的人来自第三设计院，我都跟他们都共过事，都比较熟悉，所以整个的工作应该讲是比较顺利地按照国内的意图完成了。这是勘测的情况。

▶▷　会谈和谈判

我再讲讲关于会谈的问题和我参加同对方谈判的情况。坦赞铁路建设期间有八次会谈。

第一次是 1967 年 9 月，中方是李先念做团长，坦、赞两国是财长任团长。这次会议主要是确定由中国来帮助实施这个项目。还有一些大概的部署，比如确定考察、勘测和施工，还签署了一个协议。第一次会谈后，我们就派勘测队考察组出去了。

第二次会谈是在坦桑尼亚举行的。周伯萍担任中方代表团团长。那次会谈主要解决技术原则等具体技术问题。因为李轩、吕学俭要考察线路，这次会谈的时间长，从 1968 年 4 月 1 日 ~27 日。第二次会谈了以后，就把基达杜至达累斯萨拉姆的那一段 320 km 的线路也定下来了。

第三次会谈是 1969 年的 11 月 7 日在卢萨卡举行的。第三次会谈的中方代表团长是铁道部副部长郭鲁。我是从这次会谈开始参加的，以后的每次会谈我都参加了。几次会谈的情况基本上是这样的。会谈时要报告工作，工作报告是我写的。是由谁去报告呢？是布克，他是我们在国外工地指挥部的指挥长，这个指挥部又称为坦赞铁路工作组。

布克作为坦赞铁路工作组组长，我们一起到卢萨卡参加第三次会谈。这个过程中，主要是报告勘测设计这个阶段的情况和工作。同时，大概说明一下施工准备工作该怎么进行。第三次会谈中，我也做了一个关于姆马段线路的选线课题。这是最困难的一段，我亲自参加的。我背着行李，带着干粮，花了一个多月的时间进去勘查，那些茹毛饮血、刀耕火种的场面，都是在这里看到的。这个我在会上也做了报告，大家听了感觉很新奇。

在第四次会谈时，在制动问题上花了很长时间。第三次会谈的过程中间，制动作为一个专题，在会上我给他们做了介绍。我介绍了两个问题，一个是最困难的姆马段需要大面积选线，一个是对制动问题做了些解释。主要介绍不同制动方式的优缺点，比较哪一个更好、更先进、更有效一些。很明显，空气制动好，因为制动效率高。在这次会议上，坦桑尼亚跟赞比亚两个国家的财长、交通部长，他们的专家和技术人员都参加了，一致赞同用空气制动的制动方式。在第三次会谈里把这个方式确立下来了。

第三次会谈以后，接下来有一个怎么样进入到施工阶段的问题。要确定进入施工阶段的时候，先要看设计报告，之后向三国政府报告，三国审议同意以后才能够进行下面的施工阶段。后来领导们定下来，由我来主编这个勘测设计报告。

于是，我们赶快开始编勘测设计报告。当时已经确定，1970年的 7 月份在北京要举行第四次会谈，并批准勘测设计报告，时间很紧张了。我们编的勘测设计报告量很大，也非常复杂。我们只能白天黑夜地赶工。我们在国外组成一个编勘测设计报告的班子，坐轮远洋船 12 天到广州（那是最快的，还有 14 到 16 天的）。到了广州还要停下来接受各方面检查。这样，我们是 1970 年1 月底才到北京。这时，坦、赞双方提出来，一定在第四次会谈前半个月到 20 天收到勘测设计报告，之后才能参加第四次会谈。

这也是对的啊。如果他们收到报告后马上要来参加会谈，不知道报告的内容，也不好提出审议意见。这样一来，我们编勘测设计报告的时间非常短。从 2 月份开始做到 5 月份结束。6 月份干什么呢？搞大量的装订、印刷工作。那个时候塑料封面市场上都没有，都要拿去单独加工。国内各方面的配合也很好，印刷、烫金、纸张、油墨，都是非常高级的东西。到 6 月底，勘测设计报告全部装订成册，包括图纸和文字的。我们派专人送到坦、赞两国去。7 月初他们就到了北京参加第四次会谈。

第四次会谈是在 1970 年的 7 月 9 日 ~12 日在北京饭店举行的。这次会谈我们中国代表团长是方毅，陈慕华、李轩都参加了。那个时候北京饭店还没有贵宾楼，我们就在贵宾楼旁边那个楼里最高一层举行会谈。

第四次会谈的主题，一是审议批准勘测设计报告，二是确定贷款金额。先谈的是贷款金额问题。然后是审议勘测设计报告。审议勘测设计报告还是花了一些时间的。在会议开始时，我首先报告了整个勘测设计的经过、工程情况和线路的位置等。我大概花了半天的时间做报告。当天下午并没有审议，因为方毅同志要同对方谈贷款的事情。第二天确定，由他们两个国家组成专家组，跟我们来具体谈勘测设计报告里面的技术问题，这等于三个国家的技术人员专门来审查勘测设计报告，然后由三国政府代表团最后批准。

这个审议是在第二天晚上，为什么到第二天晚上呢？中间出现了什么情况呢？出现了制动方式的争议问题。在第三次会谈上已确定采用空气制动，但在第四次会谈的第一天下午谈完贷款期限问题后，制动问题又冒出来了。经过三方商定，从坦、赞两国实际需要和未来发展出发，最终采用双制动方案。

第二个题目就是勘测设计报告的问题，涉及的事情很多。在《友谊之路》里面有一段我跟他们一些专家的对话，那里面写的还不是全部。我们的对话差不多花了6个钟点，实际上主要解决选线问题，这也是他们最关心的。

坦桑尼亚和赞比亚代表团的专家都是酋长的孩子，既有地位又有钱，都送到英国的名牌大学留学。他们对坦赞铁路的看法，最最关键的还是选线问题。这里面除了技术上、理论性的问题以外，还涉及“英加报告”。对方专家讲，我们把“英加报告”提交给你们总理，为什么你们不按照“英加报告”来定线呢？赞比亚有四大知识分子，其中有一个知识分子来了，是搞土木建筑的，是我的同行。他来的时候是抱有一种成见的，认为中国不可能选出“英加报告”那么好的线路，如果中国用了“英加报告”，也说明中国没本事。但我们恰恰没有用“英加报告”。为什么这样做，我们得说说理由。

参加审议的时候，我跟我们勘测队的队员总共也就三个人。而对方来了很多人，计算器都放在旁边。我们进入会谈现场，看到这架势还是蛮惊人的。但我们也不怕，为什么？我在选线的时候也研究过“英加报告”，发现里面有很多问题，概括出来讲就是标准太低，而且线路选的有些地点容易发生事故，不安全，这是很重要的两个问题，还有其他很多问题。中国不是没能耐，我们也是实实在在做的，把我们能做好的事情尽可能做好，没什么虚假的东西对待他们。前面他问我们的一些东西，都是学校里老师上课讲的东西。听了以后，感觉好像考官考学生一样，把我们看作是小学生一样。真是让我们感觉有点承受不了。对方甚至问，你们桥梁用什么公式来计算的，问得非常非常具体了，是我们念大一、大二的要学习的内容。那时候我心里想，他们怎么提出这种问题呢？看来，他们在某种程度上对我们中国技术不信任，觉得中国技术不行。

从客观上来讲，他们对我们不了解。从主观上来讲，他们也不信任我们。后来我也想，这个事情也不能怪人家，终究人家是留学西方的，对我们不了解。作为专业人员，共同语言还是有的，只要一步一步跟他讲，让他理解接受就好了。就这样慢慢地谈，从傍晚六点多钟谈到第二天凌晨快一点，才把勘测设计报告谈下来。赞比亚的那位大知识分子看了我们的资料，才发现“英加报告”没法比，我们的要好得多。所以他信服了，改变了瞧不起中国的看法，他说了这么一句话：“我们对你们真是不了解。因为我们都接受的是英国教育的这一套东西，都是拿这样一个概念对待中国。你们能够这么做，我们感觉到非常赞赏，很佩服。”

第四次会谈时间较长的原因，一个是要解决制动问题，一个是审议勘测设计报告。

在第四次和第五次中间举行了两次开工典礼，是 1970 年 10 月 26 日和 28 日。为什么是两次呢？ 26 日的这次是在坦桑尼亚达累斯萨拉姆举行，28 日的那次是在赞比亚卡比里姆博希举行。

这次开工典礼是方毅同志带队去的，非常隆重。

第五次会谈在坦桑尼亚，陈慕华同志作为团长率团去的，确定了施工安排进程。在第五次会谈中我们确定要为坦、赞方面培养留学生。一个是两国家各派100名具有高中水平的学生到北京交大留学，这是高等教育层次。北京交大培养出来的留学生到了坦赞铁路是任中高级的管理人员，以这样的方向去做工作。还有一个是在我们在赞比亚的姆皮卡修一所技校来培训人员。坦赞铁路总局下面设两个分局，总局是在达累斯萨拉姆，坦桑尼亚分局是在达累斯萨拉姆，赞比亚分局就在姆皮卡。这个培训学校也设在姆皮卡。什么原因呢？因为坦桑段的工程量大，相对来说这一段的铁路投入资金较多，而赞比亚那边少一些。为了做到平衡，把技校就放在赞比亚这边了。姆皮卡这个技校现在还在，是中级职业学校，培养基层操作管理人员，教员由北京交大轮流派老师担任。

第六次会谈是在卢萨卡，谈的是专用线、支线、辅助性设施的安排。第六次会谈的时候，也谈了培养铁路管理人员的事情，这也是很关键的。因为铁路移交以后要由他们两国自己来管理。我们援外八项原则里有一条，我们援助的项目不仅是受援方需要的，而且要让受援方能够掌握技术、自力更生。

第七次会谈是在北京举行的，时间是在1971年9月16日～18日，主要是确定了坦赞铁路的移交事宜，还要办理铁路的检查验收。我们先自行检查后，由坦桑尼亚和赞比亚方面来验收，这是第七次会谈时明确的。

到1975年11月，铁路实际上已经铺到卡比里姆博希，路是铺通了，但还需要配上很多运输设备，不仅仅是配设备，还要配好所有的零备件。此外，桌椅板凳等办公设备也都要准备齐全，这个工作量是很大的，我们在国外专门组成了一个配套组来配套，这个事情我也经手了。在验收前，我们都要检查，发现哪个地方不全，就记录下来，等配好后再把记录消掉，可以说手续是非常完善的。

有五个方面的人员要参与办理移交。一是坦桑尼亚政府，二是赞比亚政府，三是坦、赞两国人员组成的坦赞铁路联合机构，四是中方工作组和指挥部，五是中国使馆人员，包括经参处的人员。坦、赞两国达成协议后，既派官员，还派技术人员、专家来参加验收和移交，所以参与的人非常多。为了妥善地完成移交工作，我们边铺路边自我检查，一方面是设备配套，第二方面是试运营，就在这个过程中，铁路铺通了。在试运营的时候，我们实际上已经为坦、赞两国办理一些运输作业了。那个时候的检查是很严格的，铁路涉及二十多个专业，各行各业的专家都来检查，所以规模非常大。我们光是办移交的文件，一摞一摞摆得好高，每个文件都要印好几份，三个国家都有。铁路正式移交的时间是1976 年 7 月 14 日，移交证书是方毅签字的。

铁路工程的整个过程大体上是这样的情况。

▶▷ 施工的管理

关于施工的管理，再简单讲一讲，我们成立了指挥部，对外的名称叫坦赞铁路工作组，管理50多个下属单位，分布在铁路沿线。这50多个单位统一管起来也不太容易，规模上有大有小，级别上有处级有科级，类别上有筑路施工的，有辅助性的。比如说铁路1 860 km的沿线，汽车运输开一天开不到的，中间还要住宿，我们还要设立接待站。这些都是整个施工组织系统里的部门，我们感觉很庞大，国内这种组织结构很少。当然，由于受到条件限制，工程是循序渐进地推进的，从港口逐步向内陆延伸，因此很多单位逐步设立的。

从施工单位讲，我们国内铁道部系统所有局级单位都派了人，这是修筑坦赞铁路的主力。铁道部不具备条件的领域，还会派遣其他单位。比如说地震测试专家是中国科学院地球物理所派出来；为了拍修筑铁路的纪录片，中央新闻纪录电影制片厂专门派了人，新华社也派摄影记者去拍照片。所以，援建坦赞铁路的机构是很庞大的。在国外成立了一个统一的指挥机构，是在使馆领导之下。使馆实际上是通过经代处（坦桑尼亚是经代处，赞比亚是经参处）来领导，但是整个工作还是国内直接指挥。所以，施工的管理要比我们勘测时期复杂得多，因为人多嘛。

对当地人的组织管理是这样的：驻地有我们的人，还有当地工人以及当地官员。坦桑尼亚和赞比亚派官员进驻，主要是便于处理一些有关地方上的事务和政府的一些事务。中方成立了工作组，坦桑尼亚和赞比亚两国政府组织一个联合机构，对口中方工作组处理当地的一些事务。再就是施工队的管理。中方负责施工的工作组里面也要分部门，有办事组、政工组、生产技术组、设计组、后勤组、生活卫生组等。这种分法在当时的条件下应该讲是可以的，但按照现在的情况看，不一定完全适应。施工管理大体上是这样一种模式。

▶▷ 代表性的事情

下面，讲几件具有代表性的事情。

一、鲁伊帕河大桥6号墩事故的处理

鲁伊帕河大桥是坦赞铁路全线最长的桥，也是坦桑尼亚第一段502 km通车很关键的桥。6号墩的沉井架基础应该是直的，但后来发现沉井歪斜了。应急的措施该怎么办？国内的有关做法是爆破，桥墩炸掉，然后重新修。但由于时间进度要求赶快修通502 km，于是我们和施工单位一起研究，找到了一个笨办法，就是在斜的沉井外面再套一个大沉井。大沉井的直径是14.6 m。当然，也可以采用其他的变通办法，比如我在桥旁边另外做几个柱子，受力、稳定性还是可以的，但是整个桥形就变化了，很不好看。我们不仅要工程可靠，还要美观。当时铁道部为了抢通502 km，除了国外有指挥部、工作组以外，还专门派了副部长彭敏坐镇，要求在一年里把502 km修通，这个决定起到很大的作用。

我们派出去援建的队伍，在工作组里面的都是局级干部。布克是指挥长，是正局级的。同样，其他工作单位里也有一些领导

是正局级的。铁道部就把副部长彭敏派出去坐镇，有些事情就比较好处理了。如果当时彭敏不去的话，6 号墩的事故处理起来就有困难，因为大家的看法不是一时半会儿就能统一得了的。我是陪着这位副部长一块去处理这件事情的。他比较关心勘测设计的事情。一到现场以后首先跟勘测设计部门联系。为什么？因为最了解情况的就是勘测设计部门。他去了以后，我作陪，把有些事情向他介绍，我们一起商量该怎么办。于是很快解决了。

二、钢轨问题

关于援建过程中遇到的一些难题、难办的事情，除第四次会谈时讲到的制动问题外，第二个问题就是关于钢轨问题。钢轨位于铁路路基上，我们称之为上部建筑。上部建筑包括钢轨、钢轨扣件、道岔等。钢轨是上部建筑里面的主要的设施。钢轨本身是有系列的。中华人民共和国成立后，我国铁路钢轨系列基本上都是从苏联引进的，我国铁路的有些标准也是从苏联引进的。当时我们的系列是叫“43 公斤系列”，就是指钢轨每米重量为 43 公斤。1968 年在达累斯萨拉姆举行三国第二次会谈时，赞比亚和坦桑尼亚他们都商量好的，希望用“45 公斤系列”，特别是赞比亚希望用这个系列。“45 公斤系列”是西方生产的钢轨，我们国家没有。赞比亚那边的罗得西亚铁路是“45 公斤系列”，所以他们要求用这种系列。关于这个问题，在 1968 年 4 月份第二次会谈里没有谈拢，这个事情就拖下来了。钢轨系列标准涉及我们国家的冶金工业。此外，钢轨的断面形状很复杂的，必须和机车车辆完全配套，要和机车车辆合起来一起研究。这个问题铁道部本身是解决不了的。

这个问题带回来以后，由铁道部副部长余光生主持研究。经过多部门商量，最终采用 45 公斤钢轨，这就需要重新设计，这项工作就交由铁道部第三设计院和铁道科学研究院一起研究设计钢轨截面，设计完成后就和冶金部门商量制造模具。模具完成后再进行轧钢做成钢轨。

考虑到铁路第一段头 500 km 离海较近，必须减少盐碱对钢轨的腐蚀和锈蚀，并减轻钢轨的磨耗。为此就要在钢锭里面增加一些其他金属，变成含铜的耐磨的合金金属材料。设计研究部门最后提出高硅含铜的方案后，经和冶金部商量，最后通过国务院批准，指定由武汉钢铁公司来生产这种钢轨。

三、选线问题

我们在铁路选线的过程中也碰到了一些问题。我举几个例子，这都是我亲身经历过的。

坦桑尼亚有个塞卢斯野生动物园，这个地方有一个山脉，山形很不整齐，每个山头之间有一个水沟，水流非常乱，很不合适修铁路。那时不能像现在的高铁都是高架桥，那时候还做不到。因此，我们在这个地方就要选一条水流比较归拢、河道比较整齐、不至于造成山体坍塌的线路。我们就在这个地方做了很多方案。有一天，有个英国人到我们的驻地，我接待了他。他对我讲，中国一些人员打死了动物，伤害了野生动物园应该保护的一些动物。我回答说，我们知道这个事情了，马上去了解一下具体情况，会妥善处理好这件事情。这个英国人用比较重的口气讲了一句话说，我们已经把这件事报告了坦桑尼亚政府，你们破坏了我们的动物园，今后不允许你们再到这个地区来，铁路不能往这边走。我告诉他，我们了解情况后会妥善处理，并给你们一个明确的答复。这个英国人很生气地走了。我考虑这件事情不能就这么过去，如果英国人想趁机闹事，让坦桑尼亚政府知道的话，会带来很多误解和麻烦。动物园在我们第一勘测分队的地面，我用报话机向他们了解情况。一分队的同志告诉我，他们在勘测的过程中来了一群野羊，大家拿着测量的花杆把羊群轰走了，大家也没把这当成一回事。这和英国人说的差距很大。

于是我立即到仲曦东大使那儿，把英国人提出我们伤害野生动物这件事情跟他讲了，还介绍了我们选线的情况，说明铁道线路为什么要从这地方走。我把一分队遇到的真实情况告诉仲大使。仲大使听了也很着急，因为这件事情影响很坏。我说，英国人说的完全是虚假的，夸大其词了。于是仲大使马上就去找坦桑尼亚交通部长卢辛迪，我当时没去，是仲大使直接去的。仲大使大概去了不到一小时就回使馆了，马上让我去。仲大使告诉我，他同卢辛迪见面了，并把英国人告状的情况和勘测队情况都告诉了卢辛迪。卢辛迪马上回答仲大使说，相信中国同志。卢辛迪的话，我记得非常清楚。从这里可以看出，坦桑尼亚政府从总统到下面的官员，对我们来修建坦赞铁路确实非常信任。仲大使讲完后，我心里就有底了，表示会尽量把这条线路定好。由于线路和野生动物园有关，我们采取了很多措施，和现在的青藏铁路一样，在很多地方留了口子，让野生动物可以穿过铁路来回走。

赞比亚和坦桑尼亚的情况稍微有些差别，那里白人的庄园很多。在我们的勘测过程中，白人不允许我们进到他们的庄园。但作为我们选线，一定要往这儿走的。白人很不客气，不仅不让我们进去，还放狗出来吓我们，意思是你们赶快离开吧。这些庄园面积还很大，我们线路根本绕过不去。比如，铁路线路要经过的地方有个固定物体，只有当线路确定后，这个固定物体才可以拆掉，但在我们没有定线更还没有施工的时候，这个固定物体要保留在那儿。一般我们勘测的时候，对这种情况采用迂回的办法绕过去，这在小范围是可以做的。但这些庄园很大，动辄几千亩地，怎么也绕不过去。在这个情况下，我们就请一起工作的当地人跟白人交涉。但白人坚决不同意，几句话就把他们顶回来了，没办法，我们就找当地官员，由他们出面，在当地官员管辖范围里，禁止白人这么做。还命令说，今后中国人来，你们要开大门让他们进来。这样的情况有好几处。

四、工程难题

我们在工程上遇到的困难也很多。拿铁路选线来说，基本的选线方法有两种，一种是走山脊线，第二种是走河谷线。姆马段的自然条件很复杂，山不成脉，水不成系，没有办法按照第二种选线的方式去选线。山脊不是没有，但是断断续续的。在最困难这一段，所看到的地表都是很大的黄土堆，山顶全部风化掉了，这种状态也不可能用山脊线的办法来选线。那么就转为走河谷，但这里河谷是水不成系，铁路根本没有办法沿着河谷走。

此外，这里地质条件复杂性还体现在没有现成的地图。国内选线会用到军队系统做的地图，但坦、赞两国没有，都要我们现场去测量地形。首先要把地形弄准了，大面积的地表地形要测量好，此外还要弄清地下的地质情况。

我在第四次会议上对坦、赞专家答辩时，对方就问我们，什么是“便利运营”？什么叫“不留后患”？有这么两句话，这里面都有内涵的。所谓“便利运营”，就是我们运输的条件，比如线路的坡度、弯道、站位的设置要适合所定标准和运营需要，这就是便利运营。所谓“不留后患”是什么意思呢？就是防止地质灾害。为避免地质灾害需要进一步做工作，光用眼睛看只可以解决一部分，地下的情况就需要用钻机钻探来了解。这就需要我们在选线、定线之前把先期工作先做了。我们在定线的时候要避开严重不良地质地段，在这个前提下求得的线路比较顺畅，是这样一个原则。

我们选线不能按照国内的方法去选，要采用根据地形、地质特点和当地的环境来确定路线的特殊选线方法，既不叫山脊线，也不叫河谷线，此前在我们铁路史上还没碰到过这种情况。我和李轩同志讨论后形成一个思想，我后来坚持也是按照这个思想去办的，就是线路尽量作在坡底，不要作在坡上，要作在山坡的下面。如果把线路作在上面，由于山体风化特别严重，一旦发生大面积的泥石流，整段铁路就会全部都垮掉。除了避开严重不良地质地段，线路尽量走在一个稍微低的河谷里。这也带来了问题。因为这里水不成系，水流不是很通畅，千百年来山坡的植物、岩石、泥土等都沉积在水沟里面去了，就变成了沼泽，我们称之为软基。就是说，地基是软的，对铁路的稳定造成了危害，铁路路基不稳在运营时有翻车风险。铁路最好修在地基比较坚固、强度比较大的、密集度比较好的地方，那样就比较稳固，而姆马段要建在沼泽地上面。所以施工单位去了以后，研究施工需要采取一些措施，根据地质特点提出了治“三烂”。“三烂”是指烂泥潭、烂隧道、烂桥基。修隧道就要打洞子，打洞子不怕石头硬，就怕石头软造成塌方。建桥基时先要修沉井，要往地下延伸很多，淤泥积起来有十来米厚。所以施工的指导思想就是要把姆马段修通，先把“三烂”的问题解决好。

在这个过程中间，设计单位要和施工单位紧密配合。因为勘测设计的过程中，不可能为每个桥墩子的地基都做钻探，只能代表性地钻探。但是施工就不一样了，施工的时候要大面积的开发出来，因此在施工的过程中间经常会改变方案，这就要修改设计图纸。这项工作当然由设计单位来做，我们就叫设计配合施工。由于时间很紧，施工人员一边施工，另一边马上设计图纸，然后交给施工人员。在有的地点，还要改变工程，本来应该填土的，但下面淤泥太多只能改为建桥。这样只要桥墩子打下去就行了，填土的话，那么大的面积是要沉陷的。那有没有填土的地方呢？

有的。在一些地段就采取另外一种办法——“柴排”，这是铁路工程施工队的一种工程方案。

“柴排”是什么意思呢？比如某一处是软基，但软基不是太深，也就是 2~4 m 范围内的话，就把原木捆起来放上去。在旁边再做一些沟，之后填土。我们听过老人讲的一句话：松木在水里千年不腐。非洲的木头也有这种特点，泡在水里不会腐烂。坦桑尼亚那边，包括赞比亚，他们的木头多半是硬木。这就可以被我们所利用，就是把它压下去。当然还会采取其他多种措施。这种措施是我们设计人员和施工单位一起研究出来的。当年他们在西南搞三线建设，振兴铁路，就把这些研究成果拿到国外去用。如何处理地基问题，这对我们是一种挑战，因为有很多问题在国内并没有碰到过。在国外的环境中，我们只能利用当地的一些条件来解决。

举个例子，坦赞铁路施工过程中碰到一个很大的难题——石头。铁路没有石头是修不起来的。但是坦赞铁路这里自然条件特殊，在姆马段，由于风化严重，没有成型的、坚硬的石头，一碰就是酥的，不能用于施工。没有石头的话怎么修桥、修路、修涵洞呢？还有一些软基的地点，需要用石头填，没有怎么办？所以石头的问题是一个很大的难题，这种情况在国内也是很少碰到的，在我国西南很有修路经验的铁道部第二工程局也很少碰到。怎么办呢？我们就到另外区段里分别去寻找孤石，把孤石炸了以后运到工地来，这项工作也是很艰难的，我们喜称为“方案石头大战”，这在当时也是很有名的。为此，我们做了大量的调查研究，花了相当多的时间。

姆马段的选线，实际工作中碰到其他问题也很多，比如如何避免地震。那个时候我们对此并不是非常清楚，国家地球物理研究所的研究人员去了以后，对整个地区作了地震调查，最后确定地震等级。我们就要按照这个地震等级来做工作。对需要减少病害的又避不开的地点，我们就会采取一些措施，比如为减轻或者避免工程在短时间内受损，我们提高了工程用的钢筋混凝土强度，加深基础，加强对称性等。这是在我们坦赞铁路里特有的技术难题，我在国内修了差不多二十年的铁路都没有碰到过。铁道部为此选定了在山区修路最有经验的第二工程局，组织了三个施工队伍，专门到姆马段做施工准备。

难忘的事情

接下来讲一些难忘的、印象比较深刻的事情。这些确实是可以在历史记录里用重笔来描述的。

1968 年勘测的时候，我们有个工人叫李锦文在野外作业时遇到一头孤零零的野牛，野牛受了伤站在那没动，可能我们的一些举动使得野牛认为受到攻击，就冲过来把李锦文顶伤了，流了很多血。尼雷尔总统听到交通部长在会上汇报中国工人受伤了，他立刻做出给中国勘测队发枪支的决定。这是一个重大举动。哪里会有一个国家总统给外国人发枪支的？有些外国人也说尼雷尔总统怎么能把枪支发给中国勘测队员呢？这说明了什么？说明尼雷尔充分相信中国政府，相信中国的领导人，相信中国的工程技术人员。我认为这是史无前例，国际上独一无二的事情，我忘不了这件事。后来，我们都配枪了，但是我们对枪的管理很严格，采取了几个措施，枪有长枪、有短枪，长枪发给工人，短枪发给干部。长枪的管理措施是，我们在工人里找出原来在国内参过军、拿过枪的人来负责管理。短枪都是由老干部拿着。总的一条原则，只有在真正受到野兽侵袭、不得已的情况下用来自卫用，此外不能用于任何其他方面。这是作为严格的纪律执行的。我们到一定的时间都要检查一下，枪是不是完好，子弹是不是齐全。如果子弹少一颗，到哪去了，什么情况下用的都要讲清楚，管理非常严格。我们没有因为尼雷尔把枪给我们而出过任何事情。

还有一个比较难的事情，对我们造成了比较大的威胁，这就是车祸。1968 年我们在坦桑尼亚的勘测二分队，负责最困难的姆马段。当时勘测队配了一个队长、两个副队长，还有一个教导员。队长管全面，包括各方面工作安排和政治思想工作，一个副队长是主管勘测的具体事情，另一个副队长管后勤，专门负责采购，买一些用品。一个叫周书湘的副队长，是科级干部，他当时住在马坎巴科，要到姆贝亚去采购一些副食和生活用品，就在离马坎巴科没有多远的地方发生了一次严重车祸。这是修坦赞铁路时发生的第一起车祸。

我们国内的开车习惯跟坦桑尼亚那边不一样，我们是靠右侧行车，方向盘是左舵。而坦桑尼亚是靠左侧行车，方向盘是右舵。此外，坦桑尼亚的道路的情况很不好，当时走的是大北公路，这是从赞比亚到达累斯萨拉姆的唯一通道，是沙石路面，不是水泥路面，更不是沥青路面。

车祸一般发生在超车的时候。我们的车都是从国内运过去，方向盘在左侧。而坦桑尼亚是左侧行车，因此在超车的时候，我们的司机看不到对面有没有车来。而且当时大北公路上跑的汽车大都是 60 t 的大货车，车身有二三十米长，车速也很快。那里的司机不会因为超车放慢速度，所以超车时还要比大货车开得更快。这样经常出现的情况是，刚超过去对面的车就来了，根本让不开。而且因为是沙石路面，大卡车一开就沙土飞扬，把视线全部都挡住了，对方来的车不能老远就能看得见的。

回过头来讲第一起车祸。周书湘请在坦桑尼亚留学的一位同学，也是二分队的翻译开车带他去。车行驶在沙石公路的中间，正赶上公路维修养护，路中间有一堆沙石，由于车速比较快，再加上方向盘掌握得不好，碰到了这堆沙石后就翻车了。周书湘当场就昏迷。当地人很不错，马上打电话报使馆，还报告了政府。使馆赶快找到坦桑尼亚的交通部长，坦桑尼亚方面派了飞机，连同我们总队的一些干部到现场去，把他接到达累斯萨拉姆的医院去抢救。周书湘的生命是抢救过来了，但是瘫痪了，最后成了植物人，于 1980 年在国内去世。

这是 1968 年第一次车祸，大家产生了极大的不安全感。但是就是这样，车祸还是没有减少。最大的一次车祸是在铁路施工高峰的时候，1971 年 4 月份。那个时候施工单位已经进去很大一部分了，坦赞铁路前面 502 km 已经全部开工，工程已经进行得差不多了，后面姆马段也进入施工准备，各方面的布局都差不多了。在开工之前要开一次干部会议，除了安排施工的进度，还要讲讲涉外纪律、如何做好施工等，做一些一般性的布置。干部会议开完了以后，施工单位的干部就回到各个队去了。

姆马段里一个重点的工程就是修隧道。坦赞铁路一共 22 个隧道，其中有 18 个在这里面。现在我们修个隧道，修个地铁线很容易，因为施工机械很先进。而过去修隧道要打眼、放炮、清理，一段做完完后再继续打眼、放炮、清理，所以进度很慢的。因此，坦赞铁路工作组专门成立了隧道队。隧道队的队长李景普就从总部开完干部会议回到姆马段的工点的路途中，在伊林加附近发生了严重车祸。这起严重车祸跟我们不了解当地的交通状况很有关系。当时国内有一批工人去坦桑尼亚当司机，正好与这位队长一起回驻地去。这些司机年纪都比较轻，都是开快车的。我们一般派到各个队里面的汽车，队长都坐小卧车，下面的一些人都是比较大的敞篷车。这位队长也是第二工程局的一位处长，在国内工作很有经验。他让这几位司机轮流开车回驻地。这些司机到了国外都想给领导来开车，现在队长让他们轮流开，他们都想好好表现自己，就在他们轮流开车的过程中发生了车祸。

当时车里面有五个人，前面是司机和旁边坐的队长，后面坐了三位是新到坦桑尼亚的司机。这辆车整个撞到对面开来的一辆汽车的车底下去了。情况非常惨，当场去世三个，那位队长当时还没有咽气，被挤在车里面了。我们从总部去营救他，距离车祸地点很远，需要花一段时间。到的时候他神志还比较清楚，还有一点气。为把他拉出来，就要把车切割了，刚把他救出来，他就说："我累死了。"他讲了这么一句话，就断气了，这一次车祸就死掉了四个人。这个事情是所有参加修筑坦赞铁路中的人都知道的。

当时坦桑尼亚那边情况很差，处理这些同志的遗体听起来也是蛮寒心的。这里没有火葬场，也不能把他们的遗体用飞机运回来，那时候还没有这个条件。怎么办呢？就是在郊区，选了一块空地，下面铺上木块，上面铺草，再铺木块，再铺草，一层一层铺上去，再盖一层木板，把它们一起用油布捆好，浇上椰子油。之后把遗体放上去进行火化。一次烧不完，前后要烧好几次才能完事。这个事情对我们来讲真是难遗忘的。

这类严重的车祸不是一次，而是有好几次，一次就牺牲几个人。我们在修筑坦赞铁路的过程中在坦桑尼亚牺牲的同志，这其中有因病牺牲的，还有在工程中牺牲的，但总的看因车祸牺牲的比重是相当大的，占到了百分之六七十。

当年国家为了修建坦赞铁路专门从国外买进来三艘远洋轮船，一艘叫"耀华"，一艘叫"明华"，一艘叫"建华"。先买的是"耀华"和"建华"，后来加了"明华"。从广州出发，坐船经过 12~16 天到坦桑尼亚。大家出去的时候都是很高兴的，铁道部的领导、广东省政府都来欢送，敲锣打鼓的，大家的心情都是很激动的。但有一位工人，不适应航海生活，晕船很厉害，东西吃不下，连胆汁都吐出来了，结果就在半路上牺牲了，进行了海葬。这是个别情况。我们听说后也觉得非常遗憾。

在非洲工作有一些威胁是来自野兽和昆虫。野兽指的是野牛、狮子、大象等，我们亲眼看到过大象把当地人踩死的情形，当然我们没有发生这种状况，这方面大家都是比较注意的。我们在勘测时人少，施工的时候人就多了。人一多，那些野兽就不敢过来了。我到非洲感到对我们比较大的威胁，从自然学来讲一个是大象，一个是蚂蚁。一个是最大的，一个是最小的。蚂蚁厉害到什么程度？晚上人睡在那儿，蚂蚁就能整个爬满你的床，你的蚊帐。它不来咬你，不吃你的肉，不吸你的血，但你赶不走它，弄不好还会传染疾病。我们到野外工作的时候怎么办呢？天很热，都是四五十度的高温，我们全部穿厚卡其布的工作服，衣服薄了不行，否则小虫一叮就叮进去了。我们还必须戴防蜂、防蚊子的帽子，戴上手套。那么大的太阳，那么热的天气，还穿上这种装备，受得了吗？我们天一亮就到野外去，一直到天快黑了才停下来，衣服全部湿透了。都没法洗，因为第二天还得穿，只能把衣服在旁边放着晾干。第二天早上起来，蓝的工作服就成白的了，全是盐渍。我们在那里过的就是这样的生活。好些同志说我们到国外享受高待遇，实际并非如此，要比在国内苦得多了。

在综合考察的时候有一个专家牺牲了，是被毒蜂蜇死的。他们在考察水利的过程中，中午吃饭，打开罐头，罐头的腥味散发出来，把野蜂全招来了。野蜂成群结队地冲过来，大家就赶快跑，而这位同志比较胖，落在了后面，毒蜂全部蜇在他身上，就是这么被蜇死了。后来我们把这件事作为教材，对每一个新到国外的人都要讲这个事例，告诉他们国外住在野外，一定要防止野蜂的袭击。用什么办法比较好呢？抽烟，抽烟以后蜂就不来了。森林里是不让人带火柴进去的，因为容易引起火灾，所以也只能在一定范围内抽烟。所以在国外工作，出于防护需要，就要学会抽烟和喝酒（防潮）。这是我们在野外得到的经验。

还有疾病的威胁，特别是疟疾。疟疾在非洲很普遍，这种疟疾和我们国内的不一样，叫作非洲疟疾。我们国内得疟疾用奎宁就可以解决，但在那边奎宁起不了作用，需要特殊的药物。后来国家专门找研究部门研究，研制出专门治非洲疟疾的药叫青蒿素。得病后打摆子并不是打一次就完事了，有的人一年内要打好几次摆子，你说这个威胁大不大？说不定什么时候就会打摆子，一发烧都是四十多度。当然我们都配医生了。在整个施工安排我们配套建了两个大的医院。就是从国内铁路医院抽调比较好的医生，组成两个大医院，一个放在达累斯萨拉姆，一个放在姆皮卡。我们还做了一些疾病预防工作，但是有一些是不可能预防的。比如说，带了疟疾病菌的蚊子叮你，是防不胜防的。所以有的人去了之后经常打摆子，但这些同志真是不错，退烧以后就马上上工了。

还有一种病叫瞌睡病，是萃萃蝇传染的。当地人非常害怕，当人被传染上了以后就只想睡觉，最终睡死，所以叫瞌睡病。他们当地也有一种预防手段，但我们是用自己的办法解决的，主要是防止蚊虫叮咬。还有一种是寄生虫，我们叫它非洲痘。有一种像蚊子那么小的活虫，叮了皮肤以后，从毛孔里钻进去，在里面寄生。长大到一定的程度，皮肤会起包，弄破以后就发现里面是小蛆，我们叫它非洲痘。这种虫哪儿都叮，特别是手指头和脚指头。大热天的大家光着脚，经常被这个小虫叮，很普遍的，每个人几乎都得过。这都是非洲的自然条件所决定的。这些虽不是大事情，但对我们是一种威胁，也让我们很难忘记。

▸▹ 应对唐山地震

再讲讲我们在国外应对唐山大地震的情况。1976 年 7 月 14 日坦赞铁路移交，我们国家代表团出席交接仪式以后，还没有回国时国内发生了唐山大地震。那时，铁路虽然移交了，但是我们的一些人员，特别是运输管理和操作人员还没完全撤离。因为 1975 年铁路通车后，我们就开始试办客货运输，直到 1976 年上半年。在办理移交的过程中，我们担心铁路可能还会有些问题，所以我们的人员并没有全部撤离，工程人员留下的不多，大部分都是试办客货运输的管理人员。7 月 28 日唐山大地震发生后，我们在国外也有一个应对唐山大地震的事情。因为铁路试运营期间，所有运输管理人员都是从国内铁路局抽调过来的，特别是坦桑尼亚这一段大量的运输管理作业人员来自北京铁路局，他们很大一部分人的家都在京津唐地区。唐山大地震波及的范围恰恰就是唐山、天津、北京。我们在国外知道发生了唐山大地震后，管客货运输的这些人很担心家里的情况。在这个情况下，使馆和铁路工作组商量后决定，凡是中层以上的干部，就是家里在这个地区的也不能动摇。至于基层单位的人员，他们的家如果在这个地区的，优先安排回国。这种情况下，我们在坦桑尼亚的人员有大量的调整。我们连续发了几份电报给国内，要国内接待这批回国人员。我们这边也是赶紧组织飞机、远洋轮船，让这些人分批回来了。当时铁道部和对外经济联络部有一个安排，要求家在京津唐地区的人到了广州以后，不要马上回家去。因为这些人的家那边的情况很混乱，需要那边作出安排以后再回去。但是有一些同志着急了，自己没有通过组织就走了。到了唐山后，有的人遭遇余震，也牺牲了。我们后来听到这些返回来的消息，感觉很伤心，很不好受。如果他们听从组织的安排，有秩序地逐步回去，也不至于有那么大的牺牲。

代表团原准备在坦、赞两国还要活动一段时间的，地震发生后，我们就和代表团商量该怎么办。代表团成员李轩同志跟我们讲，代表团会尽快回国，并将组织人员分别到每个援外人员的家里去了解情况，凡是家人在的，哪怕只会写几个字也要他们亲笔写一个纸条，告诉援外人员家还都在，国内会派专人专门把这些信息带到国外，起码给在外的人员一个反馈。回国以后，他们确实把这个工作做得很好。在比较短的时间，大概不到10天的样子，一些消息就返回过来了。国内为此做了大量的工作，那么多援外人员，逐个地到他们家里去了解，然后集中这方面的信件派专人送到国外，这确实不容易。

作为我个人来讲，我的家当时在天津，我在外边没有接到家里报平安的信，与家人的音信也都断了。那个时候使馆有明确规定，其实没有这个规定，我也不会随便走掉的，因为我们一些同事们都在那儿工作。后来，我就写了一封信给在第二外国语学院当副院长的一位同学，对他说有没有可能到天津去看看我的家，如果家找不到了，或者根本没有了，一定要把情况如实反馈给我。我的同学很好，他去天津了解到我的家已经塌掉了，但是人还在，就是这么一个简单的消息。而我得到这个反馈时已经接近 9 月份了。当时我和一起在国外的同志们心情是一样的，家里有信返回来的就比较安心，没有信返回来就提心吊胆的，都有这么一个过程。我回国后，费了很大的周折才找到了自己的家。

▸▹ 工作经验

关于援建坦赞铁路的工作经验，概括起来有五个方面：

第一，领导的正确决策。这个正确决策，不光是我们国家领导人做出的，也包括坦桑尼亚和赞比亚的领导人共同的正确决策。正因为有了这么一个共同决策，不管是在我们国内，还是在国外，上上下下各个方面大家能够协同工作。这样的例子很多，比如坦、赞政府官员帮我们做一些开头的工作，帮我们解决一些难题等。

第二，我们所有参与到援建坦赞铁路的工作人员认真扎实地贯彻了对外经济技术援助的八项原则。出国人员都要经过培训，培训时首先要学习一些政策方针和领导的指示，特别是毛主席的号令、周总理的指示，这其中包括八项原则，到了国外，一切工作都不能离开这个原则。体现在这几个方面：

（一）满足受援国的需要，首先要解决受援国的需求，这是前提。

（二）一切要从受援国的实际情况出发。首先，援建的项目如果不符合受援国的需要，不符合他们的国情或者社会情况，效果是不会好的。所以一切要从实际出发。举一个很简单的例子，坦、赞两国的人口要比我们少得多。我们在国内搞一个工程可以打人海战术，在国外不可能。

（三）这些国家经济文化比较落后，要靠他们的技术人员帮助我们做一些工作是不可能的。铁路建成以后，这里的维修、养护以及管理工作和我们国内的做法有区别。我们国内可以有大量的人在铁路沿线白天黑夜地去巡道和养护，这两个国家不可能做到。因此，在整个铁路安排上，为今后交付运营以后他们在人不多的情况下能够维修养护和管理，使铁路能够保持比较完好的状态，就要从他们国家的实际情况出发，对车站的布点、维修养护手段等在构建的时候就要有所设计，要考虑到这些因素。

（四）在可能条件下加快这条铁路的建设。工期是一个很大的题目。我们在编“施工组织计划”时做了很多方案，其中有坦赞铁路建设六年方案、八年方案、十年方案。我们把这个方案做好了以后，报给中央，最后周总理亲自确定六年方案，后面加一句话“计划六年，希望能够缩短”。毛主席说“这条铁路一定要修起来”。我们实际施工五年八个月就把这铁路全部建成了。这个进度在国内的铁路工程里是没有的。所以，加快铁路建设也是遵守了八项原则中的一条：我们要援助受援国，既要帮助他们发展民族经济，又要比较快地投入使用，尽快得到效益，这也是八项原则确定的原则。

（五）保证质量。我搞铁路工程多少年了，对此是有比较的。

坦赞铁路建设的工程质量也好，所有配置的装备、器材也好，在国内来说是第一流的。在国际上我们还不能说第一流，因为国际上先进的东西很多。在八项原则中有一条，要把我们自己能够生产最好的产品提供给受援国，这一点我们做到了，不仅做到了，而且我们还根据对方需要，经过调查研究后专门制造试验，经过适用、改善，再拿到国外去用。就工程本身而言，大家心里非常明确，一定要修一条好的铁路交给对方。因此，在我们施工过程中凡是碰到有一些工程质量上有欠缺的，都很自觉地改过来，甚至重新做。这是一种自觉的行动。

再比如说通信器材，这是属于电器方面的事情。我们国内为了适应这个地区天热、蚂蚁多特别是白蚁多的特点，并为防止器材经过长途海洋运输受到海风和海水侵蚀，在电讯器材上都做到“三防”，就是防腐蚀、防雷击、防白蚁，这些器材运过去使用起来就比较耐久。再比如，大到机车，小到一些构件，我们下了很大的力量，集合了铁路研究、加工生产还有其他部门一起来研制，大家都很认真，把我们最好的产品拿出去。

同时，我们还把一些应该满足国内需要的产品用于援建坦赞铁路。施工之前，国内还没有大吨位的载重汽车，我们在国外用的是长春汽车厂的解放牌载重汽车，这个车吨位小只有 3 t，效率比较低。大概 1971 年的时候，山东济南黄河汽车厂研制生产出来 8 t 的载重汽车，这些车生产出来后全部运出国支援坦赞铁路施工用，其实这种车国内也是很需要的。

另外，我们是尽量减轻受援国的负担。比如在生活设施方面，我们施工队的人多，要去当地去采购，可是当地没有那么大的市场，如果我们全买走了，也会冲击当地市场。所以，我们是自己种菜、养猪、养鸡，蔬菜副食都是自己解决的。我们住的房子不是现成的，都是我们工人去了以后，用木板或者一些简易材料盖起来的。这些问题都是我们自己解决的，减轻了受援国的负担，这里例子还是很多的。

我们手把手地教当地工人。可以说，整个铁路管理、工程维修、电信器材维护等所需的技术力量，都是我们在坦赞铁路建设过程中间培训出来的。这也是遵照八项原则来做的。我们提供援助的一些项目不仅仅要建设好，而且要教会当地人操作，让他们能够自己经营管理。

此外，铁路运输很讲究规章制度，因为这是一个复杂的环环相扣的大系统，必须要有一个统一的做法。铁路还在修建过程中，我们就在国内组织专门班子，着手编写规章制度了。这个班子包括了运输管理、维修养护、通信信号等各个方面的专家，组织起来编制符合坦赞铁路标准的运输作业管理规程。编完并通过审定后，全部翻成了外语，移交给对方。培训过程中，我们也是按照这个规程来培训当地人员的，这样他们到了岗位后可以马上开展工作。

第三，援外人员有非常明确的指导思想。我们派出人员出国之前都要上培训班的，当时全国铁路系统里几乎每个较大的单位都有人去参加援建坦赞铁路。这些人员集中到北京以后就给他们办培训班，给他们做政治思想工作，介绍坦赞铁路的情况，特别是非常明确地把毛主席的指示、周总理的指示告诉大家。他们进行学习以后，就有一个很明确的思想，概括起来就是两句话："为国争光、为受援国尽力"。这在实际工作中都充分体现出来了。大家本着这种思想去对待工作，宁可牺牲自己，也要把工作做好。

我们开始工作的时候，大型施工器械还没有到。为了争取工期不惜动用人力去施工。如果你看纪录电影《坦赞铁路在建设中》的第一集，可以看到我们的工人泡在泥水塘里连续工作五六个小时，包括干部在内的一些施工人员都是亲自到现场去参加作业。其实我们等待大型器械去了以后再施工，这也是可以的，但我们在这个思想指导下，为了争取工期，把前面这段尽快修通，就采取了这样的办法。还有一个例子，那个地方天气很热，气温有50 ℃左右，我们一些施工机械的操作人员在司机楼里干得是汗流浃背，以致屁股都发炎了，根本坐不住，晚上睡觉的时候只能侧着身子躺着。第二天起来以后他们照样上工，侧着身子半坐半站地开车。这种事例很多，大家思想非常明确，不能让坦赞铁路因为我们工作没有做好而出了问题。我们铁路工程人员也好，运输管理人员也好，大家后来一起回忆，都觉得跟我们国内铁路相比，坦赞铁路应该比国内铁路修得还要快、还要好。

第四，有强有力的政治思想工作。政治思想工作在坦赞铁路建设过程中间，应该说发挥了很大的作用。在我们整个组织系统里面，都配有专职政工干部。在工作组有政工组，在各个施工队里，包括勘测队里都有教导员，我们在科一级机构里都有教导员，在处一级机构里面都是政委，实际都是做政治思想工作的。当然，工作组里成立了党委，党的组织很健全。

国外的政治思想工作和国内不一样，除了国内有的政治思想工作外，还有外事纪律方面的工作，教育外派人员遵守受援国的政策法律等。政治思想工作对建成坦赞铁路起了至关重要的作用。没有强有力的政治思想工作顶着，可能我们不会在那么短的时间里修出这么好的铁路。我们工作结束以后，大家在一起总结时一致认为这是一个不可缺少的、很重要的方面。

第五，科学组织实施，有预见性地安排各项作业计划。勘测的同时要做好设计准备工作，设计开始后就要做好施工准备工作，这是阶段的衔接。实际上在勘测的时候，施工准备就已经跟上去了，设立了一些施工需要的修理厂、加工厂等。可以说，整个施工组织计划，安排都非常细致。

坦赞铁路所有物资都是从达累斯萨拉姆运进去，铁路建设只能逐段向内陆延伸，因此，要把前面这一段铁路早点打通。为了实现在一年里打通第一段 502 km，我们采取了多点施工的办法。从基达杜往东边施工，从达累斯萨拉姆往西边施工，一些物资运到基达杜后，就分两头施工。所以，第一段 502 km 的铁路之所以能够在不到一年时间通车，就是因为它有三点同时施工。之后就按照实际情况循序渐进，一步步往前走。所以，施工组织计划的安排非常严密，很科学。一个科学的施工组织计划，归纳起来“循序渐进、环环相扣”。

我们国内和国外工作的衔接也做得不错，特别是把“远洋运输”这方面因素都考虑进去了。远洋货运一般一两个月甚至三个月才能运到，我们必须考虑到远渡重洋、万里以外的这种因素。施工组织计划在国内铁路工程里也是一个专业，此前我们都没有遇到过的问题，在坦赞铁路我们遇到了。所以，我们当时搞施工组织计划的时候，各个方面的同志们集合到一起来编制。

▸▹ 关于坦赞铁路的建议

坦赞铁路今后应该怎么办？对改善坦赞铁路现状我有一个建议。这个建议不是现在形成的，而是我思考两年多才形成的。其实这个方案在 1999 年就基本形成了，1999 年，我曾经和对外经济联络部的一些老领导回访过坦赞铁路，一路上大家也都在讨论这个问题。

坦赞铁路正式移交后的头十年里总的状况还是不错的。赞比亚总统卡翁达在庆祝铁路通车十周年的典礼上讲过一段话，充分肯定坦赞铁路的建设成就及其发挥的作用。对今后这条路将起到什么样的作用，卡翁达也已经说很清楚了。对我们自己而言，感觉援建工作已经完成了当时的阶段性计划。但是铁路运营十年以后，实际上把它说穿了是逐步在走下坡路的。在通车的头十年里铁路每年运货量可以达到 100 多万吨，坦赞铁路经营也略有盈余。随着时间的推移，运量逐渐减少，经济效益明显下降。铁路的基础工程本身都是好的，但是有一些需要加强维修的地方逐步弱化，整条路的状态就差了一些。再加上管理的欠善，状态越来越坏。

我在援建工程完成后就回国了，在中土公司搞行政管理，但是援外工作一直自己亲自抓的，没有间断过，特别是坦赞铁路的技术问题我一直都比较了解。公司派什么专家组出去，都是我统一安排的，所以我对坦赞铁路的运营情况一直都很清楚。铁路的这种状态不是我们派技术专家组就能够解决得了的。坦赞铁路之所以出现走下坡路，主客观原因都有，但是起主要作用的是主因，一条铁路两国共管带来了很大的副作用。要给坦赞铁路找出路，就一定要改变两国共管的模式。

我的建议是分别管理，自负盈亏。从体制上的解决办法就是“分管联运”。分管联运比较符合整个铁路的状态，而且这不是特有的，是国际上通用的。这不是说我们要拆台，而是为坦、赞两个国家更好地发展。当然从小的方面讲，是坦赞铁路改变现状的需要。体制问题解决了以后，我们需要对坦赞铁路的援助就从三边转为双边的事情，很多问题就比较容易解决。我们可以按照坦、赞两国的发展计划，以及我们的实际来解决一些他们提出的问题。

解决了体制问题，第二位才是解决管理问题，包括运输组织、养护维修、人员组织等。

所以要振兴坦赞铁路，不要单纯从工程示范的角度去考虑，首先要从体制上解决，实行分管联运，独立核算、自负盈亏。两国各自管理自己的这一段铁路，纳入各国自己的运输序列里，自主权就大，铁路的经济性就高，有一些问题就好解决。

坦赞铁路就工程本身而言，我们认为没有大的问题，当然比如某个地段坍塌了，这种情况是会有的，毕竟铁路是暴露在大自然里的。但是铁路的基础、桥梁和水道等不会有什么问题。而上部建设，比如轨枕、钢轨、扣件以及其他的设备更新也是比较好办的，有些东西甚至还可以按照新的技术装备上去。比如通信，建铁路的时候用的是有线通信，今后如果要振兴改造，就可以改用现代的无线通信。所以我认为，研究坦赞铁路的振兴，需要吸收铁路运输研究人员参与进去，而不仅仅是工程人员。

▶▷ 对今后大型援外项目的建议

今后我国在非洲再实施像坦赞铁路这样的大型援外项目，我也有几条建议，这是从总结坦赞铁路经验中引申出来的。

总的原则是要根据受援国的经济、政治上的迫切需要去援助，这是一个大前提。如果不是对方迫切想要的项目，我们去援助，效果不一定会太好。坦赞铁路的修建就符合了两国当时迫切的需要。在这个前提下，我们还要考虑到自身的经济和技术上的能力，不要勉强去做超越我们自身能力的事情，否则最后的效果也不会好。

第二条，对于大型的基础性项目，包括修水坝、公路等，不能单靠企业行为。大型的、跨地区的援外项目，需要政策的指点、资金的投入和人员的统一安排，这些行为从项目开始直到实施结束，甚至到后期的运营管理都要贯彻下去，但靠企业的力量是达不到的。

第三条，对受援国要多让利。我国的对外援助项目尤其是大型援外项目，应该更多地考虑社会效益，要讲无私奉献或者国际主义，完全按照援外的八项原则去做，为受援国着想，解决他们的切身需要，要真正做到真心实意帮助他们。在满足社会效益的前提下，再考虑我们的经济效益。

第四条，要认认真真、切切实实地贯彻援外八项原则。对外经济技术合作的八项原则到现在仍是完全适用的。正因为有八项原则，再加上外交政策相辅相成，所以我们在国际上才有了比较好的形象和较大的影响。八项原则应始终贯彻于援助项目中。

第五条，项目建成以后中方要尽可能地参加直接管理。大型援外项目，尤其是跨国援外项目，我们应当参加直接管理。这样，我们的专家不仅有建议权，还有指挥权和处置权，能更好地为受援国服务，能利用国内先进的管理和运营经验，让援外项目发挥更大的作用。所以大型项目我们不要到时间就轻易脱手，必要的时候我们应该任实职，任实职以后带来的效果，特别是带来的经济效益，应该是为受援国所得。

第六条，定期抽查项目。以前我们的做法是，如果项目运行正常，受援方能够自主管理，获得比较好效益，在这种情况下我们就见好就收，不再介入。这样能够避免受援国误以为我们要从中得到其他利益，引起不必要的猜测和误会。但我们也不能建成以后就马上撤出全部人员，只派一定技术专家做外围指点工作。虽然人员可以撤一点，但我们要定期抽查项目，看看项目的运营情况。

第七条，大型项目特别是跨国项目要考虑受援国今后的发展情况。在对待跨国项目上，我们帮助受援国的时候心里要有数，终究这是跨国项目，要考虑到每个国家的不同国情和可能出现的变化，为各方分别管理作做好准备。我们在援建坦赞铁路的过程中，在通杜马过境站的设置问题上，就考虑到了这一层面，过境的地方两个国家境内各设一个车站，事实表明，这一决策是完全正确的。

▶▷ 坦赞铁路精神

今年（2013 年）习近平主席访问坦桑尼亚，在公开演讲时提到要弘扬坦赞铁路精神。对我们这些参加过坦赞铁路建设的老同志来讲，这是对我们工作的肯定，大家听了以后很振奋。弘扬坦赞铁路精神并不是一句简单的话，这里面有丰富的内涵。坦赞铁路精神到底指的是什么呢？我个人思考了很久，简单地概括成两句话。

第一句是“无私奉献”。就是说在坦赞铁路从建设到现在技术合作的全过程中，我们始终坚持无私奉献的精神。前面我已讲过了，我们修建坦赞铁路几乎是发动了国内的各行各业，铁道部门不用讲了，那是责无旁贷的，其他部门也是如此。而且我们还有那么多人员牺牲在那里，把生命献给了坦赞铁路。我想来想去，无论从哪个方面联系都离不开“无私奉献”这几个字。我们建设坦赞铁路取得这么好的成果，获得巨大的影响，都是以无私奉献为前提的。

第二句话是“友好合作”。坦赞铁路之所以能够建成除中国的全力支持外，也离不开坦桑尼亚和赞比亚两国政府和广大人民的共同努力，否则这条铁路也是很难按我们的计划如期建成的。坦赞铁路是中、坦、赞三国友好合作的结晶。我想，今后大项目恐怕也要走这条路，光依靠我们自己是不够的。建设过程中很多细小的事例都能说明，当地政府和人民是怎么样为坦赞铁路做工作、与我们合作的。我们每个工程队里，包括勘测时期、施工时期当地官员都住在那儿，没有这些人，在当地好多事情都办不成。

当然，“友好合作”也可以再引申为“合作互利”，但我个人认为合作互利的这个层次的含义要低一些。如果仅仅是追求经济利益的话，我们是不会选择修建坦赞铁路的。我们是出于国际主义义务，两国也确实有修路的需要。当然，从其他层面考虑，坦赞铁路修建后，还有其他援外项目都收到了比较好的效果，再加上正确的外交政策，我们在国际上赢得了很多国家的同情和支持，同这些国家较顺利地建立起了友好合作的关系。

我想，无论怎样理解坦赞铁路精神，“无私奉献”这句话总是不会错的。我们在援外项目如果能够继续发扬这种精神，我们的对外工作一定会取得好的结果。

中非工人友好合作

坦赞铁路——我们永远不可忘却的记忆

访谈时间：2017年8月15日

访谈地点：北京

访 谈 人：中央电视台4台《国家记忆》编导　鞠澄昊
（以下简称：鞠导）

口 述 人：原中国土木工程公司总经理、总工程师、
原援建坦赞铁路工作组副总工程师
陆大同（以下简称：陆老）

鞠导：当时的坦桑尼亚在非洲处于怎样的地位？

陆老：坦桑尼亚位于东部非洲的中部，地理位置十分优越，东濒印度洋有较长的海岸，其首都达累斯萨拉姆是一个优越的良港，号称和平之港。总统尼雷尔是一位民族主义者，高举反帝反殖的旗帜，一九六一年取得独立，于一九六四年与桑给巴尔联合建立了坦桑尼亚联合共和国。他是南部非洲解放运动领导人之一。其国民经济主要依靠农业生产的初级产品，矿产品不很丰富。新中国成立后即与我国建立外交关系，与我国一

直保持着良好的友好合作关系，我国在那里设立了中心使馆。

鞠导：当时我们对亚非拉民族的外交策略是什么？

陆老：我国对亚非拉民族的外交政策是“广交朋友，友好合作”，还有团结互助，尽我所能对外援助。

鞠导：当时坦桑尼亚方面有着怎样的考虑，是否想向中国要求帮助呢？

陆老：希望能获得帮助。

鞠导：后来面对中国的态度尼雷尔总统表示什么样的态度？

陆老：出乎意料的高兴，当我们国家领导人表示，我国政府愿意帮助建设坦赞铁路时，他既高兴又感激，说：“我的心快要跳出来了”。

鞠导：事实证明，上述活动都是美国“拖延”策略的一部分，当时美国采取一系列的拖延策略，目的在于什么呢？（其如意算盘是既可安抚坦、赞两国，又可将中国相隔在南部非洲之外）

陆老：其目的一是防止中国进入非洲；二是与其他殖民主义者可以继续控制这个国家和地区，并得到利益。

鞠导：当时中国援建坦赞铁路面临的最大困难是什么呢？

陆老：面临最大的困难是：不了解天时、地理、人文，只知道铁路要穿越“东非大裂谷”带。还有就是不知道赞比亚总统是否接受援助。

鞠导：坦、赞两国代表认为“英加考察报告”已较好完成了对拟建坦赞铁路的考察与勘测设计，希望中国能参照这部报告尽快组织施工。当时中国政府采取了怎样的态度？

陆老：“英加报告”周总理拿到后即表示是个初步的文件，不能用作施工，要做进一步工作。我们对“英加报告”的态度是作为参考，经研用后发现有严重的问题。一是标准太低；二是没有避开严重的不良地质地带。因此我们自选了线路位置，经坦、赞两国建筑专家评审后，得到了他们的肯定和赞扬。

鞠导：当时中国援建坦赞铁路源自国际上最大的压力和苦难在于哪些方面？

陆老：国际上的西方国家对我国是讽刺、诋毁和嘲笑。我们不为所动，以我们修好这条铁路的实际行动来回答。

鞠导：此时签订了这个协定的时候，中国决定派人去非洲，如何制定的援建计划？

陆老：建立强有力的组织和配得力的干部主持国内外工作。

鞠导：根据相关报告与备忘录，美国之所以选定大北公路对抗坦赞铁路，是什么原因呢？这给坦赞铁路的修建带来了怎样的压力？（坦赞铁路与大北公路几乎是平行的，但是花费仅为后者的十分之一，当时坦赞铁路正处于勘测阶段，离正式修建还有一段时间）

陆老：大北公路改建早于坦赞铁路的施工，有其一定的目的：公路即可满足运输需要，不需要修铁路，同时排斥中国的进入。我们对其改建公路没有压力只有动力（相互竞争），在修建过程中带有个别的摩擦。

鞠导：早在开工典礼的之前数月，施工队伍已经陆续进入达市一带的工地，一场“不宣而战”的战斗已经打响。由于施工准备工作做得充分和早期重点工程开工的进度加快，中国铁路工作组审时度势，提出了一个雄心勃勃的“502”工程施工计划，决定争取用一年多的时间修通达市至姆林巴（达姆段）502 km 的线路段。

鞠导：中国工作组为什么做出这样的选择？

陆老：“502”要在一年内修通的原因：

一是为以后大规模施工积累经验。

二是有利于增强坦、赞两国领导人的信心，并在国际上能产生正面影响。

三是为早日进入最困难的段落“姆马段”提供条件。

这是我国内外共同研定的战略措施。

鞠导：伴随着 11 月份如期而至的雨季，使得火热的施工场面，在一夜间陷入了困境，仿佛一团熊熊燃烧的大火，骤然间被从天而降的倾盆大雨浇熄。

当时当地这样的天气对施工带来了怎样的影响？

陆老：雨季到来还是不间断的施工，非洲暴雨虽大但是间歇性的，对不同工程有不同方法。

鞠导：当时对“502”的施工，心里是很紧张？

陆老：“502”在一年内修通确很紧张，采取了以下措施：

一、调整和增加施工力量。

二、大型机械未到前先投人力施工，三班作业。

三、国内铁道部派出副部长到现场帮助指挥施工，并及时处理重大问题。

鞠导：当时中国援建坦赞铁路的工人的生活环境是怎么样的？

陆老：生活方面的内容有很多：住宿方式、饮食起居、医疗卫生、休闲活动等。

鞠导：最难对付的是沼泽地和烂泥塘，这样的自然环境给施工带来怎样的难度？

陆老：姆马段的自然条件极度复杂，“山不成脉，水不成系”，山体坍塌，泥沼遍布，气候变化大，地震烈度高，工程量大且难度高。以国内工程经验和国外实际状况相结合，群策群力，突破难关。

鞠导：面对杂草丛生的自然环境，我们的施工机器及人员，怎么克服这些困难呢？

陆老：树木杂草阻止不了施工实施，比较可怕的是疟疾和野兽（大象、豹子、野牛和毒蜂及蚂蚁）。

鞠导：当时最困难的达姆段成功建成，后来的修建有怎样的意义和积极的影响？

陆老：突破达姆段和姆马段的意义和影响：

达姆段已如上述。

姆马段是人尽皆知的困难地段，有人将其称为禁区，不可逾越，中国铁路工程人员将其突破是一种奇迹，显示了中国人的胆略和技术水平。联合国组织评价坦赞铁路建设是成功的，是非洲最好的铁路。

鞠导：野外天气特别炎热，气温四五十摄氏度，阳光反射强烈，热气腾腾，肉眼从仪器里观看景物，晃得很厉害，看远处目标就不太清楚，我们怎么解决这样的困难呢？

陆老：野外作业的手段是多种的，在高温下看仪器确有一定难度，还是想了许多办法来解决。

鞠导：工程进展到这个程度的时候，即将迎来怎样的挑战？接下来的任务是什么？

陆老：工程迎来的挑战：

一、经得起大自然的冲击。

二、经得起历史的考验。

三、经得起敌人的挑剔。

以上方面都做到了。

鞠导：请评价坦赞铁路是一种精神？

陆老：坦赞铁路的精神是：

总的是“无私奉献，友好合作”。还有其丰富的内涵主要有：是切实贯彻《中国政府对外经济技术援助八项原则》的典范；是“一不怕苦，二不怕累，三不怕死”的崇高精神的体现；是“为国争光，为受援国出力”的爱国主义和国际主义的发扬。

我们从坦赞铁路走向世界

——庆祝中土公司成立 20 周年

编者按：作者撰写此文为中国土木工程公司成立20周年而作，文中较为全面地记述了铁道部援外办公室［即中国土木工程公司前身（简称：中土公司）］在完成修建坦赞铁路的重大任务后，于改革开放初期创建了中土公司进入国际工程承包劳务市场的状况，可对中土公司早期创建和经营状况的发展经历有所了解。

中国土木工程公司自 1979 年 6 月 1 日诞生进入国际工程劳务市场以来已经走过了二十个年头。公司今天已拥有几十亿人民币资产，业务内容从工程、劳务和经援，扩大到设计、咨询、贸易、实业、房地产开发、旅店餐饮服务诸方面。业务面在国内外都有较大的发展，各项业务指标在本行业中一直处于领先地位，公司声誉日益提高。在发展业务取得较好经济效益的同时，公司职工的生活福利待遇也得到不断提高。公司走过的二十年是一条成功的道路，这包含着公司迈出国门进入国际的道路和公司进入国际后所走的道路两个方面。如果在二十年前当时对这条道路看不太清或觉得朦胧，今天可以肯定地说这条道路前程远大，具有坚强的生命力，这已是无可疑虑的了。

成功的道路来自党的十一届三中全会制订的改革开放政策，来自上级组织的支持和扶持，来自公司职工的不断开创，自强不息。回忆二十年前公司创业初期，国家大政方针已定，进入国际市场的要求就是为国家创汇，学习国际先进的管理和技术，发展友好合作关系。国家在政策上给予五年免税的优惠，在办理出国人员和物资出口上简化有关手续。在国外的业务活动中我国驻外使馆、经参处给予有力地指点和帮助，并提供许多方便的条件。凡此种种都是为公司尽快起步创造条件，这是各家公司共有的客观条件。但公司的开创、生存与发展是各不相同的，这就是我们自身的条件。当时我们的实际状况是一无经验、二无资金、三无信息，其中尤其是经验问题最为突出，实际上是缺乏进入国际开展工程承包业务的知识和能力。如果说我们在国内搞工程是熟知和有经验的，可是到国际上去承包工程完全是门外汉了，不了解国际工程承包的程序和手段，不熟悉各类规章制度和办法，在我们不了解国际工程承包市场和业主不了解我们的情况下，如何能在激烈的国际市场竞争中获得项目？在这种主客观状态下，面临着如何开创的问题。

首先是确定进入国际市场的信心，明确进入国际市场的目的，坚信党中央改革开放政策的正确性。

其次就是改变思想观念，因为当时公司人员均是从计划经济模式过来的，尤其是经援工作集中性较强，缺乏主观能动性，这已成为习惯，要进入国际，适应国际市场经济的需要，要求我们首先是公司领导改变旧的观念，树立积极开拓，勇于进取，不等不靠，变被动工作为主动工作的思想，并将这种思想通过日常工作渗透到职工里面去，放手部门同志主动收集信息，做好开拓工作。

第三是发挥领导和部门人员的集体智慧，有事共同商量，决策民主化，通过集体研究，采取了面对现实，知己知彼，实事求是的方针。

在向外经贸系统研究单位初步了解了国际工程、劳务市场情况后，从我们的可能和国际工程承包商的需要两方面着手，即从比较单一的有组织的工程劳务着手，借国际工程承包商之手，向他们提供工程劳务人员，将我们带入国际。这样，有利于较快地进入国际，有利于积累外汇资金，也有利于学习和熟悉国际工程承包业务，吸取先进的技术和管理。在向上级组织借得有限的周转金后，一方面选择有经济实力并有工程建设项目且我国经援基础较好的石油输出国伊拉克进行开拓；另一方面寻求需要劳务的国际性工、贸公司进行合作，这种开拓和寻求，我们的职工是付出了大量艰辛劳动的。

例如在伊拉克通过我国驻伊使馆，逐个拜访了伊政府有工程项目的部、局，逐个拜访了在伊有工程承包公司的东西方国家的使馆，从他们那里获得了工程信息和承包商名录，在四五十摄氏度的炎热气温下，步行或乘公共汽车逐家“送货上门”，进行宣传和游说。在工程的实力上着重宣传了坦赞铁路，在劳务上着重说明了我们的技术实力和有组织的特点（这是区别于当时东南亚个体劳务的不同方面），在公司的性质和经营方针上重点说明国有企业和重合同守信用。在此期间，公司还组织了小而精的团组到外商在北京的驻地和欧洲进行接触联系。因为公司人员对进入国际的目的性比较明确，出国人员包括领导和工作人员为了节省有限的外汇资金，省吃俭用，在国外大多住的是无星级饭店和使馆、经参处招待所，吃的是快餐，出门尽量乘坐公共汽车，业务商谈尽可能在外商驻地进行。当时到国外工作人员的待遇完全沿用了经援的办法（不分领导或一般工作人员每月等于四十元人民币的当地货币，劳务人员另订分配办法）。国内公司人员在日常工作中本着内外有别，勤俭办事的方针进行，与外商洽谈或是在外商住地，或是借用部的对外接待室进行；出门办事虽然公司配备有一定数量的大小车辆，可以保证用车，但大多还是乘公共汽车或骑自行车；重要会议或与外商会谈，公司领导和工作人员总是几个人同乘一辆车，尽量节省用车，较新的车辆一般都为接待外宾用。国内外人员在这种条件下热情都很高，既无怨言，也不计较，齐心协力，做好工作。

公司开创时的劳务项目就是在这种状态和条件下获得的，其中包括公司 1979 年 11 月 9 日由日本丸红商社牵线与藤田公司签订的伊拉克 1 号高速公路第 9 段和城市下水道工程项目第一个合同，当时日本报纸作为一条重要新闻登载。劳务人数最多的是与吉摩德联合承包集团（德国霍克蒂夫公司牵头）合作提供二千六百多名劳务人员的伊拉克摩苏尔水坝项目，还有与巴西小门特斯公司合作的伊拉克新建巴阿铁路等。为了遵照合同按期派出优质的劳务人员，公司机关人员不分平假日、不分昼夜选审出国人员，办理出国手续，有时一个星期要组织两三个包机的人员出去，事先还要办好出国人员学习班，办好生活物资的采、储、运，确实是环环紧扣，毫不松懈。当时的劳务人员所在单位，特别是铁道部下属的几个工程局，能顾全大局，排除许多干扰，及时按要求推选、派出所需人员，为进入国际作出了积极的贡献。在国外的公司办事机构、各项目组织及劳务人员，尽责尽力，担负起第一线的管理和项目实施任务，一切围绕着为实施好项目和扩大业务范围，取得好的信誉和效益而共同出力。尤其是在20世纪80年代初，两伊战争爆发后，面临着战争和炮火的威胁，在外籍劳务和公司纷纷撤离伊拉克的情况下，公司驻伊拉克办事处领导和全体工作人员与项目队人员镇定自若、紧密相依，除采取各种防护措施外，与合作的外国公司人员坚守工程阵地，利用炮火间隙进行施工。这种为工程、为合同而忘我劳动，深得所在国和合作者的钦佩和赞扬，为树立信誉，扩大项目，奠定了良好基础。有的外国公司职员竖起大拇指说："中国工人真是好样的。"在海湾战争爆发后，伊拉克国内处于全面战争状态，工程全面停工，我国政府决定撤出全部人员，公司办事处在使馆统一领导下有序地组织各项目队人员安全撤离。在伊拉克相继获得项目的同时，在也门、吉布提、利比亚等市场也先后获得了一些项目。在大量输出劳务的同时，公司也试探过参加某些工程项目如九龙至罗湖段电气化铁路接触网，伊拉克公路、桥梁等的投标，大多因标价高而落标。现在看，当时就是偶然的中了标，按当时的知识面、管理手段和能力，也难以将项目实施好。这种投标与落标的实践，也说明我公司确定从劳务起步，与有实力、有声望的外国公司合作的方针是正确的。到20世纪80年代近中期公司年派出劳务人员近万名，积累外汇利润一亿美元。派出人员和利润数，在当时国内同行业中位于首位。

劳务起步的做法并不是一帆风顺的。公司内部有的同志认为中土公司是国有大公司，是最早组建命名进入国际的工程公司，某种程度体现着国家的工程实力和形象，坦赞铁路又是我们在铁道部领导下组织实施是世人共知的特大工程，理应着重承揽大的工程项目，提供劳务似乎低人一等，有损我们的形象。国内有的公司和个别人员把我们称为劳务公司，将我们和东南亚零散劳动力输出等同起来，这无形中给我们经营人员和公司领导增加了压力，或多或少影响职工热情和情绪。此外，也有不了解公司内情的周围人员，把我们人员出国和与外商接触交往，送往迎来，看成是发洋财，是捞取个人好处的机会。公司领导层和党组织及时分析研究了这种动向，着眼于职工队伍的自身建设，本着实事求是的精神，客观分析和比较我们与国际上工程公司的差距。国际上知名度高的工程公司，大多有一百多年的历史，有的家族公司已经到第三代、第四代，获取项目的渠道真是四面八方，投标报价和工地管理都是电脑化，他们最大的实力除了有一定的资金周转能力外，主要有一批熟悉国际工程章法，精于经营管理，善于捕捉信息的人才。有的国际公司总裁向我们介绍说，他们靠的是精明能干的项目经理，他们有专门编标的报价班子和估价师，有现代化的操作手段。这种介绍并不是虚夸，日后我们派出去的学习人员，在学习中得到了证实。以上种种条件，当时我们是不具备的，其中特别是人才。我们的优势在于我们劳务的组织形式，不像东南亚国家大多是在社会上招募，送出去就了事。我们劳务人员是有组织、有管理、勤劳动、守纪律，组织对他们是负责到底的。由于我们有国家的后盾，有完善的组织和好的工作表现，因之合作者对我们是信任和尊重的，他们的需要与我们的可能是互利的基础，将供需双方有机地结合起来，在对外经营活动和洽谈中从未出现过被合作者低看的情况。劳务的实践和收效，不仅使我们同志心里得到了平衡，就是过去某些嘲讽的人，也改变了态度，肯定了我们从实际出发的正确性。在出国人员待遇上，确比在国内要高，增加了有限的津贴和购买免税商品的条件，这虽是国家给我们提供的条件，但逢人防止夸耀，同时有分寸地说明，使周围人员对我们了解和理解，从而得到更多人的支持。

在加强自身建设中，我们还注重向国际公司不断吸取有益并为我所用的东西，如向经营人员提出学习日本公司人员的见缝插针、积极钻营的生财之道，作捕捉信息的有心人。日本丸红商社的信息中心，每天要收集筛选千万条信息，分门别类向决策者提供有价值的各种政治、经济信息供决策参考。虽然我们的业务面和业务量比他们少得多，但有效及时地了解情况和掌握信息，是不论公司大小都同等重要的，有时是起决定性作用的。日本公司是在 20 世纪 70 年代末 80 年代初最早从伊拉克市场转移到日本国内和东南亚地区（那时的欧洲一批工程公司还在纷纷进入伊拉克），在我们与他们的部门经理交谈中察觉到他们的动向，公司较早地做出了伊拉克只派人员，不投或少投机械设备的决策，使我们在以后发生的两伊战争和海湾战争中的损失大大减少，相比之下，欧、美和我国有的公司的损失要大得多。在向国际性公司学习中，注意到他们高的办事效率，其中关键是人员的素质和才能，尤其是欧洲公司，他们的经营人员活动范围广，人员少而精，他们一个人要办我们好几个人的事，进入国际，向国际靠拢，就要向他们学习。为此，公司在 20 世纪 80 年代初，对到公司刚参加工作的大学毕业的同志进行了结合业务需要的英语强化培训，以后在培训中心陆续又开办了汽车驾驶、烹饪、合同条款、投标报价、工程咨询、涉外财务、工程索赔、国际贸易、电脑等学习班。1984 年还邀请了日本大成建设公司，美国贝克特国际公司人员来北京，向公司机关人员讲授国际承包工程方面的业务，还派出少量年轻同志到欧洲公司去学习。以上的学习和培训，使年轻的经营管理人员能独立开展业务活动，并有生活的自立能力，效果是明显的。

市场经济总是随着政治、经济发展形势和需求的变化而变化。20 世纪 80 年代中后期，特别是中东海湾战争爆发，工程项目转移和锐减，劳务供过于求的态势明显出现，以东南亚劳务为代表的劳务价格猛跌，从月三百美元下落到一百美元，面临这种状况，公司必须要有新的开创，寻求新的出路，除了改变一般工程劳务为技术含量高的技术服务和其他服务性劳务以错开与东南亚劳务在价格上的竞争外，本着东方不亮西方亮的原则，着手开辟泰国、尼泊尔等新市场，并在吸取欧美资深公司经验基础上，广开多种经营门路，兴办实业，房地产开发和贸易业务等。这种新的开拓，有其一定难度，尤其是进入香港市场，虽然从调研和信息中获知香港市场有事可做，但仍然面临着进入香港后如何打开局面等难题。在公司上下对决心进入香港市场统一认识后，利用一切可以利用的内外关系，疏通各方渠道，与我国外贸系统的香港华润（集团）五金矿产有限公司和中国对外承包工程材料公司合作，组成中拓工程（香港）发展有限公司，于 1985 年进入了香港市场。公司为了不失时机有效地开拓业务，委派了公司副总经理出任中拓公司总经理，在较短的时间内不仅摸清了市场状况，工程项目运作的规律，还建立了包括金融系统等各种关系，继而陆续获得了海港码头、房建等工程项目，取得了一定经验和收效。这也是为日后（1988 年）设立我公司独资的中土工程（香港）有限公司和较多地承揽民用建筑及开发房地产业奠定了基础。

此外，这一阶段工程承包方面，一方面在有条件的市场国如吉布提，积极承揽小型工程项目，一方面扩大窗口（以中土公司名义承揽工程项目，由工程单位自主经营实施），获得了一批工程项目。但是，公司对有的项目如利比亚 1016 房建项目、伊拉克乌姆依扎姆房建项目、尼泊尔 44 公里公路项目等，未掌握经营、实施的主控权，加大了风险，付出了许多代价，也吸取了不少经验教训。但是从积极方面看，奠定了我们日后走以阿联酋工程项目为代表的自主经营，自我组织实施和以香港及尼日利亚铁路项目为代表的由我公司为总承包的自营道路，效果是肯定的。

20 世纪 90 年代以来，随着国际上工程项目的竞争日趋激烈，粥少僧多，利润率明显降低和业主对工程承包商要求条件愈来愈高的情况下，公司要保持稳定的发展态势，除继续开拓工程承包、劳务的主业和发展实业、贸易等业务外又选择了国内和海外的若干点，扩大进行了房地产开发，尽管由于种种原因，造成了一定数量的资金和房地产积压，每年还需支付相当数量的贷款利息，但这不能不说是在新形势下的一种开创。盘活资产确有很大难度，甚至要付出相应的经济代价，这对我们来说是一个新的课题。房地产开发某种程度要比工程承包复杂，因为所需资金多，政策和社会性更强，时机性也强，有的还夹杂着中介人员和组织，增加了许多复杂因素。

我公司进入国际市场的时间，在国内各行业中仅次于外贸公司，应说是比较早的，在同行业中成立公司也是国内最早的几家公司之一。如果按成长的时间和过程而言，创业的阶段应该过去，似乎不需要再去研究创业的事了。但是，事物总是在不断变化和发展的，尤其是我们这个行业，比进入国际市场的行列较老牌的国际性公司晚得多，而业务的变化和发展仅在这一、二十年中相对说是快的，从单一的承包工程和提供劳务，到联合承包，到带资承包，进而到交钥匙工程和 BOT 项目。这足以说明在千变万化的国际市场经济中，要适应这种需要和变化，始终存在和面临着瞻望过去，开创未来的问题。不开创就不能适应，不开创就不能前进，不开创就不能生存和发展。回顾中土公司经历过的二十年，就是不断开创，不断前进的历史，需要不断的继续下去。

继续发扬坦赞铁路艰苦奋斗的光荣传统 努力打造成国际上有声誉的大公司

——庆祝中土公司成立 30 周年

▸▹ 公司名称和商标产生的经过

一九七八年底，党的十一届三中全会给我们带来了改革开放的喜讯。本要撤销的铁道部援外办公室，面临着进入国际的新任务，大家感到既高兴又棘手，高兴的是机构不仅保留，组织还要扩大；棘手的是如何着手进入国际，除组织上研究公司组建办法，拟定公司章程并报请国务院批准外，在商业上的方方面面就是靠大家的热情和智慧，集思广益，出主意，想办法，其中包括公司名称的选用和商标的设计。当时的想法，名称和商标是企业的招牌，既要有形象，又要有内容。联系到我们是铁道部所属的基建单位，进入国际还是搞工程，铁道工程是我们的本行，包含着工程的各个方面，既有铁路，又有道路；既建桥隧，又盖房屋；相应拥有的工程人员也是方方面面且是配套的，概括起来就是包括土木工程的方方面面，这样就选择了“中国土木工程公司”的名称，相应拟定了英文全名及缩写“CCECC”。但在办理批准手续的过程中，发生了一些插曲，有的上级人员认为定名含意太广泛，包含了兄弟单位业务的内容，需斟酌，甚至要修改。经过一番磋商和周折，还是争取到了这个名称，并选定了 1979 年 6 月 1 日以中国土木工程公司的名称向海外开展商务活动，这一天也就是公司的诞生日。

公司的商标是在公司名称之后随着商业活动开展而想到的，领导要求商标既要代表公司，又要含意深且要简而明。当时营业处的同志因为业务开展的需要，首先动手设计图案，以后逐步扩大到其他部门，但设计出的图案，或因图案复杂，或因含义不深，或因只有英文没有中文，总是不太理想。经过一段时间，看了大家设计的图案，在我脑子里产生了一种构思，要全面达到领导的要求，首先从含意上着手，因为我们是铁路系统的单位又是搞工程的，从铁路路徽引发出来的一种形象，这是基本的；同时带有建筑造型的形象，在此基础上将中土公司的中英文字头点缀上去，并尽量达到简而明、简而美的目的，从而绘制出了现在用的商标草图，得到领导和同志们的接受和认可后请铁道部科技馆的专业同志绘制成正式图案启用。

应该说，公司名称的选定和商标的产生，与公司创业时的其他工作一样，都是公司同志共同创造的结果。

公司商标在当时启用时在社会上尚未发现有雷同的商标形象。

▶▷ 进入国际工程市场的回顾

中土公司自 1979 年 6 月 1 日成立至今已过去了 30 个年头，回顾公司进入国际工程市场是从单一地向国际工程公司提供劳务开始。因为公司成立之初一是缺乏国际工程承包的经验，二是缺乏资金，三是缺乏信息，只能选择向国际上有一定知名度的工程公司提供劳务的方式进入国际市场。当时我们的劳务优势主要是劳务人员有一定的技术水平，有公司的统一组织管理，劳务价格又比较适中，且有政府的支撑，这是区别于东南亚零散的劳工输出，国际工程承包商对我们比较放心，但我们总的还是处在被动的位置。进入 20 世纪 80 年代，由于两伊战争的影响，加之传统的东南亚劳工的低价竞争，我们的劳务输出已不具有太多的优势，在这种形势下，要求我们必须改变方式，以技术服务（中高级技工、工程师等）代替一般性的劳务，以错开与东南亚劳力的竞争。在主业上劳务向分包（包工）、工程分包和承包的道路转型，同

附：中土公司商标形象和含义的说明：

1. 类似铁路路徽的形象，体现是铁路派生的单位，铁路又是我们的工程主业。

2. 有一定的艺术、建筑造型，既达到简而明又体现工程的内涵。

3. 直观反映出中国土木工程公司简称“中土”的中文字样和英文缩写名称。

时扩大国际市场的领域，多渠道收集信息，国内外多方位建立合作关系并开展多种经营业务。

以劳务开始进入国际的道路符合公司的实际，由于我们的劳务人员既有组织又守纪律，并具有一定的技术水平，深受合作者的肯定，特别是在两伊战争时，在伊拉克的若干项目中其他外国劳务人员纷纷撤离，唯独我公司的劳务人员在我国驻伊使馆和公司驻伊机构领导下，在做好自身安全保护的同时，坚守工地，视情操作，得到外国承包商的高度赞扬。他们竖起大拇指说："中国工人真是好样的！"这种表现不仅体现了中国工人不怕苦不怕死的斗争精神，也体现了我公司对工程项目、对合作者的重合同、守信用和认真负责的精神。正是这种精神使我们扩大了影响，赢得了信誉，取得了项目，获得了效益。

以劳务开始进入国际是成功的，但并非单一的道路。国际合作者对中土公司的认识还在于中土公司的工程业绩。中土公司是在铁道部援外办公室的基础上诞生的。20 世纪 60~70 年代，援外办公室在铁道部的领导下成功地承担了我国最大的援外工程——坦赞铁路的建设。援外办公室不仅归口管理了这项工程而且直接领导、组织、实施从铁路的考察、勘测、设计到施工和试运营的全过程，制定铁路技术标准，筹运各类物资器材，选拔派遣各类工程及管理人员，组织符合坦赞铁路需要的特种钢轨（45 kg/m）、扣件、轨枕、机车、车辆、通信、信号、大型施工机械等的设计、试制、试验及加工生产等全部工作，还组织编制了既符合坦赞铁路运输需要又适应坦、赞两国国情的一整套运营管理规章制度。为了使铁路建成移交后由坦、赞两国人员自行管理铁路，在施工开始就有计划地培训坦、赞两国铁路工程和运输管理人员数以千计，其中 200 名学员到我国北京交通大学进行学习，这些学员在坦赞铁路中发挥了应有的骨干作用。这条铁路自 1968 年开始勘测设计、1970 年 10 月展开施工到 1976 年全面建成移交，工期历时五年八个月，实现了毛泽东主席“这条铁路一定要修起来。”和周恩来总理“计划六年，希望能够缩短。”的指示和号令。铁路建成通车至今已经历了三十多个年头，经受了历史的考验，敌人的挑剔，大自然的冲击，在国际上树立了伟大中国的形象，同时也显示了中国公司和铁路工程人员有能力在国际上承担如此宏大而艰巨的工程。铁路基础工程的坚固性经过三十多年的运输考验仍是如此的完好，有的非洲朋友说：“铁路修的像铜墙铁壁一样！”联合国曾派调查组考察后评价坦赞铁路建设是成功的，是非洲最好的铁路。由于坦赞铁路的成功修建，有的国际性公司如瑞士诺加商贸公司主动邀请我公司与其合作参加尼日利亚东部铁路的投标，顺利地通过资格预审并取得了第一标。在投标过程中我从尼日利亚铁路招标委员会主席处得悉，他们曾派人员到坦赞铁路进行过考察，对中土公司的工程实力深信不疑。其他应邀参与的如利比亚、伊朗、阿尔及利亚、尼日利亚、博斯瓦纳等国的铁路项目，有的进行了考察，有的组织联合机构运筹有关工程事宜，有的承担了具体工程项目。虽然当时大部分因所在国资金或某种原因未能实施，但对我公司了解该国国情、工程市场等方面具有重要作用，为以后承揽工程起到了一定的铺垫作用。

今天，坦赞铁路存在一些问题，但这决不会影响铁路工程的宏大形象。随着我公司在国际上承包工程规模的不断扩大，除已实施的工程为公司树立品牌外，坦赞铁路仍可对我公司的发展起到承前启后的作用。

▶▷ 公司签订和实施第一个合同纪实

俗话说凡事开头难，难就难在缺乏经验和知识，难就难在缺少经济实力。公司进入国际工程、劳务市场之初不例外地就是碰到这个难题。既然要进入国际，就要敢于去闯，公司的同志就是以这种敢字当头的精神迈出的头一步。

1978 年党的十一届三中全会制订的改革开放政策，不仅鼓舞和动员我国人民为进一步搞活经济各显才能，就是国际上的经商者和实业家也毫不迟疑地争相进入我国正在开放的市场，其中以日本商社为最先，这就是我们可以利用的一种条件。在互相需要的基础上，我们较早地结识了日本丸红商社驻京办事机构的人员，由于双方都想借用对方的条件开辟市场，我们是国有企业，有政府的支持和扶持，这是日本公司想借用的一种影响和力量，我们同样要借用他们在国际上经商的经验和渠道，迈出国门进入国际。在两者共同需要的这种条件下，要进入实质性的合作，最有效的方法就是通过项目上的合作彼此了解。因为中土公司顾名思义是承担土木工程的公司，同时又较多地介绍了工程经历和工地状况，使他们感觉到中土公司是有工程实力的。因为双方都未合作过，加之我们对国际工程承包业务不熟悉，只能以提供工程劳务作为合作的开始，这对日本公司方面也是顺理成章的事，因为他们对我公司也不了解，从提供劳务着手进行合作，一旦有什么不顺的事发生也易于处理，我方的这种愿望自然为日方所赞同并接受。

丸红商社是日本几家最大的商社之一，它有自己的商业网络，要按照如上条件选择合作者和合作项目并不困难。在我公司于1979年6月1日对外开展商业业务后的不长时间里，丸红商社就向我们介绍了与其同一系统的藤田工程公司在伊拉克高速公路与城市下水道项目上进行合作的意向，这也是我们所盼望实现的事。在丸红商社的牵线与安排下，1979年7、8月份我们在北京与藤田公司进行了接触。由于我们对进入国际市场没有经验，就是单一地提供工程劳务也很难提出比较系统的想法和要求，合同内容和条款也说不清楚。好在日本公司为与中国公司合作也在探索，这样双方都在摸对方的底，对方向我探明的是劳务的实力和条件，我们向对方摸清的是对劳务人员的要求和提供的条件（含价格）。因为前两轮都是在北京商谈的，我们利用在京的机会，安排对方参观了解铁路系统多处工程现场，使他们对我劳务人员有比较深刻和好的印象，奠定了使用我劳务人员的信心和决心。同时，我们基本上摸到他们的通常做法，但是在合同条款中比较关键的如月劳务价格、工效等，双方都没有进行实质性的讨论。由于日方为求得在商谈上的便利且能在其国内造成一定影响和声势，建议我们第三轮商谈于九月份在东京进行并草签合同，待双方共同察看伊拉克工地现场后，由两公司领导人在东京签署正式合同。我方终究是卖方，加之前两轮商谈已在北京进行，一方面出于礼节性的考虑，一方面可以利用间歇时间研究诸如生活安排、劳动保险、货币种类等问题，有的还要向有关部门沟通与协调（如劳务价格等），因之同意了对方的建议。因为有了明确的合作项目，研究的内容就很具体，在走访了有关部门和兄弟公司后，初步拟订了合同条款和测算出的价格幅度，以做最后一轮商谈的依据。

公司领导派我和钟鼎同志等一行三人，于九月份去东京参加商谈。临行前公司总经理李轩同志交代我们尽力争取将合同草签下来，因为这是关系到公司开张大吉的事，也是一件有利于鼓舞公司人员士气的事，第一炮打响了，以后的路好走一些，并要我们做好艰苦细致、连续商谈的准备。我们带着这个任务到了东京。第一天的商谈比较顺利，因为是重复以往谈过并达成一致的内容，但在商谈中我们注意到对方几次询问合同签订后派出劳务人员的最短时间。第二天，核心的劳务价格问题提出来了，因为这是双方都集中关注的一个焦点问题，双方在价格上的差距是比较大的。因为日方知道我国是低工资制度，事先他们也做过多方探询，但只是了解到职工直接拿到的工资绝对值，不了解我国由政府支出的种种福利费用，虽经我们详细说明，他们仍难以接受。但我们本着实事求是的精神，向他们既认真又负责地讲明种种事实，并说明我国劳务人员与其他国家不同的种种方面，例如我劳务人员的技能高、组织纪律和责任心强。对方不时地提出各种问题，商谈确实是相当艰苦的（有互不了解的原因）一直持续到第三天中午，对方主谈的部门经理不时地站起来又坐下去，其中还有两次离席而去，显得十分急躁。此时，虽然我们三人心里也着急，但外表还是保持着平静的状态，一方面互相鼓励保持沉着，一方面利用对方主谈人员出去的时间分析他们的状况和我们的报价，我报价是在国内经过详细地测算和协调过的，不能算是高价，只要我方按期保质派出所需人员，对方在工程上是有利可获的，并从会中对方几次询问我劳务人员派出的最短时间分析，他们招雇其他外籍劳动力尚无着落，三人统一看法后静等对方反响。在双方恢复商谈后，我方进一步说明我劳务人员的质量并做出按时派出的郑重承诺后，对方第三次离席，约过了十几分钟后回座表示接受我方的价格，随后逐条谈定合同条款并于第三天午夜草签了合同。这份合同事后得到我国驻伊拉克经济参赞的肯定，以后在伊拉克对外提供劳务上除个别条款（如以人民币计价）外，一般都沿用了这个模式。合同的正式签字由中土公司和藤田公司两位总经理于 1979 年 11 月 9 日在东京进行，第二天日本报纸作为一条重要新闻登载，国内报刊也登载了这一消息，因为这不仅是两公司间初次合作的事，也是中、日两国民间在工程领域合作的开始，意义十分深远。合同正式签订后，我公司认真地按合同办事，由铁道部第二工程局选出所需人员，经公司严格审查，并经短期培训班学习后按期陆续派赴伊拉克工地，组建了高速公路一队，由公司派出的一位处级领导带队（以后由二局领导接替），开始阶段参加桥梁的施工，在工地高达 60 ℃的气温下，我劳务人员一丝不苟，日方工地负责人称赞这支队伍“有能力走上国际工程建设的舞台”，1980 年 7 月日本刊物《工业新闻》还作了报导。1980 年 9 月两伊战争爆发后，有些国家的劳务人员纷纷撤离，而中土公司的这支队伍无所畏惧，不仅勤于职守、坚持施工，还根据工程需要按日方要求增加人员。由于我方对队伍管理严格，劳务人员的技能又扎实过硬，因之日方对我人员从开始指导着干，到放手由我人员自行组织着干。于 1981 年 7 月开始，在双方合同的基础上。我人员开展了小包工，采用这种方式不仅工效提高了，劳务人员还增加了收入，而日方的管理工作也相应减轻了很多，双方都很满意，在施工中先后四次续签合同，参与工程的范围从桥梁扩展到土石方、路面等。因在工程中创出了信誉，招来了当时在伊拉克有声望的国际性工程公司人员到工地参观，与中土公司商洽业务，这不仅开创了中土公司劳务合作的局面，同时也为我劳务人员增了光。该项目队曾获得对外经济贸易部的表扬和嘉奖。

坦赞铁路精神推动着我们不断开拓、不断前进、不断创新

——庆祝中土公司成立 40 周年

编者按： 本文谨是概要地叙述了中土集团公司创建及经营初期的发展开拓实事。中土集团公司 40 年的发展历程，是不断开拓、不断前进、不断创新、拼搏创业的成长过程，从单一的劳务输出到国际工程总包，如今跻身于特大型国际承包领域知名公司，它每向前迈进一步，都凝聚着中土人的辛勤汗水。

1979 年 6 月 1 日中土公司成立，开始对外开展营业活动，时至今日已经历了四十个年头。公司前身铁道部援外办公室在完成举世闻名的坦赞铁路建设后的不久，党的十一届三中全会作出了改革开放和进入国际的决策，铁道部援外办公室在铁道部、对外经济联络部的直接领导和指引下，迅速组建对外的工程公司。援外办公室的工作人员，在完成坦赞铁路建设后又全身心地投入到公司的开创工作中去。相继参与了公司组建条例的制订、公司名称的设定、公司徽标的设计、公司内部机构的调整等一系列工作。鉴于当年援外办公室人员对进入国际市场既不熟悉，更无经验，也欠实力，又缺资金。在这种困难状况下，援外办公室领导号召全

体人员对党的政策要奠定信心，群策群力，集思广益，探寻开拓的渠道。有幸的是我们遇到了当年最早进入我国市场的日本丸红商社，经与与其同一系统的藤田工程公司几经商谈后达成了我方向他们提供工程劳务，在伊拉克高速公路和下水道项目上进行合作的合约，这是中土公司进入国际的第一个合同，也是中日民间在工程领域里的第一个合作项目，1979 年 11 月 9 日签约后的第二天，中、日报刊都发布了消息。由于我们公司所派人员有一定的工程技术能力且有较强的组织纪律性，任务完成得十分出色，得到了日方和国际上的许多公司的赞赏和认可，继而扩大了业务，相继与巴西、德国诸公司签订了若干项目，例如与德国霍克蒂夫公司在伊拉克摩苏尔水坝项目上合作，由我们公司提供二千多名的工程劳务人员等。此后，公司还组织了由公司领导带领的小组到欧洲知名的工程公司考察访问，在约一个月中与 72 家工程、咨询公司的首席执行官接触交谈，参观了一些工程，使我们既增长了知识，又广交了朋友。回国后领导着重从培养工程经营人员着手，组织了多面手的培训班（含外语学习、电脑操作、商业手段、汽车驾驶、烹饪洗刷等），同时在劳务方式的基础上积累经验，逐步开展分包，及至投标承包和总包，既扩大了业务又取得了较好的收益。到 20 世纪 80 年代中期已创汇一亿多美元，受到国家财政部的表扬。

历来传统的国际工程承包市场均被美、英、德、法、意及日、韩等国工程公司所垄断，新成立的公司是难以进入的，尤其是中国公司更难进入。但我国的和平友好广交朋友的外交政策，深得广大的发展中国家的赞扬与肯定；而援外工作取得的成效，其中尤其是我国援建的坦赞铁路的成功建设，使广大的国际工程界对我国和中土公司有了清晰的认知，加之在合作项目上我工程人员的尽责尽力，为公司赢得了好的声誉。因之在不长的时间内，在国际工程界得以立足，特别是在承担项目总承包后由于重合同，守信用，合同额逐年增加，到 20 世纪 80 年代公司已列入美国《工程新闻记录》（ENR）杂志篇评选的全球最大 255 家国际承包商，且逐年延续下来。

公司在历届领导和同仁们的共同努力下，在广交朋友、积累经验、艰苦奋斗、不断开创、与时俱进中，奋发前行，在进行体制改革与中铁建合并重组后，基础更着实了，力量更雄厚了，扩大了工程范围，增加了合同额，突出了铁道工程的主线，从分包、总包，到带资和融资总承包。特别是成功承建了土耳其安伊高铁；尼日利亚阿卡铁路和建设并经营首条全产业链的亚吉（埃塞俄比亚亚的斯亚贝巴至吉布提）铁路，另在十余个国家完成了三十条铁路，在手项目还有数十个，不仅名扬海内外，还取得了较好的经济效益。

四十年的国际工程经历时间虽不是很短，但与西方知名的老牌工程公司相比是年轻和短暂的。它们这些公司一般都经历过几代人和数百年的经营，才在国际工程界立足扬名，我们公司仅四十年的工程经历已列入国际工程界的前列，实属不易。回顾公司四十年的岁月，我个人虽仅介入公司业务的前期，但一直关心着公司业务的发展。本着所知的大概，可以肯定地说，公司四十年的奋进是成功的，完成了当年国家要求进入国际要

“赚取外汇，广交朋友，积累经验”的任务。成功的缘由来自党的正确决策，上级的有力领导，有关部门的帮助支持和公司全员的不懈努力，本着“务实、诚信、创新、奋进、求益”的宗旨，开拓了市场，走出了一条光辉的道路。

孔子曰：“三十而立，四十而不惑。”这是先人的哲学思想，也是人类和事物成功的必然规律。我们公司也是遵循着这一规律。公司成立三十年时，已在国际工程界扬名。今天已进入四十而不惑的时期，公司经营方向已明显定向，虽然在千变万化的国际工程市场里乘风破浪，定能把握好方向，迎接更加光辉的未来！

附 录

陆大同同志简历及工作概况

▶▷ 陆大同同志 简历

1929 年 10 月 30 日生 浙江杭州人 男 中共党员

1952 年浙江大学土木工程系毕业 1993 年 7 月 15 日退休

曾任：中国援建坦赞铁路勘测设计队 副总队长、总工程师

中国援建坦赞铁路工作组 副总工程师

铁道部援外办公室 正高级工程师（教授待遇）

中国土木工程公司 副总工程师兼营业部经理、总经理、总工程师

中国对外工程承包商会顾问

中国国际贸易促进委员会委员

▶▷ 工作概况

陆大同同志，1952 年至 1965 年，任铁道部第三设计院主任工程师，并曾担任京包、滨绥、牙林、嫩林、哈佳等多条铁路勘测设计总体设计负责人（线路总工程师），主编《铁路复线及旧线改造勘测设计流程样本》等。

在京包线勘测设计工作中采取了若干技术措施，为国家节约建设资金超三亿元，处理了多处病害地段保证了列车安全运营。在东北大兴安岭铁路中采取了有效的技术措施，使铁路稳固地建在永久冻土地层上。

1957 年，陆大同同志荣获天津市劳动模范称号。

1958 年，陆大同同志荣获全国、天津市、河北省青年社会主义建设积极分子称号。

1959 年，陆大同同志受国家派遣至越南援助铁路建设，为专家组成员，获胡志明主席友谊勋章及技术荣誉证书。

1965 年 7 月，陆大同同志调至铁道部基建总局任勘测设计处工程师，分管铁道部第四勘测设计院工作，并参加由铁道部部长吕正操亲自主持的铁路十大干线（青藏、川渝、襄成、焦枝及西南三线中有关线路等）方案研究工作，获部机关优秀党员和工业学大庆先进个人称号。

1968 年 10 月，陆大同同志调至铁道部援外办公室，重点负责研究坦赞铁路工程技术方面的事宜，诸如线路走向、主要技术条件、运输作业点的设置、施工组织设计等，还着重研看了英国和加拿大于1965年对坦赞铁路进行联合考察后提出的“英加报告”，对某些技术问题提出过若干不同的看法。

1969年3月初，陆大同同志应驻坦桑尼亚勘测总队选线工作的需要，赴坦帮助解决线路位置问题，并带领了小分队深入到原始的东非大裂谷（即坦赞铁路中自然条件最复杂、工程量最集中、工程难度最大的姆马段），在东西长150 km，南北宽60 km的9 000 km^2的范围内，爬山涉水，风餐露宿，不畏野兽、克服毒蛇、毒蜂的袭扰，在一个月中共计完成了二十条线路方案，经过逐一比较最后选定现定线位，较“英加报告”为优越，为坦赞两国专家们赞赏和肯定。

1969年5月，陆大同同志被任命为坦桑尼亚勘测总队代理总队长。

1969年11月，受铁道部领导任命，陆大同同志担任中国援建坦赞铁路勘测总队副总队长、总工程师，同时担任坦赞铁路工作组副总工程师，分管技术业务工作。在担任坦赞铁路全线勘测设计领导工作中，发现赞比亚境内的某些线路存在着技术问题急需改进，由他主持改移了与扎伊尔国（今刚果民主共和国）边境线路相近的地段，并将线路终点的接轨点位置从曲线上改到直线上等。

陆大同同志带领勘测设计人员对线路主要技术条件中的限制坡度做了不同系列的比较（原三国议定是10‰和15‰的两种系列的组合，改为10‰和20‰的一种系列的组合），经改变后控制工期的隧道和高桥减少了（特别是在9度高地震区内），两国国境点可设在人流、物流密集和公路运输方便的通杜马重镇，优点是十分明显的。将比选结果形成正式书面文件，通过外交系统送坦、赞两国政府换文确认。

1969 年 12 月，陆大同同志负责全线的勘测设计的统一工作和主编《坦赞铁路勘测设计报告》。

1970 年 5 月末，陆大同同志带领工作小组完成《坦赞铁路勘测设计报告》编辑工作，并呈报坦、赞两国政府有关机构进行审核。

1970 年 7 月，中、坦、赞第四次三国会谈上，由陆大同同志负责根据《坦赞铁路勘测设计报告》的设计和施工部分，在中、坦、赞第四次三国会谈上进行详细说明和答辩。中、坦、赞第四次三国会谈审查批准了《坦赞铁路勘测设计报告》。《坦赞铁路勘测设计报告》受到中外方专家高度称赞和肯定。

1971 年，随着坦赞铁路建设施工的全面展开，陆大同同志将设计紧密地配合施工建设，及时处理坦赞铁路第一段达市至姆林巴 502 km 施工中出现的某些桥梁的误差问题。例如坦赞铁路全线最大的鲁伊帕大桥 6 号墩沉井发生偏斜，因一年内要修通达姆段时间所限不能炸掉重建，研究后采用 14.6 m 的特大沉井的办法解决了该难题。此后在姆盖塔至姆林巴路段间一座大桥桥墩施工放线出现错误，时间已不允许炸掉重建，这种极度紧急的情况下，在查看了施工的详细记录资料经与施工设计人员共同研究后，提出了一个旧线改造的方案，最终顺利地解决了工程问题，获得了各级领导和专家们的赞同，从而保证了达姆段一年内通车。姆马段施工中治理“三烂”时的棘手工程也很多，但经过与施工单位人员共同研究，解决了这些困扰施工的难题。

1975 年 9 月，经国内部委领导和坦赞铁路工作组领导研究决定，由陆大同同志担任《坦赞铁路工程技术文件》主编并负责坦赞铁路建成后的对外全线检查验收工作，历时近五个月组织了中方上百余人，召开了内外专题会议百余次，顺利地完成了这两项艰巨的任务，最后主稿写出《坦赞铁路工程设备检查验收报告》上报中、坦、赞三国政府，完成了坦赞铁路全线正式移交手续。

1978 年，党的十一届三中全会制定了改革开放，走出去进入国际市场的政策方针，铁道部援外办公室及时改组创建了对外进行商务活动的公司，即中国土木工程公司。公司是国内改革开放率先走出国门的四家国企之一。

陆大同同志曾参与组建“中国土木工程公司”，并参与公司名称制定、设计徽标，研究进入国际市场的方法和途径，机构调整和设置、人员培训等工作。

1979 年 6 月 1 日，经国务院及国家有关部委批准，将此日确定为中国土木工程公司对外开展商务活动日（即中国土木工程公司成立日）。

1979 年 7 月，中国土木工程公司成立之初，陆大同同志担任公司副总工程师兼对外营业部经理，负责公司对外营业的开拓和项目洽谈。

1979 年 8 月，由陆大同同志负责牵头与日本丸红商社洽谈合作事宜，并与藤田公司商谈在伊拉克高速公路上的合作。经三轮商务谈判后，1979 年 11 月 9 日，李轩总经理在东京与日本藤田工业株式会社正式签约，这是中国土木工程公司进入国际市场的第一份对外商务合同，同时也是中、日民间在工程项目上的第一个合作协议。次日中国《人民日报》和日本《朝日新闻》对此次签约均做了新闻报道。该项目实施后，随之又与德国霍克蒂夫公司签订在伊拉克摩苏尔水坝上的合作协议，输出中方工程劳务人员 2 600 多人。

1983 年，陆大同同志被任命为中国土木工程公司总经理。1985 年在出访欧洲十国期间，在一个月的时间内共与 72 家国际公司进行商务谈判并建立起友好合作关系，从中获得了不少有益的商务信息和管理经验。

至 20 世纪 80 年代初，中国土木工程公司经营累计盈利外汇约一亿美元，是当时同行业中为国家创收外汇最多的单位，曾受到国家有关部委的表扬，同时受到中国银行的赞扬。实现了中国政府号召“走出去”进入国际赚取更多外汇、学习国外先进的管理经验和广交朋友的目的。

1986 年，陆大同同志在担任中国土木工程公司总工程师后，一直分管援外项目坦赞铁路技术合作和公司海外工程施工技术等工作，并担任中国对外承包工程商会顾问；担任国际劳工组织合作编写的《国际工程劳务丛书》专家组专家、《国际承包工程教学丛书》编委等。

陆大同同志在完成援建坦赞铁路工作任务回国后，一直继续分管坦赞铁路技术合作方面的各项工作，直至退休。前后亲身经历坦赞铁路的工作事务长达25年。

2010年8月，陆大同同志获商务部颁发的“中国援外奉献奖”金奖及证书。

陆大同在接受采访

中国援建坦赞铁路部分大事记

1964 年

12 月 29 日，坦桑尼亚总理卡瓦瓦正式约见中国驻坦桑尼亚大使何英（1962 年 4 月~1969 年 5 月任中国驻坦桑尼亚大使），告知尼雷尔总统希望尽快对中国进行国事访问，亲自与中国领导人商讨援建坦赞铁路的可能性。何英大使迅速将这一重要信息报告给国内领导人，并附送上坦赞铁路有关背景资料，提出“如有可能，中国应该承担这项工程”的建议。

1965 年

1 月 8 日，中国驻坦桑尼亚大使何英按国内指示约见尼雷尔总统，表示我国领导人热烈欢迎他访华。

2 月，刘少奇主席、周恩来总理在北京钓鱼台国宾馆同来访的坦桑尼亚总统尼雷尔会谈。尼雷尔提出请中国帮助修建坦赞铁路（坦首都达累斯萨拉姆至赞比亚首都卢萨卡）。访问期间，毛泽东主席亲切会见了尼雷尔。

6 月，周恩来总理对坦桑尼亚进行了首次访问，在坦桑尼亚访问的周恩来总理在达累斯萨拉姆与尼雷尔总统会谈，并考察当地既有铁路的情况，提出坦赞铁路的标准应略高于原有铁路的重要意见。

8 月，第一批中国援建坦赞铁路考察组一行赴坦，对坦桑尼亚基达杜至通杜马段进行考察，年底完成了坦境路段的考察任务。

1966 年

8 月 20 日，周恩来总理与来访的赞比亚副总统卡曼加会谈。卡曼加提出希望中国帮助修建坦赞铁路。周恩来总理表示："……如果他们愿意承担修建，可以让他们修……，如果他们愿意承担，但怠工，我们愿意修。"

1967 年

6 月 23 日，周恩来总理与来访的赞比亚总统卡翁达会谈。在谈到修建坦赞铁路时，周总理表示："……我们可以修，我们愿意帮助修，而且相应帮助赞比亚修。"

6 月 24 日，毛主席接见卡翁达。谈到修建坦赞铁路时说"你们修建这条铁路只有一千七百公里，投资也只有一亿英镑，没有什么了不起嘛。"

9 月，中、坦、赞三国政府代表团在北京举行坦赞铁路第一次会谈，9 月 5 日，签署《关于修建坦桑尼亚—赞比亚铁路的协定》，同意帮助坦、赞两国修建自基达杜至康博约全长约 1600 公里的坦赞铁路。

12 月，中国政府派出考察组对赞境段及坦境达市到姆林巴段进行考察。

1968 年

4 月，中、坦、赞三国政府代表团在达累斯萨拉姆举行勘测设计工作会谈，即坦赞铁路第二次会谈。

4月8日，三国政府签署《关于修建坦赞铁路贷款的提供方式的议定书》、《关于修建坦赞铁路勘测设计工作的议定书》、《关于修建坦赞铁路的中国技术人员的派遣、待遇和工作条件的议定书》和《关于坦赞铁路的基本技术原则的议定书》，这次会谈为进行铁路勘测设计工作提供了依据和条件。

6月21日，坦桑尼亚总统尼雷尔第二次访华，周恩来总理与他举行了会谈。在谈到坦赞铁路时，周总理指出“我们的技术人员同当地专家、工人一起劳动，不能特殊化，这很重要。如果发现我们的工作人员有特殊要求或干涉你们内政，请你们立即告诉我们使馆，把他调回”。

12月，铁道部援外办公室起草《关于援建坦赞铁路若干问题的报告》，方毅亲自主持研究并做了修改。

1969年

1月23日，外经委和铁道部将《关于援建坦赞铁路若干问题的报告》联名上报国务院并中共中央。周恩来批示“施工机械增加，施工人员必须大大减少”“力争本国增产，转口机械尽量减少”。

7月，铁道部派出以布克为组长的中国铁路工作组，负责在国外全面组织领导坦赞铁路的建设，并陆续派出施工准备人员。

11月，中、坦、赞三国政府代表团在卢萨卡参加坦赞铁路第三次会谈。11月14日，签订《关于修建坦赞铁路的补充协定》，《协定》规定坦赞铁路在坦的起点由基达杜改为达市，这样坦赞铁路全线增加约340公里。同时签订了《关于坦赞铁路施工准备工作会谈纪要》。

1970 年

2 月 9 日，周恩来同坦桑尼亚新任驻华大使万布拉谈话，周总理表示："根据坦赞铁路地质勘查，你们那里有一个地震区。地震区在坦赞铁路线上，要注意。"

6 月，中国勘测设计队正式向中、坦、赞三国政府提交了《坦赞铁路勘测设计报告》。

7 月，中、坦、赞三国政府代表团在北京就坦赞铁路施工问题举行第四次会谈。中国政府代表团团长为李先念副总理，方毅和新组建的交通部副部长郭鲁任副团长。

7 月 9 日，周恩来总理会见坦桑尼亚、赞比亚两国政府代表团，特别谈了机车车辆的两种制动问题。周总理说："我要求我们的铁道部将来供应你们的柴油机车头，既能拖带新式的空气制动列车，又能拖带真空制动列车。我们的工人阶级是一定可以做得到的"。

7 月 11 日，毛主席在人民大会堂接见坦、赞两国政府代表团，周总理陪同接见。在谈到坦赞铁路时，毛主席说"这条铁路……一定要修起来！"在谈到修几年时，周总理说"计划六年，希望能够缩短"。

7 月 12 日，在北京签订《关于修建坦桑尼亚—赞比亚铁路贷款金额和偿还办法的议定书》《关于〈坦赞铁路勘测设计报告〉的议定书》《关于坦赞铁路施工问题的会谈纪要》。

10 月 26 日、28 日，坦赞铁路开工典礼先后在起点坦桑尼亚的达累斯萨拉姆车站和终点赞比亚的新卡比里姆博希车站隆重举行。由尼雷尔总统、卡翁达总统先后在坦境和赞境主持了奠基典礼，宣告坦赞铁路正式开工。

1971 年

12 月，三国政府代表团在达累斯萨拉姆就坦赞铁路修建过程中的有关问题举行第五次会谈。12 月 22 日，三国政府签署《坦赞铁路第五次会谈纪要》,《纪要》中中国政府同意接受坦、赞两国选派 200 名留学生到中国学习铁路专业，并帮助坦、赞两国政府在赞比亚的姆比卡建设一座规模 200 人的坦赞铁路训练学校。

1974 年

8 月，三国政府代表团在卢萨卡就坦赞铁路建设过程中的有关问题举行第六次会谈。三方听取并同意坦赞铁路工作组《关于坦赞铁路工程进展情况和今后工作安排的报告》。8 月 8 日，签订《坦赞铁路第六次三国会谈纪要》、《关于修建铁路专用线的议定书》和《关于修建通杜马、纳康德边境站海关和移民机构办公房屋的议定书》。本次会谈中，三国政府代表团一致认为，应共同努力加速组织和培训必要数量的坦、赞两国自己的运营和维修人员的队伍；一致同意由铁路工作组帮助坦赞铁路局培训一支铁路线路的大修和建设队伍。

1975 年

9 月，三国政府代表团在北京就坦赞铁路建设过程的有关问题举行第七次会谈。中方由方毅任代表团团长，交通部副部长苏杰和外经部副部长陈慕华为副团长；坦桑尼亚由交通部长坦道率领，包括财政部长、内政部长等七人；赞比亚政府由工程交通部长穆伦加率领，包括财政部长、内政部长等九人。三方听取并同意坦赞铁路工作组《关于坦赞铁路工程进展情况和下步工作意见的报告》，9 月 18 日签订了《坦赞铁路第七次会谈纪要》。

1976 年

7 月 5 日 ~8 日，三国政府代表团在卢萨卡就坦赞铁路竣工交接等问题举行第八次会谈。中方代表团由外经部部长方毅、铁道部副部长苏杰等组成；坦桑尼亚代表团由交通运输部长坦道率领；赞比亚代表团由工程交通部长马波马率领。三方听取并一致同意中国铁路工作组组长布克所作的《坦赞铁路施工报告》。7 月 8 日，三国政府代表在卢萨卡签署《坦赞铁路第八次会谈纪要》《关于坦赞铁路技术合作的议定书》等四个文件。第八次会谈中，双方商定 1976 年 7 月 14 日为坦赞铁路交接日期。

7 月 14 日，坦赞铁路交接仪式在终点站赞比亚的新卡比里姆博希举行。赞总统卡翁达、坦总统尼雷尔出席。应邀出席的还有扎伊尔（今刚果民主共和国）总统蒙博托、博茨瓦纳总统卡马以及各国外交使节、高级官员、中国工程技术人员和人民群众一万多人。中国外经部部长方毅、坦交通部部长坦道、赞交通部部长马波马分别代表本国政府签署了《坦赞铁路交接证书》。坦赞铁路正式移交给坦赞两国政府。

援建坦赞铁路牺牲烈士名录

援建坦赞铁路 65 名烈士中的 47 名长眠于“中国援坦专家光荣牺牲同志之墓”，他们是：张凤岭、李荣安、毛忠满、徐有法、李景普、傅帮成、陈学智、毛义德、马志仁、王兴国、胡继田、戴先利、刘继明、刘光福、李应启、张振宗、陈树云、仇振余、严光禄、肖大会、尹宗仁、王乱章、周文华、王福则、王克俭、周书成、魏连成、郭福生、刘亿岳、李跃东、周继连、李福旗、易明礼、金成威、王有章、彭明良、修复良、崔致忠、马双泉、张福顺、李福久、殷国良、朴润明、沈志荣、李硕寅、何永举、陈明金。

赞境为援建坦赞铁路英勇献身的工作人员有 18 位，除铁路第一工程局的李新民因于途中病故实施了海葬外，其余均安葬在“中国援赞专家墓地”，他们是：王钧、吕显文、唐振松、冯天喜、阮传钦、龙仲生、郑成辉、唐寿长、万洪明、孟昭华、刘德臣、王庆芳、高学仁、李树和、龚兴朝、张昭贵、张德山。

“中国援坦专家光荣牺牲同志之墓”位于达累斯萨拉姆西郊靠近坦赞铁路的一处十分幽静的地方；呈正方形，边长 124 m，占地 1.54 公顷；四周植有矮花树墙，中央有墓碑、南道及配植的松树、凤凰树和草皮等。“中国援赞专家墓地”位于赞比亚境内姆比卡附近。两处墓地现均由中国土木工程集团有限公司负责管理，当地民众时常到墓地中凭吊献花，悼念牺牲的中国专家。习近平主席、胡锦涛主席、温家宝总理等党和国家领导人也曾到此缅怀烈士。

后　记

《我与坦赞铁路——陆大同文集》根据陆大同同志多年的亲笔撰写和采访文章汇集编辑而成。该书主打篇《亲历、亲见、亲闻：我与坦赞铁路》是陆大同同志以口述的形式，比较全面地讲述了坦赞铁路从决策立项、勘测设计、施工建设到通车移交的各阶段情况，并从亲身参与全方位多个视角，生动地还原了那段难忘的历史岁月，展现了中国援建者艰苦奋斗、无私奉献的崇高精神。文稿由寇鲁林同志经过多次采访整理编辑撰写成初稿，并由黄传贽同志进行二次修改，再由马宛根同志进行最后润色落笔，经陆大同同志审阅完成最终稿。文集还从陆大同同志在近十几年中所亲笔撰写的与坦赞铁路相关的回顾性、探讨性、建议性等各类文章著述中，精选了具有代表性的十余篇，汇编成集，奉献给大家参阅。

中土集团公司赵佃龙、陈思昌、初厚才等集团公司领导高度重视和关注本书的编撰工作，多次给予了指导性意见和具体要求。中土集团公司原任老领导刘志明同志、袁立同志在位期间，多年参与国家重大援助项目领导工作，以及坦赞铁路技术合作、坦赞铁路更新改造和可持续发展等相关的可研指导工作，对于本书的编辑给予了全力支持和帮助，并对本书书稿的编辑撰写提出了指导性建议和意见。公司援外部、团委对本书的出版做了资料收集、整理和书稿编撰等具体工作。

本书编写过程中，得到了赵铁柱、弋丹、黄鑫、黄林、周群立、黄旭东、马腾等同志为本书顺利完成提供的各项帮助和支持，在此一并表示衷心的感谢！

《我与坦赞铁路——陆大同文集》全面记录坦赞铁路的建设与发展，温故知新，这不仅是对历史的再现与纪念，也是对坦赞铁路精神的传承和延续，更可以为坦赞铁路可持续发展提供有益的参考与借鉴。书中难免还有遗漏及不准确之处，敬请谅解和提出宝贵意见。

谨以此书向参建坦赞铁路老一辈援建者和新一辈“一带一路”中国建设者致敬！

《我与坦赞铁路——陆大同文集》编委会

2019 年 6 月 1 日

1969 年 4 月陆大同在坦桑尼亚境内乌瓦瓦地区工地

1970 年陆大同（左一）在坦桑尼亚勘测总队驻地坦赞铁路中国铁路工作组组长布克（右二）副组长王惠民（左二）靳辉（右一）合影

1971 年 8 月陆大同（后排右二）与勘测队人员摄于坦乌瓦瓦大陨石处

1974 年 11 月陆大同（中间者）在坦赞铁路沿线公铁交叉处考察

1975 年，陆大同（前左一）陪同当地政府官员检查验收姆皮卡机车车辆厂

1976 年 7 月 14 日在赞比亚新卡车站移交后，中国政府代表团的合影，前排右一为陆大同

1976 年 7 月铁路移交典礼后，中国铁路工作组摄于坦赞铁路赞比亚新卡车站前（陆大同左一）

1983 年 8 月 3 日，赞比亚总统卡翁达亲自接待中国铁路代表团，并为时任援建坦赞铁路工作组副总工程师、原中土公司总经理陆大同沏茶

1986 年 10 月，参加纪念坦赞铁路通车运营十周年活动期间与坦赞铁路技术合作第五期中国专家组合影（第一排右二为陆大同）

1991 年 1 月铁道、外经贸两部委调研组在姆比卡坦赞铁路技校，陆大同为前排中间者

1992 年 12 月，两鬓斑白的陆大同再次来到坦桑尼亚中国专家公墓，凭吊在建设时期牺牲的队友并送上一把鲜花寄托对他们的哀思

1999 年 6 月 2 日援建坦赞铁路老建设者代表团回访坦赞铁路考察，在赞比亚政府欢迎酒会上，陆大同与原赞比亚交通部长米尔纳亲切交谈

陆大同与家人合影

陆大同与夫人孙克捷近照

陆大同荣获“中国援外奉献金奖”

陆大同在接受采访